普通高等教育经管类系列教材

经济预测与决策技术及 MATLAB 实现

杨本硕　张宇辰　刘喜华　著

U0331608

机械工业出版社

本书从模型的基本知识和理论出发，采用经济、金融、管理等领域的实际案例，编写相应的 MATLAB 程序，并得出含有大量数据和套用模型的运行结果，使复杂的问题简单化。读者无须掌握大量的计算机知识，只需复制例题、案例中相应的程序，就可以解决自己想处理的问题。本书为读者提供了解决实际问题的方法和手段。

本书主要内容包括定性预测法、弹性预测法、投入产出预测法、趋势外推预测法、时间序列预测法、干预分析模型预测法、马尔可夫链预测法、灰色预测法、景气预测法、神经网络预测法等预测方法，以及层次分析法、熵权法、逼近理想解排序法、数据包络分析法等决策评价技术，汇总了当代经济预测与决策的方法、理论和模型，具有较高的学术参考价值。

本书可作为高等院校经济学类、金融学类、工商管理类、统计学及计算机类等专业本科生和研究生的教科书或参考书，也可供从事经济管理研究、经济预测与决策的人员参考。

图书在版编目（CIP）数据

经济预测与决策技术及 MATLAB 实现／杨本硕，张宇辰，刘喜华著. -- 北京：机械工业出版社，2025. 1.
（普通高等教育经管类系列教材）. -- ISBN 978 - 7 -111 -77324 -5

Ⅰ. F201 - 39；F202 - 39

中国国家版本馆 CIP 数据核字第 202587U7L4 号

机械工业出版社（北京市百万庄大街22 号　邮政编码100037）
策划编辑：曹俊玲　　　　　　　责任编辑：曹俊玲　崔景怡
责任校对：樊钟英　李小宝　　　封面设计：张　静
责任印制：邓　博
北京盛通印刷股份有限公司印刷
2025 年3 月第1 版第1 次印刷
184mm×260mm · 19.75 印张 · 488 千字
标准书号：ISBN 978-7-111-77324-5
定价：69.00 元

电话服务　　　　　　　　　　网络服务
客服电话：010-88361066　　机 工 官 网：www.cmpbook.com
　　　　　010-88379833　　机 工 官 博：weibo.com/cmp1952
　　　　　010-68326294　　金 书 网：www.golden-book.com
封底无防伪标均为盗版　　机工教育服务网：www.cmpedu.com

前　言

当今市场竞争激烈，各国政府为指导本国市场经济发展，推动国际经济协作，都很重视对未来经济发展前景的展望和预测，并根据预测结果制定中长期发展规划，做出促进本国发展，使本国利益最大化的决策。企业要先于竞争对手预测未来的发展前景和消费者的需求，以便做好产品开发、市场定位，制定有利于企业发展的市场决策。个人在进行理财和投资时，只有根据历史和现状预测未来，并及时制订操作方案，才能获得可观的收益。总之，大到国家和政府，中到企业集团，小到个人，无时不在进行预测与决策，而准确的经济预测是做出科学经济决策的重要依据和前提。经济预测与决策是一门科学，更是一门技术，其数学模型众多，计算量大且复杂，需要通过有效的学习来掌握。

MATLAB 是一套功能强大且比较易学的可视化软件，不仅具备数值计算、符号解析运算、图形显示等功能，还是线性代数、自动控制理论、概率论及数理统计、数字信号处理、时间序列分析、金融经济计量、数学模型建立、神经网络以及动态系统仿真等方面重要的数学计算工具。它能使人们摆脱重复、复杂的机械性编程细节，把注意力集中在创造性地解决问题上，用尽可能短的时间得出尽可能有价值的结果。

本书力求做到将经济预测与决策同 MATLAB 工具完美结合，并从实用角度出发，详细地介绍如何运用 MATLAB 工具对预测与决策技术进行程序实现。通过学习，读者在面对社会经济、金融、管理等领域的实际问题时，可以轻松地选用合适的数据，套用正确的预测与决策模型，得出预测结果，制订决策方案，使复杂问题简单化。在学习经济预测与决策理论知识和 MATLAB 工具的同时，也学会了解决实际问题的方法和技能。

本书选取了较新的经济金融数据，使用的是新版 MATLAB（R2020a）软件，优化了程序，图形的显示较为美观。通过学习本书，读者可以全面地掌握预测理论和决策评价方法，并尽早地将其应用到学习、科研、撰写论文实践中。

本书具有以下主要特色：

（1）内容丰富，方法全面。本书介绍了目前广泛使用的预测与决策方法，主要包括定性预测法、弹性预测法、投入产出预测法、趋势外推预测法、时间序列预测法、干预分析模型预测法、马尔可夫链预测法、灰色预测法、景气预测法和神经网络预测法等，以及层次分析法、熵权法、逼近理想解排序法和数据包络分析法等决策评价技术，并借助实际案例，用MATLAB 程序予以实现。每章配有"练习与提高"，能巩固所学方法，拓展课本内容，给出实训案例和操作流程。

（2）案例丰富，实用性强。本书重点介绍了预测与决策原理和方法，以及 MATLAB 的编程实现和实际应用。结合不同模型方法的功能特点，精心挑选了大量经济、金融、管理等方面的实际案例，通过对案例数据的分析和处理，帮助读者理解、领会和掌握 MATLAB 算法和经济预测与决策方法，达到预测与决策技术与 MATLAB 工具的完美结合。

（3）源代码丰富，编程参考价值高。作者精心编写和调试了大量 MATLAB 程序代码，通过学习这些程序代码，读者不仅可以更快、更透彻地理解和领会这些算法，而且能掌握 MATLAB 的使用方法，培养和提高实际计算的能力与技巧。

由于时间和水平有限，书中难免存在不足和疏漏之处，恳请广大读者批评指正。

本书配有电子课件，凡使用本书作为教材的教师可登录机械工业出版社教育服务网（www.cmpedu.com）注册后免费下载。

作　者

目　　录

第1章

MATLAB的基本计算与统计数据处理

本章要点

- 数值计算
- 符号计算
- 解方程
- 统计数据的处理

1.1 数值计算

1.1.1 基本运算与函数

1. 基本运算

在 MATLAB 下进行基本数学运算，只需在提示号（＞＞）之后直接输入运算式，并按〈Enter〉键即可。MATLAB 能识别一般常用的加（＋）、减（－）、乘（＊）、除（/）的数学运算符号，以及幂次运算（^）等。例如：

＞＞$(6*5-1.5)^2+36/4$

    ans ＝

       821.2500

MATLAB 会将运算结果直接存入变量 ans，代表 MATLAB 运算后的答案（answer），并显示其数值。

若将编写的运算式、命令语句等程序保存，以便随时使用，需要打开编辑器窗口，在编辑窗口内编写语句程序，编写完后单击"保存"按钮并给文件命名（如 abc），则建立了一个文件名为 abc.m 的 M 格式文件。然后切换到命令窗口，在提示号（＞＞）之后输入 abc，并按〈Enter〉键，即可运行所编程序，显示其结果。

MATLAB 的永久常数主要有以下几种。

i 或 j：基本虚数单位。

inf：无限大，如 1/0。

nan 或 NaN：非数值（Not a Number），如 0/0。

pi：圆周率 π。

2. 基本数学函数

MATLAB 常用的基本数学函数有以下几种。

abs(x)：纯量的绝对值或向量的长度。

sqrt(x)：开二次方。

round(x)：四舍五入至最近整数。

fix(x)：无论正负，舍去小数至最近整数。

rat(x)：将实数 x 化为分数表示。

sign(x)：符号函数。

gcd(x,y)：整数 x 和 y 的最大公因数。

lcm(x,y)：整数 x 和 y 的最小公倍数。

exp(x)：自然指数。

pow2(x)：2 的指数。

log(x)：以 e 为底的对数，即自然对数。

log2(x)：以 2 为底的对数。

log10(x)：以 10 为底的对数。

sin(x)：正弦函数。

cos(x)：余弦函数。

tan(x)：正切函数。

3. 关于向量的常用函数

min(x)：向量 x 的元素的最小值。

max(x)：向量 x 的元素的最大值。

mean(x)：向量 x 的元素的平均值。

median(x)：向量 x 的元素的中位数。

std(x)：向量 x 的元素的标准差。

diff(x)：向量 x 的相邻元素的差。

sort(x)：对向量 x 的元素进行排序。

length(x)：向量 x 的元素个数。

range(x)：极差，向量 x 的元素的最大值与最小值之差。

sum(x)：向量 x 的元素总和。

prod(x)：向量 x 的元素总乘积。

cumsum(x)：向量 x 的累计元素总和。

cumprod(x)：向量 x 的累计元素总乘积。

dot(x,y)：向量 x 和 y 的内积。

cross(x,y)：向量 x 和 y 的外积。

1.1.2 数组运算

1. 数组的生成

创建简单的数组有以下几种常见情况。

```
>>x = [a b c d]          %包含指定元素的行向量
```

$>>x = \text{first} : \text{last}$ % 创建从 first 开始，加 1 计数，到 last 结束的行向量

$>>x = \text{first} : \text{increment} : \text{last}$ % 创建从 first 开始，加 increment，到 last 结束的行向量

$>>x = \text{linspace}(\text{first}, \text{last}, n)$ % 创建从 first 开始，到 last 结束，有 n 个元素的行向量

2. 数组元素的访问

（1）访问一个元素：x(i) 表示访问数组 x 的第 i 个元素。

（2）访问一块元素：x(a：b：c) 表示访问数组 x 的从第 a 个元素开始，以步长为 b 到第 c 个元素（但不超过 c），其中 b 可以为负数，b 默认时为 1。

（3）直接使用元素编址序号：x([a b c d]) 表示提取数组 x 的第 a、b、c、d 个元素，构成一个新的数组[x(a) x(b) x(c) x(d)]。

3. 数组的运算

（1）标量 – 数组运算。数组对标量的加、减、乘、除、乘方是指数组中的每个元素对该标量进行相应的加、减、乘、除、乘方运算。

设 $a = [a1, a2, \cdots, an], c = 标量$

则 $a + c = [a1 + c, a2 + c, \cdots, an + c]$

$a.*c = [a1*c, a2*c, \cdots, an*c]$ （点乘）

$a./c = [a1/c, a2/c, \cdots, an/c]$ （右点除）

$a.\backslash c = [c/a1, c/a2, \cdots, c/an]$ （左点除）

$a.\hat{\ }c = [a1\hat{\ }c, a2\hat{\ }c, \cdots, an\hat{\ }c]$ （点幂）

$c.\hat{\ }a = [c\hat{\ }a1, c\hat{\ }a2, \cdots, c\hat{\ }an]$

（2）数组 – 数组运算。当两个数组有相同维数时，加、减、乘、除、幂运算可按元素对元素的方式进行；不同大小或维数的数组不能进行运算。

设 $a = [a1, a2, \cdots, an], b = [b1, b2, \cdots, bn]$

则 $a + b = [a1 + b1, a2 + b2, \cdots, an + bn]$

$a.*b = [a1*b1, a2*b2, \cdots, an*bn]$

$a./b = [a1/b1, a2/b2, \cdots, an/bn]$

$a.\backslash b = [b1/a1, b2/a2, \cdots, bn/an]$

$a.\hat{\ }b = [a1\hat{\ }b1, a2\hat{\ }b2, \cdots, an\hat{\ }bn]$

4. 数据索引

数据索引函数 find 是 MATLAB 中比较常用的函数。

例如，查找数组 X = [1 3 6 9 0 −2 4 −1 8 10] 中大于 0 的数，只需执行函数命令：find(X > 0)，即可找出 X 中大于 0 的数的位置。

1.1.3 矩阵生成

1. 数值矩阵的生成

矩阵可直接按行方式输入每个元素来生成：同一行中的元素用逗号（,）或者用空格符来分隔，且空格个数不限；不同的行用分号（;）分隔；所有元素处于同一方括号（[ ]）内。例如：

$>>A = [1 2 3; 4 5 6; 7 8 9]$

```
A =
    1    2    3
    4    5    6
    7    8    9
>>M = [ ]        % 表示空阵
```

2. 特殊矩阵的生成

（1）全零阵。

格式：X = zeros(n)   % 生成 n×n 全零阵

　　　X = zeros(m,n)   % 生成 m×n 全零阵

　　　X = zeros([m n])   % 生成 m×n 全零阵

　　　X = zeros(size(A))   % 生成与矩阵 A 相同大小的全零阵

（2）全 1 阵。

格式：X = ones(n)   % 生成 n×n 全 1 阵

　　　X = ones(m,n)   % 生成 m×n 全 1 阵

　　　X = ones([m n])   % 生成 m×n 全 1 阵

　　　X = ones(size(A))   % 生成与矩阵 A 相同大小的全 1 阵

（3）单位阵。

格式：X = eye(n)   % 生成 n×n 单位阵

　　　X = eye(m,n)   % 生成 m×n 单位阵

　　　X = eye(size(A))   % 生成与矩阵 A 相同大小的单位阵

（4）生成以输入元素为对角线元素的矩阵。

格式：X = diag([a,b,c,d])   % 生成以 a、b、c、d 为对角线元素的矩阵

例如：

```
>> X = diag([1,2,3,4])
X =
    1    0    0    0
    0    2    0    0
    0    0    3    0
    0    0    0    4
```

（5）魔方（magic）矩阵。

格式：M = magic(n)   % 生成 n 阶魔方矩阵

例如：

```
>>M = magic(3)
M =
    8    1    6
    3    5    7
    4    9    2
```

3. 矩阵中元素的操作

（1）矩阵 A 的第 r 行：A(r,:)。

（2）矩阵 A 的第 r 列：A(:,r)。

（3）依次提取矩阵 A 的每一列，将 A 拉伸为一个列向量：A(:)。

（4）提取矩阵 A 的第 $i_1 \sim i_2$ 行、第 $j_1 \sim j_2$ 列构成新矩阵：$A(i_1:i_2, j_1:j_2)$。

（5）以逆序提取矩阵 A 的第 $i_1 \sim i_2$ 行，构成新矩阵：$A(i_2:-1:i_1,:)$。

（6）以逆序提取矩阵 A 的第 $j_1 \sim j_2$ 列，构成新矩阵：$A(:,j_2:-1:j_1)$。

（7）删除矩阵 A 的第 $i_1 \sim i_2$ 行，构成新矩阵：$A(i_1:i_2,:)=[\ ]$。

（8）删除矩阵 A 的第 $j_1 \sim j_2$ 列，构成新矩阵：$A(:,j_1:j_2)=[\ ]$。

（9）将矩阵 A 和矩阵 B 拼接成新矩阵：[A,B]；[A;B]。

1.1.4　矩阵运算

1. 加减运算

运算规则：对应元素相加减，即按线性代数中矩阵的加法和减法运算进行。

2. 乘法运算

（1）两个矩阵相乘。运算规则：按线性代数中矩阵乘法运算进行，即将放在前面的矩阵的各行元素，分别与放在后面的矩阵的各列元素对应相乘并相加。

（2）矩阵的数乘。矩阵的数乘就是数与矩阵中的每一个元素相乘。

（3）两矩阵点乘。A.∗B 表示矩阵 A 与矩阵 B 中的对应元素相乘。

3. 除法运算

（1）两种除法运算：左除（\）和右除（/）。一般情况下，X = A\B 是方程组 A∗X = B 的解；而 X = B/A 是方程组 X∗A = B 的解。

（2）两矩阵点除：A./B 表示矩阵 A 与矩阵 B 中的对应元素相除。

4. 乘方运算

运算规则：当 A 为矩阵，P 为大于 0 的整数时，A^P 表示 A 的 P 次方，即 A 自乘 P 次；当 P 为小于 0 的整数时，A^P 表示 A^{-1} 的 P 次方。

5. 其他运算

（1）A′：矩阵 A 转置。

（2）det(A)：返回矩阵 A 的行列式的值。

（3）inv(A)：求矩阵 A 的逆矩阵。若 X 为奇异阵，将给出警告信息。

（4）rank(A)：求矩阵 A 的秩。

（5）[V,D] = eig(A)：求矩阵 A 的特征值 D 与特征向量 V。

例如：

```
>>A = [1  1  0;0  2  2;0  0  3];
>>format rat                    %指定有理式格式输出
>>X = det(A)
>>Y = inv(A)
>>[V,D] = eig(A)
X =
    6
Y =
    1            -1/2          1/3
    0             1/2         -1/3
    0             0            1/3
```

V =

1	985/1393	881/2158
0	985/1393	881/1079
0	0	881/2158

D =

1	0	0
0	2	0
0	0	3

即表示特征值 D 为 1 时，对应的特征向量 V1 = $(1 \quad 0 \quad 0)^T$；特征值 D 为 2 时，对应的特征向量 V2 = $(1 \quad 1 \quad 0)^T$；特征值 D 为 3 时，对应的特征向量 V3 = $(1 \quad 2 \quad 1)^T$。

1.2 符号计算

1.2.1 创建符号变量与对象

格式：x = sym('x')　　　　 %创建一个符号变量 x

　　　sym(num)　　　　　 %将数字或数字矩阵转换为符号数字或符号矩阵

　　　sym(strnum)　　　　 %将字符向量或字符串数组转换为精确的符号数

　　　syms x y z　　　　　 %创建多个符号变量，建立符号表达式

例如：

\>> num = 1 : 8;

\>> A = sym(num)

A =

　[1, 2, 3, 4, 5, 6, 7, 8]

\>> B = sym('111111111111')

B =

　111111111111

\>> syms a b c d

\>> C = [a b;c d]

C =

　[a,b]

　[c,d]

1.2.2 符号微积分

1. 符号极限

格式：limit(f,x,a)　　　　 %计算符号表达式 f = f(x) 的极限值，当 x→a 时

　　　limit(f,a)　　　　　 %用命令 symvar(f) 确定 f 中的自变量，设为变量 x，再

　　　　　　　　　　　　 %计算 f 的极限值，当 x→a 时

　　　limit(f)　　　　　　 %用命令 symvar(f) 确定 f 中的自变量，设为变量 x，再

　　　　　　　　　　　　 %计算 f 的极限值，当 x→0 时

$$limit(f,x,a,'right')　　\%计算符号表达式 f 的右极限，当 x \to a^+ 时$$
$$limit(f,x,a,'left')　　\%计算符号表达式 f 的左极限，当 x \to a^- 时$$

【例 1-1】　有关符号极限的举例如下：

```
>>syms x a t h n;
>>L1 = limit((cos(x) - 1)/x)
>>L2 = limit(1/x^2,x,0,'right')
>>L3 = limit(1/x,x,0)
>>L4 = limit((log(x + h) - log(x))/h,h,0)
>>L5 = limit((1 + 2/n)^(3 * n),n,inf)
>>L6 = limit([(1 + a/x)^x, exp(-x)],x,inf,'left')
```

运行结果如下：

```
L1 =
        0
L2 =
        inf
L3 =
        NaN
L4 =
        1/x
L5 =
        exp(6)
L6 =
        [exp(a),0]
```

2. 符号导数

格式：diff(f,'x')　　%计算表达式 f 中指定符号变量 x 的 1 阶导数
　　　 diff(f,'x',n)　　%计算表达式 f 中指定符号变量 x 的 n 阶导数
　　　 diff(f)　　%计算表达式 f 中指定符号变量 x 的 1 阶导数，其中 x = symvar(f,1)
　　　 diff(f,n)　　%计算表达式 f 中指定符号变量 x 的 n 阶导数，其中 x = symvar(f,1)

【例 1-2】　有关符号导数的举例如下：

```
>>syms x y
>>D1 = diff(y^2 * sin(x))          %对默认自变量 x 求 1 阶导数
>>D2 = diff(y^2 * sin(x),'y')      %对符号变量 y 求 1 阶导数
>>D3 = diff(y^2 * sin(x),'y',2)    %对符号变量 y 求 2 阶导数
D1 =
        y^2 * cos(x)
D2 =
        2 * y * sin(x)
D3 =
        2 * sin(x)
```

3. 符号积分

格式：R = int(f,x)　　%计算符号表达式 f 中指定符号变量 x 的不定积分，只是函数

%f 的一个原函数，后面没加任意常数 C

R = int(f)   %计算符号表达式 f 中指定符号变量 x 的不定积分，其中 x =
%symvar(f,1)

R = int(f,x,a,b)   %计算符号表达式 f 中指定符号变量 x 从 a 到 b 的定积分

R = int(f,a,b)   %计算符号表达式 f 中指定符号变量 x 从 a 到 b 的定积分，其
%中 x = symvar(f,1)

【例 1-3】 有关符号积分的举例如下：

> > syms x t

> > R1 = int(log(x))

R1 =

   x * (log(x) - 1)

> > R2 = int(x * exp(x),x,0,1)

R2 =

   1

> > R3 = int(2 * x, sin(t), 1)

R3 =

   cos(t)^2

4. 符号级数

（1）Taylor 级数。

格式：T = taylor(f)   %返回符号表达式 f 中符号变量 x = 0 的 5 阶
%Maclaurin 多项式，其中 x = symvar (f, 1)

    T = taylor(f,x)   %返回符号表达式 f 中指定符号变量 x = 0 的 5 阶
%的 Maclaurin 多项式

    T = taylor(f,x,a)   %返回符号表达式 f 中指定符号变量 x = a 点的 5 阶
%的 Taylor 级数

    T = taylor(___ ,Name,Value) %使用一个或多个名称/值对组参数

说明：Name/Value 选择：'ExpansionPoint' 是指展开点为一个数值，或者一个向量；'Order' 是指阶数 n，表示展开成 n - 1 阶 Taylor 级数，默认值 n = 6；'OrderMode' 是指阶数模式，可选 'Relative' 或 'Absolute'（默认值）。

【例 1-4】 有关 Taylor 级数的举例如下：

> > syms x

> > T1 = taylor(sin(x))

T1 =

   x^5/120 - x^3/6 + x

> > T2 = taylor(x * log(x),x,1,'Order',6)

T2 =

   x + (x - 1)^2/2 - (x - 1)^3/6 + (x - 1)^4/12 - (x - 1)^5/20 - 1

（2）符号表达式求和。

格式：S = symsum(f)   %对符号表达式 f 中的符号变量 k（由命令 symvar(f) 确
%定的）从 0 到 k - 1 求和

$\quad$ S = symsum(f,x)　　　% 对符号表达式 f 中指定符号变量 x 从 0 到 k - 1 求和

$\quad$ S = symsum(f,a,b)　　% 对符号表达式 f 中的符号变量 k（由命令 symvar(f) 确

$\qquad\qquad\qquad\qquad\quad$ % 定的）从 a 到 b 求和

$\quad$ S = symsum(f,x,a,b)　% 对符号表达式 f 中指定符号变量 x 从 a 到 b 求和

【例 1-5】　有关符号表达式求和的举例如下：

```
> > syms k x
> > S1 = symsum(k^3,1,10)
S1 =
     3025
> > S2 = symsum(1/(k * (k + 1)),1,inf)
S2 =
     1
> > S = symsum(x^k/factorial(k),k,0,inf)
S =
     exp(x)
```

注：k! 在较早版本中使用 sym(k!) 表示，现在新版本使用 factorial(k) 表示。

1.3　解方程

1.3.1　代数方程的符号解

格式：X = solve(eq)　　　　　　% eq 是方程的符号表达式

$\qquad$ X = solve(eq,var)　　　　　% 指定变量 var 的方程

$\qquad$ S = solve(eqs, vars)　　　　% 对方程组求解，返回值 S 是解的结构对象

$\qquad$ [x1,x2,$\cdots$,xn] = solve(eqs, vars)　% 返回解的具体值 x1,x2,$\cdots$,xn

说明：对于单个的方程或方程组，若不存在符号解，则返回方程（组）的数值解。

【例 1-6】　有关代数方程的符号解的举例如下：

```
> > syms a b c x
> > eq = a * x^2 + b * x + c == 0;
> > X1 = solve(eq)
X1 =
     - (b + (b^2 - 4 * a * c)^(1/2))/(2 * a)
     - (b - (b^2 - 4 * a * c)^(1/2))/(2 * a)
> > X2 = solve(eq,b)
 X2 =
     - (a * x^2 + c)/x
> > eqs = [x + y == 1, x - 11 * y == 5];
> > S = solve(eqs,[x y])
S =
     包含以下字段的 struct:
        x: [1 × 1 sym]
```

       y: $[1 \times 1\ \text{sym}]$

```
> > [x,y] = solve(eqs,[x y])
x =
    4/3
y =
    -1/3
```

1.3.2 常微分方程的符号解

格式：S = dsolve(eqn)　　　　　　%给定一个符号方程 eqn，求解微分方程

      S = dsolve(eqn,cond)　　　　　%给定边界条件 cond，求解微分方程

      [y1,…,yN] = dsolve(___)　　　%将微分方程的解赋给变量 y1,…,yN

说明：diff(y,x)表示一阶导数 $\mathrm{d}y/\mathrm{d}x$，diff(y,x,2)表示二阶导数 $\mathrm{d}^2y/\mathrm{d}x^2$，而较早版本使用微分算子 D：D = d/dx，D2 = d2/dx2，其中 D、D2 后面的字母表示因变量，即待求解的未知数。初始和边界条件由字符串表示：y(a) = b，Dy(c) = d，D2y(e) = f。

【例 1-7】　有关常微分方程的符号解举例如下：

（1）求微分方程 $\mathrm{d}y/\mathrm{d}t = ay$ 的通解，并求出边界条件为 $y(0) = b$ 的特解。

解：

```
> > syms y(t) a b
> >eqn = diff(y,t) == a * y;
> >S = dsolve(eqn)
S =
    C1 * exp(a * t)
> > cond = y(0) == b;
> >T = dsolve(eqn,cond)
T =
    b * exp(a * t)
```

（2）求微分方程 $\begin{cases} y'' + 2y' = x^2 \\ y(0) = 1, y'(0) = 0 \end{cases}$ 的解。

解：

```
> > syms y(x)
> >eqn = diff(y,x,2) + 2 * diff(y,x) == x^2;
> >cond = [y(0) == 1, Dy(0) == 0];
> >T = dsolve(eqn,cond)
T =
    x/4 + exp( -2 * x)/8 - x^2/4 + x^3/6 + 7/8
```

1.3.3 利用矩阵解线性方程组

1. 线性方程组的唯一解（特解）

线性方程组的矩阵形式为

$$AX = B$$

其唯一解为

$$X = A^{-1}B$$

其语句为

$$X = \mathrm{inv}(A) * B$$

若用矩阵左除法求解

$$X = A \backslash B$$

则其语句为

$$X = A \backslash B \quad 或 \quad X = \mathrm{sym}(A) \backslash \mathrm{sym}(B)$$

2. 线性齐次方程组的通解

齐次方程组为

$$AX = 0$$

格式：$z = \mathrm{null}(A, 'r')$ 　　% z 的列向量是方程 $AX = 0$ 的有理基础解系

【例 1-8】　求下列方程组的通解：

$$\begin{cases} x_1 + 2x_2 + 2x_3 + x_4 = 0 \\ 2x_1 + x_2 - 2x_3 - 2x_4 = 0 \\ x_1 - x_2 - 4x_3 - 3x_4 = 0 \end{cases}$$

解：

```
>>A = [1   2   2   1;2   1   -2   -2;1   -1   -4   -3];
>>format   rat
>>B = null(A,'ι')                        % 求解空间的有理基础解系
>>syms k1  k2
>>X = k1 * B(:,1) + k2 * B(:,2)          % 写出方程组的通解
```

运行结果如下：

```
B =
      2                 5/3
     -2                -4/3
      1                 0
      0                 1
X =
      2 * k1  +  (5 * k2)/3
     -2 * k1  -  (4 * k2)/3
                 k1
                 k2
```

3. 非齐次线性方程组的通解

非齐次线性方程组需要先判断方程组是否有解，若有解，再求通解。步骤如下。

第一步：判断 $AX = b$ 是否有解，若有解则进行第二步。

第二步：求 $AX = b$ 的一个特解。

第三步：求 $AX = 0$ 的通解。

第四步：（$AX = b$ 的通解）=（$AX = 0$ 的通解）+（$AX = b$ 的一个特解）。

【例1-9】 求下列方程组的通解：

$$\begin{cases} x_1 - 2x_2 + 3x_3 - x_4 = 1 \\ 3x_1 - x_2 + 5x_3 - 3x_4 = 2 \\ 2x_1 + x_2 + 2x_3 - 2x_4 = 3 \end{cases}$$

解：在 MATLAB 编辑器中建立 M 文件如下：

```
A = [1  -2  3  -1;3  -1  5  -3;2  1  2  -2];
b = [1  2  3]';
B = [A b];
n = 4;
R_A = rank(A)
R_B = rank(B)
format rat
if R_A == R_B&R_A == n          % 判断有唯一解
   X = A\b
   elseif R_A == R_B&R_A < n     % 判断有无穷解
     X = A\b                     % 求特解
     C = null(A,'r')             % 求 AX = 0 的基础解系
   else X = 'equition no solve'  % 判断无解
end
```

运行结果如下：

```
R_A =
      2
R_B =
      3
X =
      equition no solve
```

说明该方程组无解。

【例1-10】 求下列方程组的通解：

$$\begin{cases} x_1 + x_2 - 3x_3 - x_4 = 1 \\ 3x_1 - x_2 - 3x_3 + 4x_4 = 4 \\ x_1 + 5x_2 - 9x_3 - 8x_4 = 0 \end{cases}$$

解：在 MATLAB 编辑器中建立 M 文件如下：

```
A = [1  1  -3  -1;3  -1  -3  4;1  5  -9  -8];
b = [1  4  0]';
B = [A b];
n = 4;
R_A = rank(A)
R_B = rank(B)
format rat
if R_A == R_B&R_A == n
   X = A\b
   elseif R_A == R_B&R_A < n
```

```
    X = A\b
    C = null(A,'r')
  else X = 'equation no solve'
end
```

运行结果如下：

R_A =

　　2

R_B =

　　2

X =

　　0

　　0

　　$-8/15$

　　3/5

C =

　　3/2　　　　$-3/4$

　　3/2　　　　7/4

　　1　　　　　0

　　0　　　　　1

所以，原方程组的通解为

$$X = k_1 \begin{pmatrix} 3/2 \\ 3/2 \\ 1 \\ 0 \end{pmatrix} + k_2 \begin{pmatrix} -3/4 \\ 7/4 \\ 0 \\ 1 \end{pmatrix} + \begin{pmatrix} 0 \\ 0 \\ -8/15 \\ 3/5 \end{pmatrix}$$

1.4　统计数据的处理

1.4.1　数据的保存和调用

将数据按列的方式来存储，保存命令用 save，调用命令用 load。

【例 1-11】　四大国有商业银行（中国工商银行、中国建设银行、中国银行和中国农业银行）上市公司在 2022 年 2 月的股票收盘价数据如表 1-1 所示。

表 1-1　四大国有商业银行 2022 年 2 月的股票收盘价　　　　　　（单位：元）

时　　　间	中国工商银行	中国建设银行	中国 银 行	中国农业银行
2022-02-07	4.74	6.13	3.13	3.00
2022-02-08	4.85	6.33	3.17	3.06
2022-02-09	4.84	6.29	3.16	3.05
2022-02-10	4.86	6.33	3.19	3.08
2022-02-11	4.87	6.37	3.19	3.08

（续）

时　间	中国工商银行	中国建设银行	中国银行	中国农业银行
2022-02-14	4.80	6.26	3.17	3.04
2022-02-15	4.76	6.21	3.15	3.02
2022-02-16	4.78	6.23	3.17	3.04
2022-02-17	4.78	6.25	3.18	3.04
2022-02-18	4.81	6.30	3.20	3.05
2022-02-21	4.82	6.27	3.18	3.03
2022-02-22	4.78	6.22	3.17	3.01
2022-02-23	4.77	6.15	3.16	3.01
2022-02-24	4.70	6.06	3.11	2.97
2022-02-25	4.67	6.01	3.11	2.97
2022-02-28	4.66	6.03	3.10	2.98

（1）在 MATLAB 编辑器中建立一个任意命名的 M 文件（譬如 a1.m），其包含的程序为：

```
% 输入矩阵 A
A = [4.74  6.13  3.13  3.00
     4.85  6.33  3.17  3.06
     4.84  6.29  3.16  3.05
     4.86  6.33  3.19  3.08
     4.87  6.37  3.19  3.08
     4.80  6.26  3.17  3.04
     4.76  6.21  3.15  3.02
     4.78  6.23  3.17  3.04
     4.78  6.25  3.18  3.04
     4.81  6.30  3.20  3.05
     4.82  6.27  3.18  3.03
     4.78  6.22  3.17  3.01
     4.77  6.15  3.16  3.01
     4.70  6.06  3.11  2.97
     4.67  6.01  3.11  2.97
     4.66  6.03  3.10  2.98];
save yinhang A      % 保存数据的命令
```

（2）运行 a1.m 文件，将数据 A 保存在一个名为 yinhang.dat 的数据文件中。

（3）进行统计分析时，先用命令 load yinhang 调用数据文件 yinhang 中的数据。

例如，在命令行窗口输入命令可查看数据的属性：

```
> > load yinhang
> > [m,n] = size(A)      % 显示矩阵 A 的行数和列数
```

运行结果如下：

```
m =
     16
n =
     4
```

又如，创建一个坐标轴后，可以比较四大国有商业银行股票的收盘价曲线：

```
>>t=1：m；
>>x1=A(：,1)；     %取 A 的第一列数据，选取中国工商银行
>>x2=A(：,2)；     %取 A 的第二列数据，选取中国建设银行
>>x3=A(：,3)；     %取 A 的第三列数据，选取中国银行
>>x4=A(：,4)；     %取 A 的第四列数据，选取中国农业银行
>>plot(t,x1,'-og',t,x2,'-+k',t,x3,'-^r',t,x4,'-.*b')     %绘制四条带有标识符的曲线
>>legend('中国工商银行','中国建设银行','中国银行','中国农业银行')
>>xlabel('时间/天')
>>ylabel('收盘价/元')
```

运行结果如图 1-1 所示。

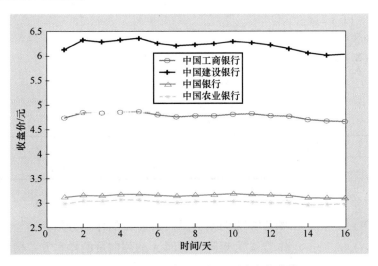

图 1-1　四大国有商业银行股票收盘价曲线

1.4.2　基本统计量函数

1. 利用 mean 求算术平均值和样本均值

格式：mean(X)　　　　　%X 为向量，返回 X 中各元素的平均值

　　　mean(A)　　　　　%A 为矩阵，返回 A 中各列元素的平均值构成的向量

例如：

```
>> load yinhang
>>M=mean(A)
M =
    4.7806    6.2150    3.1587    3.0269
```

即分别为中国工商银行、中国建设银行、中国银行和中国农业银行股票的平均价格。

2. 利用 median 计算中值（中位数）

格式：median(X)　　　　%X 为向量，返回 X 中各元素的中位数

　　　median(A)　　　　%A 为矩阵，返回 A 中各列元素的中位数构成的向量

3. 利用 geomean 计算几何平均数

格式：geomean(X)　　　%X 为向量，返回 X 中各元素的几何平均数

　　　geomean(A)　　　%A 为矩阵，返回 A 中各列元素的几何平均数构成的向量

4. 利用 harmmean 求调和平均值

格式：harmmean(X)　　%X 为向量，返回 X 中各元素的调和平均值

　　　harmmean(A)　　%A 为矩阵，返回 A 中各列元素的调和平均值构成的向量

5. 求最大值与最小值之差

格式：range(X)　　　　%X 为向量，返回 X 中的最大值与最小值之差

　　　range(A)　　　　%A 为矩阵，返回 A 中各列元素的最大值与最小值之差

6. 由分布律计算均值

利用 sum 函数计算均值。

例如，随机变量 X 的分布律如表 1-2 所示，则 E(X) 的命令如下：

```
>>X=[-2 -1 0 1 2];
>>p=[0.3 0.1 0.2 0.1 0.3];
>>EX=sum(X.*p)
EX =
     0
```

表 1-2　随机变量 X 的分布律

X	-2	-1	0	1	2
P	0.3	0.1	0.2	0.1	0.3

7. 求样本方差

格式：var(X)　　　　　%若 X 为向量，返回向量 X 的样本方差

　　　var(A)　　　　　%若 A 为矩阵，返回 A 的列向量的样本方差构成的行向量

8. 求标准差

格式：std(X)　　　　　%返回向量（矩阵）X 的样本标准差

9. 求样本的偏斜度

格式：skewness(X)　　%若 X 为向量，返回 X 的元素的偏斜度；若 X 为矩阵，返回

　　　　　　　　　　%X 各列元素的偏斜度构成的行向量

　　　skewness(X,flag)　%flag=0 表示偏斜纠正；flag=1（默认）表示偏斜不纠正

10. 求样本的峰度

格式：kurtosis(X)　　%若 X 为向量，返回 X 的元素的峰度；若 X 为矩阵，返回 X

　　　　　　　　　　%各列元素的峰度构成的行向量

　　　kurtosis(X,flag)　%flag=0 表示峰度纠正；flag=1（默认）表示峰度不纠正

11. 求协方差

格式：cov(X)　　　　　%求向量 X 的协方差

cov(A)	%求矩阵 A 的协方差矩阵，该协方差矩阵的对角线元素是 A
	%的各列的方差
cov(X,Y)	%X、Y 为等长列向量

12. 求相关系数

格式：corrcoef(X,Y)　%返回列向量 X、Y 的相关系数，等同于 corrcoef([X Y])

　　　　corrcoef（A）　%返回矩阵 A 的列向量的相关系数矩阵

13. 确定最大值、最小值及其所在的位置

格式：[m1,n1] = max(X)　%返回向量 X 的最大值及其所在的位置

　　　　[m2,n2] = min(A)　%返回矩阵 A 的列向量的最小值及其所在的位置

例如，对【例 1-11】的数据进行如下命令，可以确定最大值、最小值及其所在的位置。

```
>>[M1,N1] = max(A)
M1 =
    4.8700    6.3700    3.2000    3.0800
N1 =
    5    5    10    4
>>[M2,N2] = min(A)
M2 =
    4.6600    6.0100    3.1000    2.9700
N2 =
    16    15    16    14
```

14. 百分位数

格式：prctile(X,p)　%X 为向量，p 的取值范围为 [0,100]，返回 X 中的 p 百分位数

　　　　prctile(A,p)　%A 为矩阵，返回 A 各列元素的 p 百分位数

例如，对【例 1-11】的数据进行如下命令，可以求出上、下四分位数和中位数的值。

```
>>prctile(A,[25 50 75])
ans =
    4.7500    6.1400    3.1400    3.0050
    4.7800    6.2400    3.1700    3.0350
    4.8300    6.2950    3.1800    3.0500
```

15. 忽略丢失数据的计算

格式：nanmean(X)　%忽略 X 中丢失数据的平均值

　　　　nanmedian(X)　%忽略 X 中丢失数据的中值

　　　　nanmax(X)　%忽略 X 中丢失数据的最大值

　　　　nanmin(X)　%忽略 X 中丢失数据的最小值

　　　　nansum(X)　%忽略 X 中丢失数据的和

例如：

```
>>X = [1  2  3  4  5  nan  7  8  9];
>>nanmean(X)
ans =
    4.8750
>>nansum(X)
```

ans =

    39

1.4.3 概率分布函数

常见的概率分布及其命令字符有以下几种。

正态分布：norm；泊松分布：poiss；指数分布：exp；均匀分布：unif；离散均匀分布：unid；β 分布：beta；二项分布：bino；卡方分布：chi2；韦伯分布：weib；F 分布：f；T 分布：t。

MATLAB 工具箱对每一种分布都提供了五类函数，其命令字符如下。

概率密度函数：pdf；概率分布函数：cdf；逆分布函数：inv；均值与方差：stat；随机数生成：rnd。

当需要一种分布的某一类函数时，将以上所列举的分布命令字符与函数命令字符连接起来，并输入自变量（可以是标量、数组或矩阵）和参数即可。

1. 概率密度函数值

normpdf（x,mu,sigma） % 计算参数为 $\mu = mu$，$\sigma = sigma$ 的正态分布密度函数在 x 处的
                       % 值，系统默认 mu = 0，sigma = 1

binopdf（k,n,p）   % 参数为 n、p，事件发生 k 次的二项分布的概率密度函数值

poisspdf（k,Lambda）   % 参数为 Lambda 的泊松分布的概率密度函数值

unifpdf（x,a,b）   % [a,b] 上均匀分布（连续）概率密度在 X = x 处的函数值

2. 概率分布函数值

normcdf（x,mu,sigma） % 参数为 mu、sigma 的正态分布的分布函数值 $F(x) = P\{X \leq x\}$

expcdf（x,Lambda）   % 参数为 Lambda 的指数分布的分布函数值 $F(x) = P\{X \leq x\}$

chi2cdf（x,n）   % 自由度为 n 的卡方分布的分布函数值 $F(x) = P\{X \leq x\}$

tcdf（x,n）   % 自由度为 n 的 T 分布的分布函数值 $F(x) = P\{X \leq x\}$

fcdf（x,n_1,n_2）   % 第一自由度为 n_1、第二自由度为 n_2 的 F 分布的分布函数值

3. 逆分布函数

MATLAB 中的逆累积分布函数已知 $F(x) = P\{X \leq x\}$，求 x。

x = norminv（p,mu,sigma） % p 为概率值，mu 为均值，sigma 为标准差，x 为临界值，
                           % 满足 $p = P\{X \leq x\}$

x = betainv（p,a,b）   % β 分布逆分布函数

x = weibinv（p,a,b）   % 韦伯分布逆分布函数

4. 随机数生成

unifrnd（A,B,m,n）   % 生成 [A,B] 上 m 行 n 列均匀分布（连续）随机数

unidrnd（N,m,n）   % 生成 [1,N] 上 m 行 n 列均匀分布（离散）随机数

normrnd（mu,sigma,m,n） % 参数为 mu、sigma 的正态分布 m × n 随机数矩阵

exprnd（Lambda,m,n）   % 参数为 Lambda 的指数分布 m × n 随机数矩阵

poissrnd（Lambda,m,n） % 参数为 Lambda 的泊松分布 m × n 随机数矩阵

也可用下面命令生成随机数：

rand（n）   % 生成 n × n 随机矩阵，其元素在 (0,1) 内均匀分布

rand（m,n）   % 生成 m × n 随机矩阵

rand(size(A))	%生成与矩阵 A 相同大小的随机矩阵
randn(n)	%生成 n×n 阶 N (0,1) 正态分布随机矩阵
randn(m,n)	%生成 m×n 标准正态分布随机矩阵
randn(size(A))	%生成与矩阵 A 相同大小的标准正态分布随机矩阵

1.4.4　统计作图

1. 条形图

MATLAB 中有四个函数用于绘制条形图：bar、bar3、barh 和 bar3h。其中，bar 和 bar3 分别用于绘制二维和三维竖条形图，barh 和 bar3h 分别用于绘制二维和三维水平条形图。以 bar 为例的格式如下（其他格式类似）。

格式：bar(X,Y) 　　　%X 是横坐标向量（可省略不写，默认），Y 可以是向量或矩阵

　　　bar(X,Y,width) 　　%width 为竖条的宽度，默认值为 0.8

　　　bar(⋯,'grouped') 　%产生组合的条形图

　　　bar(⋯,'stacked') 　%产生堆叠的条形图

例如：

> > Y = [2 5 3;3 8 6;5 7 3;9 8 4];

> > bar(Y)

运行结果如图 1-2 所示。

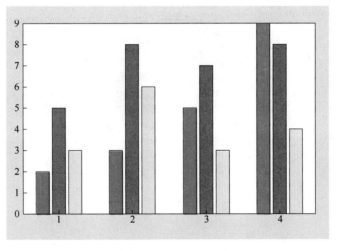

图 1-2　二维竖条形图

> > bar(Y,'stack')

运行结果如图 1-3 所示。

> > bar3(Y)

运行结果如图 1-4 所示。

> > bar3(Y,'group')

运行结果如图 1-5 所示。

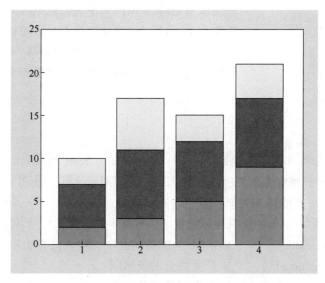

图 1-3　加上 "stack" 属性的二维竖条形图

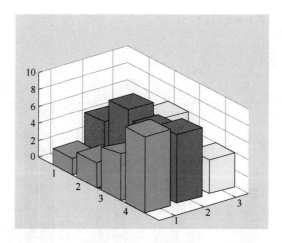

图 1-4　三维竖条形图

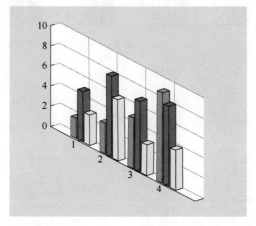

图 1-5　加上 "group" 属性的三维竖条形图

```
> > barh(Y,'stack')
```
运行结果如图 1-6 所示。

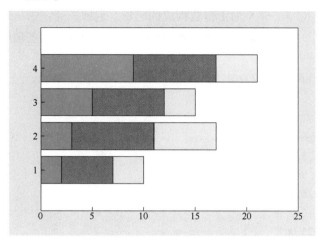

图 1-6　加上"stack"属性的二维水平条形图

绘制指定 X 轴为字符串、条形末端为数字的条形图。

编写如下程序：

```
X = categorical({'第一季度','第二季度','第三季度','第四季度'});        % 分类数组
X = reordercats(X,{'第一季度','第二季度','第三季度','第四季度'});      % 保留顺序
Y = [20 26,35 36;28 35,45 46;22 30,39 41];
b = bar(X,Y)
for k = 1:3
xtips = b(k).XEndPoints;
ytips = b(k).YEndPoints;
labels = string(b(k).YData);
text(xtips,ytips,labels,'HorizontalAlignment','center','VerticalAlignment','bottom')
end
```

运行结果如图 1-7 所示。

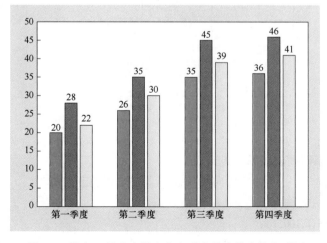

图 1-7　指定 X 轴为字符串和条形末端为数字的条形图

2. 频数直方图

（1）正整数的频率表。

格式：tabulate（X） %X 为正整数构成的向量，返回三列：第一列中包含 X 的值，

%第二列为这些值的个数，第三列为这些值的频率

例如：

> >X = [1 4 5 3 6 3 4 2 5 8 5 7]；

> > tabulate(X)

运行结果如下：

Value	Count	Percent
1	1	8.33%
2	1	8.33%
3	2	16.67%
4	2	16.67%
5	3	25.00%
6	1	8.33%
7	1	8.33%
8	1	8.33%

（2）频数直方图的命令。

格式：histogram(X) %绘制自动划分小区间（bin）的直方图

例如：

> >X = randn(1,100)；

> > histogram(X)

运行结果如图 1-8 所示。

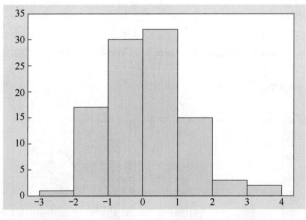

图 1-8 频数直方图

（3）附加有正态密度曲线的直方图。

格式：histfit(X)   %X 为向量，返回直方图和正态曲线

例如：

> >X = normrnd (5,1,100,1)；

> > histfit(X)

运行结果如图 1-9 所示。

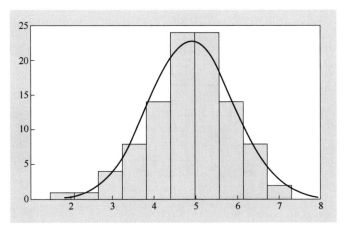

图 1-9　附加有正态密度曲线的直方图

3. 饼形图

二维和三维的饼形图分别用 pie 和 pie3 命令绘制，其格式与条形图的命令类似。

格式：pie(X) 　　　　　　　　% X 是向量或矩阵

　　　pie(X, explode) 　　　　% explode 用于指定饼形图中的某些片是否和整个饼形图
　　　　　　　　　　　　　　% 脱开，并与 X 同维，且对应元素值为非零

　　　pie(…, labels) 　　　　% labels 用于标注饼形图中的字符串数组，与 X 同维，
　　　　　　　　　　　　　　% 默认时以所占的比例为标注

例如：

> > X = [80 95 86 78 67]；

> > pie(X, [0 0 0 1 0])

运行结果如图 1-10 所示。

> > pie3(X, [0 0 0 1 0], {'语文 20% ', '数学 23% ', '外语 21% ', '物理 19% ', '化学 17% '})

运行结果如图 1-11 所示。

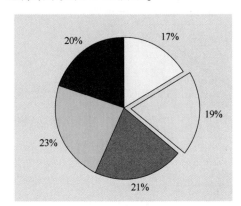

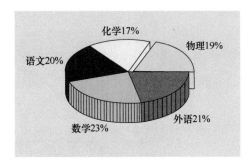

图 1-10　二维饼形图　　　　　　　　　　　图 1-11　三维饼形图

4. 经验累积分布函数图形

格式：cdfplot(X) 　　　　　% 绘制样本 X（向量）的累积分布函数图形

例如：

> > X = unidrnd (4,1,20)；

> > cdfplot(X)

运行结果如图 1-12 所示。

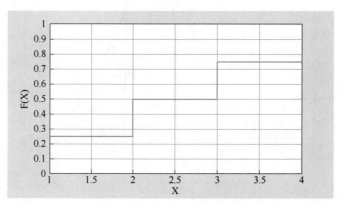

图 1-12　经验累积分布函数图形

5. 正态分布概率图形

格式：normplot(X)　　　% 若 X 为向量，显示正态分布概率图形；若 X 为矩阵，显示
　　　　　　　　　　　　% 每一列的正态分布概率图形

　　　　h = normplot(X)　　% 返回绘图直线的句柄

说明：样本数据在图中以" + "显示；如果数据来自正态分布，则图形显示为直线，而其他分布可能在图中产生弯曲。

例如：

> > X = normrnd(0,2,1,100)；

> > normplot(X)

运行结果如图 1-13 所示。

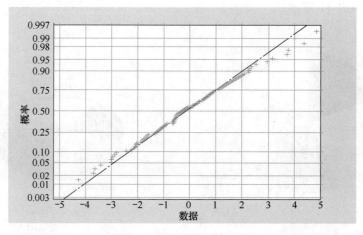

图 1-13　正态分布概率图形

1.4.5　参数估计

1. 常用分布参数估计

格式：$[muhat, sigmahat, muci, sigmaci] = normfit(X, alpha)$

说明：命令在显著性水平 alpha 下，估计数据 X 的参数（alpha 默认时设定为 0.05）。返回值 muhat 是 X 的均值的点估计值；sigmahat 是标准差的点估计值；muci 是均值的区间估计；sigmaci 是标准差的区间估计。

格式：$[muhat, muci] = expfit(X, alpha)$

说明：在显著性水平 alpha 下，求指数分布的数据 X 的均值的点估计及其区间估计。

格式：$[lambdahat, lambdaci] = poissfit(X, alpha)$

说明：在显著性水平 alpha 下，求泊松分布的数据 X 的参数的点估计及其区间估计。

2. 利用 mle 函数进行参数估计

格式：phat = mle('dist', X)　　　　　　% 返回用 dist 指定分布的最大似然估计值

$[phat, pci] = mle('dist', X)$　　　　% 置信度为 95%

$[phat, pci] = mle('dist', X, alpha)$　　% 置信度由 alpha 确定

$[phat, pci] = mle('dist', X, alpha, p1)$　% 仅用于二项分布，p1 为试验次数

说明：dist 为分布函数名，如 beta（β 分布）、bino（二项分布）等；X 为数据样本；alpha 为显著性水平 α；$(1 - \alpha) \times 100\%$ 为置信度。

【例 1-12】　招商银行 2021 年 9 月 1 日至 12 月 30 日的交易日股票收盘价数据如表 1-3 所示，试用正态分布拟合函数求出期望和标准差的估计值，并用 mle 函数求其最大似然估计值。

表 1-3　招商银行 2021 年 9 月 1 日至 12 月 30 日交易日股票收盘价　（单位：元）

日　　期	收 盘 价	日　　期	收 盘 价	日　　期	收 盘 价	日　　期	收 盘 价
9 月 1 日	50.79	10 月 8 日	50.93	11 月 5 日	51.56	12 月 3 日	51.25
9 月 2 日	51.60	10 月 11 日	53.00	11 月 8 日	51.30	12 月 6 日	51.82
9 月 3 日	52.00	10 月 12 日	53.09	11 月 9 日	51.06	12 月 7 日	51.84
9 月 6 日	51.20	10 月 13 日	53.03	11 月 10 日	50.63	12 月 8 日	52.04
9 月 7 日	52.81	10 月 14 日	52.36	11 月 11 日	52.82	12 月 9 日	53.13
9 月 8 日	52.41	10 月 15 日	53.31	11 月 12 日	52.40	12 月 10 日	53.49
9 月 9 日	52.10	10 月 18 日	51.86	11 月 15 日	52.93	12 月 13 日	52.42
9 月 10 日	54.12	10 月 19 日	52.88	11 月 16 日	52.50	12 月 14 日	51.15
9 月 13 日	53.92	10 月 20 日	52.40	11 月 17 日	51.84	12 月 15 日	51.00
9 月 14 日	52.10	10 月 21 日	53.75	11 月 18 日	51.41	12 月 16 日	51.20
9 月 15 日	51.40	10 月 22 日	54.29	11 月 19 日	52.33	12 月 17 日	50.77
9 月 16 日	50.70	10 月 25 日	54.59	11 月 23 日	51.69	12 月 20 日	50.69
9 月 17 日	51.25	10 月 26 日	55.30	11 月 24 日	51.75	12 月 21 日	50.63
9 月 22 日	49.41	10 月 27 日	54.52	11 月 25 日	51.74	12 月 22 日	50.01
9 月 23 日	48.84	10 月 28 日	54.22	11 月 25 日	51.42	12 月 23 日	50.22
9 月 24 日	48.77	10 月 29 日	53.97	11 月 26 日	50.10	12 月 24 日	49.86
9 月 27 日	49.09	11 月 1 日	54.12	11 月 29 日	49.82	12 月 27 日	49.33
9 月 28 日	50.42	11 月 2 日	52.25	11 月 30 日	49.49	12 月 28 日	49.63
9 月 29 日	51.56	11 月 3 日	51.70	12 月 1 日	49.99	12 月 29 日	47.62
9 月 30 日	50.45	11 月 4 日	51.75	12 月 2 日	50.89	12 月 30 日	48.50

解：MATLAB 程序如下：

```
%将给定的 80 个收盘价数据用 X 表示，即
X = [⋯]；  % 表 1-3 中的数据，用列向量表示，或行向量的转置
%先绘制直方图，观察其服从的分布
histogram(X)      % 或使用 hist(X)
% 运行结果如图 1-14 所示
% 用正态分布拟合
[muhat,sigmahat,muci,sigmaci] = normfit(X,0.05)
```

运行结果如下：

```
muhat  =
        51.6233
sigmahat  =
         1.5785
muci  =
        51.2743
        51.9724
sigmaci  =
         1.3673
         1.8675
% 用最大似然估计法估计参数
[phat, pci] = mle('norm',X)
```

运行结果如下：

```
phat  =
        51.6233      1.5687
pci  =
        51.2743      1.3673
        51.9724      1.8675
```

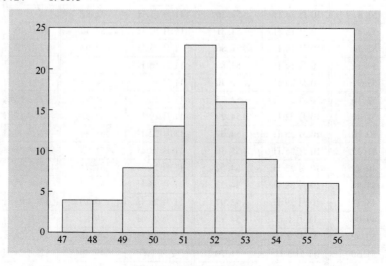

图 1-14   收盘价直方图

1.4.6　假设检验

1. 正态总体的均值 μ 的假设检验

（1）单个正态总体的均值 μ 的假设检验。

格式：h = ztest(x,m,sigma,alpha)　　% 方差已知，x 为正态总体的样本，m 为均值，
　　　　　　　　　　　　　　　　　　　% sigma 为标准差，显著性水平为 alpha（默认值
　　　　　　　　　　　　　　　　　　　% 为 0.05）

　　　　[h,sig,ci,zval] = ztest(x,m,sigma,alpha,tail)　　% 方差已知
　　　　h = ttest(x,m,alpha)　　　　　　　　　　　　% 方差未知
　　　　[h,sig,ci] = ttest(x,m,alpha,tail)　　　　　　　% 方差未知

说明：若 h = 0，表示在显著性水平 alpha 下，不能拒绝原假设。

若 h = 1，表示在显著性水平 alpha 下，可以拒绝原假设。

sig 为当原假设为真时得到观察值的概率，当 sig 为小概率时，对原假设提出质疑。

ci 为真正均值 μ 的 1 − alpha 置信区间。

zval 为统计量的值。

原假设：H_0：$\mu = \mu_0 = m$。

若 tail = 0，表示备择假设：H_1：$\mu \neq \mu_0 = m$（默认）。

若 tail = 1，表示备择假设：H_1：$\mu > \mu_0 = m$。

若 tail = −1，表示备择假设：H_1：$\mu < \mu_0 = m$。

（2）两个正态总体均值差的检验。

格式：[h,sig,ci] = ttest2(x,y,alpha)　　　% x、y 为两个正态总体的样本，其方差未知
　　　　　　　　　　　　　　　　　　% 但相等，显著性水平为 alpha（默认值为 0.05）

　　　　[h,sig,ci] = ttest2(x,y,alpha,tail)　% x、y 的样本个数要求相同

说明：若 h = 0，表示在显著性水平 alpha 下，不能拒绝原假设。

若 h = 1，表示在显著性水平 alpha 下，可以拒绝原假设。

sig 为当原假设为真时得到观察值的概率，当 sig 为小概率时，对原假设提出质疑。

ci 为真正均值 μ 的 1 − alpha 置信区间。

原假设：H_0：$\mu_1 = \mu_2$（μ_1 为 x 为期望值，μ_2 为 y 的期望值）。

若 tail = 0，表示备择假设：H_1：$\mu_1 \neq \mu_2$。

若 tail = 1，表示备择假设：H_1：$\mu_1 > \mu_2$。

若 tail = −1，表示备择假设：H_1：$\mu_1 < \mu_2$。

例如：检验【例 1-11】中四大国有商业银行收盘价的均值是否一致。

```
>> load yinhang
>> [h,sig,ci] = ttest2(A(:,1),A(:,2))        % 检验中国工商银行与中国建设银行
```

运行结果如下：

```
h =

    1

sig =

    3.9061e − 29
```

ci =

    −1.4993

    −1.3695

从结果看，h = 1，说明中国工商银行与中国建设银行的收盘价均值有显著不同，与图1-1显示的两条曲线有明显差异是一致的。

> > [h,sig,ci] = ttest2(A(:,3),A(:,4))　　% 检验中国银行与中国农业银行

运行结果如下：

h =

    1

sig =

    2.3159e − 12

ci =

    0.1081

    0.1556

从结果看，h = 1，说明中国银行与中国农业银行的收盘价均值有显著不同，但图1-1显示的两条曲线差异不是很明显。

2. 两个总体一致性的检验——秩和检验

格式： p = ranksum(x,y,alpha)　　　　% x、y 为两个总体样本，样本个数可以不等

        [p,h] = ranksum(x,y,alpha)

        [p,h,stats] = ranksum(x,y,alpha)

说明： p 为两个总体样本 x 和 y 为一致的显著性概率，若 p 接近于0，则不一致较明显。h 为检验结果，h = 0 表示 x 与 y 的总体差别不显著；h = 1 表示 x 与 y 的总体差别显著。stats 包括 ranksum 为秩和统计量的值以及 zval 为过去计算 p 的正态统计量的值。

例如：在【例1-12】中令 x9、x10 和 x12 分别表示9月份、10月份和12月份的收盘价。

> > x9 = X(1:20); x10 = X(21:36); x12 = X(59:80);

> > [p,h,stats] = ranksum(x9,x10,0.05)

运行结果如下：

p =

    6.9708e − 04

h =

    1

stats =

    zval：−3.3907

    ranksum：263

结果 h = 1，说明9月份与10月份相比总体有显著差别，即这两个月的收盘价有很大不同。

> > [p,h,stats] = ranksum(x9,x12,0.05)

运行结果如下：

p =

    0.4275

h =

    0

stats =

　　zval：0.7934

　　ranksum：462

结果 h = 0，说明 9 月份与 12 月份相比总体差别不显著，即这两个月的收盘价基本相同。

3. 两个以上总体一致性的检验——Kruskal-Wallis 单向评秩方差分析

两个以上的总体采用 Kruskal-Wallis 单向评秩方差分析检验其显著性差异。

格式：$[p, anovatab, stats] = kruskalwallis(X)$

说明：X 是由多个指标以列向量组成的矩阵，检验各列的均值是否显著不同。若 p 接近于 0，则认为零假设可疑，并认为至少有一个样本均值与其他样本均值存在显著性差异。返回结果还显示方差分析表和箱形图。

例如：检验【例 1-11】中四大国有商业银行之间收盘价是否有显著性差异。

> >[p, anovatab, stats] = kruskalwallis(A)

运行结果如下：

p =

　　9.0913e - 13

anovatab =

{'来源'}	{'SS'}	{'df'}	{'MS'}	{'卡方'}	{'p 值(卡方)'}
{'列'}	{[20480]}	{[3]}	{[6.8267e + 03]}	{[59.1135]}	{[9.0913e - 13]}
{'误差'}	{[1.3465e + 03]}	{[60]}	{[22.4417]}	{0×0 double}	{0×0 double}
{'合计'}	{[2.1827e + 04]}	{[63]}	{0×0 double}	{0×0 double}	{0×0 double}

stats =

　　　　gnames：[4×1 char]

　　　　　　n：[16 16 16 16]

　　　source：'kruskalwallis'

　meanranks：[40.5000 56.5000 24.5000 8.5000]

　　　　sumt：162

显示的样本箱型图如图 1-15 所示。

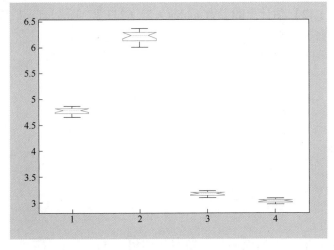

图 1-15　样本箱型图

结果表明，零假设存在的概率 $p = 9.0913\mathrm{e}-13 < 0.05$，所以拒绝原假设 H_0，即四大国有商业银行均值之间有显著性差异。

4. 样本分布测试

单个样本分布采用柯尔莫戈洛夫 – 斯米尔诺夫（Kolmogorov-Smirnov）测试。

格式：h = kstest(X)　　　　%测试向量 X 是否服从标准正态分布，测试水平为 5%

　　　　h = kstest(X,cdf)　　　 %指定累积分布函数为 cdf 的测试（cdf = [ ]时表示标准正
　　　　　　　　　　　　　　　% 态分布），测试水平为 5%

　　　　h = kstest(X,cdf,alpha)　　　　　　　　%alpha 为指定测试水平

　　　　[h,p,ksstat,cv] = kstest(X,cdf,alpha)　　%p 为原假设成立的概率，ksstat 为测
　　　　　　　　　　　　　　　　　　　　　　% 试统计量的值，cv 为是否接受假设
　　　　　　　　　　　　　　　　　　　　　　% 的临界值

说明：原假设为 X 服从标准正态分布或其他指定分布。若 h = 0，则不能拒绝原假设；若 h = 1，则可以拒绝原假设。

【例 1-13】（续【例 1-12】）　利用表 1-3 中的数据，检验股票收盘价是否服从标准正态分布、正态分布、对数正态分布和指数分布。

> > X = [⋯]　% 表 1-3 中的收盘价数据（用列向量表示）

（1）检验 X 是否服从标准正态分布。

> > [h,p,ksstat,cv] = kstest(X)

运行结果如下：

h =

　　1

p =

　　1.0893e – 72

ksstat =

　　1

cv =

　　0.1487

说明：h = 1 表明拒绝原假设，即不服从标准正态分布。

（2）使用【例 1-12】估计出的参数 muhat = 51.6233 和 sigmahat = 1.5785，检验 X 是否服从这两个参数的正态分布。

> > [h,p,ksstat,cv] = kstest(X,[X,normcdf(X, 51.6233,1.5785)],0.05)

运行结果如下：

h =

　　0

p =

　　0.9888

ksstat =

　　0.0476

cv =

　　0.1487

说明：h = 0 表明不能拒绝原假设，即服从期望为 51.6233、标准差为 1.5785 的正态

分布。

（3）检验 X 是否服从对数正态分布。

＞＞% 先使用对数正态分布拟合出参数估计值

＞＞C = lognfit（X）

＞＞P = logncdf（X,C（1）,C（2））;

＞＞h = kstest（X,[X,P]）

运行结果如下：

C =

　　3.9435　　0.0306

h =

　　0

说明：h = 0 表明接受原假设，即服从参数为 3.9435 和 0.0306 的对数正态分布。

（4）检验 X 是否服从指数分布。

＞＞% 先使用指数分布拟合出参数估计值

＞＞C = expfit（X）

＞＞P = expcdf（X,C）;

＞＞h = kstest（X,[X,P]）

运行结果如下：

C =

　　51.6233

h =

　　1

说明：h = 1 表明拒绝原假设，即不服从参数为 51.6233 的指数分布。

5. 正态分布的拟合优度测试

格式：h = jbtest（X,alpha）　　　　　　% 对输入向量 X（大样本）进行 Jarque-Bera

　　　　　　　　　　　　　　　　　　　% 测试

　　　　[h,p,jbstat,cv] = jbtest（X,alpha）% p 为接受假设的概率值，p 越接近于 0，则

　　　　　　　　　　　　　　　　　　　% 可以拒绝是正态分布的原假设；jbstat 为测

　　　　　　　　　　　　　　　　　　　% 试统计量的值，cv 为是否拒绝原假设的临

　　　　　　　　　　　　　　　　　　　% 界值

　　　　h = lillietest（X,alpha）　　　　% 对输入向量 X（小样本）进行 Lilliefors 测试

　　　　[h,p,lstat,cv] = lillietest（X,alpha）% p 为接受假设的概率值，p 越接近于 0，则

　　　　　　　　　　　　　　　　　　　% 可以拒绝是正态分布的原假设；lstat 为测试

　　　　　　　　　　　　　　　　　　　% 统计量的值,cv 为是否拒绝原假设的临

　　　　　　　　　　　　　　　　　　　% 界值

说明：h 为测试结果，若 h = 0，则可以认为 X 服从正态分布；若 h = 1，则可以否定 X 服从正态分布。

例如：利用【例 1-12】中的数据，测试向量 X 是否服从正态分布。

＞＞% 用 X 表示收盘价数据

＞＞[h,p,jbstat,cv] = jbtest（X）

运行结果如下:

```
h  =
    0
p  =
    0.5000
jbstat  =
    0.2558
cv  =
    5.3207
```

说明: $h=0$ 表示接受正态分布的假设; $p=0.5$ 表示服从正态分布的概率; 统计量的值 $jbstat=0.2558$ 小于接受假设的临界值 $cv=5.3207$, 因而接受原假设 (测试水平为 5%)。

练习与提高

1. 在 MATLAB 命令窗口中练习矩阵的生成、向量的点乘等运算。

2. 在 MATLAB 命令窗口中编写程序计算符号极限、导数、积分以及解方程。

3. 收集中国工商银行和中国建设银行两只股票交易日收盘价某个季度的数据, 试在 MATLAB 编辑窗口中建立 M 文件处理下面问题:

(1) 将这两家银行的收盘价转化为收益率 (使用 B = price2ret(A) 命令完成)。

(2) 绘制两家银行的收益率直方图, 观察近似服从什么分布。

(3) 使用 K-S 检验法判断两家银行收益率是否服从正态分布, 并拟合其分布参数。

(4) 分别计算这两家银行的期望收益率, 并绘制条形图。

(5) 采用秩和检验法判断这两家银行的收益率是否存在显著性差异。

第2章

经济预测概述

本章要点

- 经济预测的内容与步骤
- 预测资料的收集与预处理
- 数据初始化处理
- 样本预测及精度评价

2.1 预测的基本概念与原理

2.1.1 预测的基本概念

预测是指根据客观事物的发展趋势和变化规律，对特定的对象未来发展趋势或状态做出科学的推断与判断。预测就是根据过去和现在估计未来、预测未来。

预测科学的基本要素包括预测者、预测对象、信息、预测方法和技术以及预测结果等。这些基本要素之间的相互关系构成了预测科学的基本结构。此基本结构是如何运动、变化和发展的，应遵循什么样的程序才能得到科学的预测结果，这就是预测的基本程序。

经济预测是指以准确的调查统计资料和经济信息为依据，从经济现象的历史、现状和规律出发，运用科学的方法，对经济现象未来的发展前景进行的测定。

经济预测的三个要素为实际资料、经济理论和数学模型。其中，实际资料是预测的依据，经济理论是预测的基础，数学模型是预测的手段。

经济预测学是经济管理学的一个分支，是对经济活动可能产生的经济效果和经济发展趋势做出科学预见的学科。

2.1.2 预测的基本原理

1. 系统性原理

系统性原理是指预测必须坚持以系统的观点为指导，采用系统分析的方法实现预测的系统目标。具体有以下要求：

（1）通过对预测对象的系统分析，确定影响其变化的变量及其关系，建立符合实际的

逻辑模型与数学模型。

（2）通过对预测对象的系统分析，系统地提出预测问题，确定预测的目标体系。

（3）通过对预测对象的系统分析，正确地选择预测方法，并通过综合运用各种预测方法，使预测尽可能地符合实际。

（4）通过对预测对象的系统分析，按照预测对象的特点组织预测工作，并对预测方案进行验证和跟踪研究，为经验决策的实施提供及时反馈。

2. 连贯性原理

连贯性原理是指事物的发展是按一定规律进行的，在其发展过程中，这种规律贯彻始终，不应受到破坏，它未来的发展与其过去和现在的发展没有本质的不同，即根据研究对象的过去和现在，依据惯性，可以预测其未来状态。应注意以下几个问题：

（1）连贯性的形成需要有足够长的历史，且历史发展数据所显示的变动趋势具有规律性。

（2）作用于预测对象演变规律的客观条件必须保持在适度的变动范围之内，否则该规律的作用将随条件变化而中断，导致连贯性失效。

3. 类推原理

类推原理是指通过寻找并分析类似事物相似的规律，根据已知的某事物的发展变化特征，推断具有近似特性的预测对象的未来状态。具体要求为：事物变动具有某种结构，并且可以用数学方法加以模拟，根据所测定的模型类比现在、预测未来。两个事物之间的发展变化应具有类似性，否则就不能类推。

4. 相关性原理

相关性原理是指研究预测对象与其相关事物之间的相关性，利用相关事物的特性来推断预测对象的未来状况。

按照先导事件与预测事件的关系，相关性可分为同步相关与异步相关两类。例如，冷饮食品的销售与气候的变化、服装的销售与季节的变化为同步相关；基本建设投资额与经济发展速度、利息率的高低与房地产业的兴衰为异步相关。

5. 概率推断原理

概率推断原理是指当被推断的结果能以较大的概率出现时，则认为该结果成立。在预测中，可以先采用概率统计方法求出随机事件出现各种状态的概率，然后再根据概率推断原理推测对象的未来状态。

2.2 经济预测的内容与步骤

2.2.1 经济预测学的研究内容

（1）经济预测的基本理论、发展过程以及对国民经济的意义。

（2）预测所依据的原始资料和各种预测方法。

（3）模型和所采用的假设。

（4）预测对象的发展趋势和以往的发展规律。

（5）所研究经济范围的发展途径和可能达到的水平。

（6）预测误差和预测结果的可靠性等。

2.2.2 经济预测的主要内容

经济预测的主要内容有生产和资源预测、市场预测、国民收入分配预测、居民生活消费预测以及国民经济综合平衡预测等。

生产和资源预测是指对人口发展、自然资源发展、工农业生产、交通运输以及基本建设投资等发展前景的预测。

市场预测是指对物资供应、商品流通、对外贸易、物价和货币流通等发展前景的预测。

国民收入分配预测是指对国民收入总量和构成、国民收入分配和再分配、国民收入增长趋势和增长因素的预测。

居民生活消费预测是指对居民收入、居民物质消费量及其构成、住宅、公用事业、集体福利机构的发展和文化生活质量程度的预测。

国民经济综合平衡预测是指对国民经济物资平衡、劳动力平衡和财政平衡等发展前景的预测。

金融方面的预测内容有以下几点：

（1）预测特定股票的未来收益。

（2）预测一个投资组合下一年的风险。

（3）预测债券收益的波动性。

（4）预测国内贷款组合可能违约的数量。

（5）预测未来国内与国外股市变动的相关性。

2.2.3 预测的一般步骤

1. 确定预测目标

确定预测目标就是要明确预测的目的以及预测所期望的结果。预测目的是制订某项计划或决策。例如，是进行长期、中期预测，还是短期预测；预测结果要求定性、定量，还是进行综合分析；如果是定量预测，那么预期的精确度是多少，等等。

预测目标要具体明确，并有必要的文字说明，这样才能根据预测目标去收集、整理必要的资料，选择合适的预测方法。如果目标不明确，那么预测结果势必不尽如人意，会造成人力、财力和时间上的浪费。

2. 收集、整理有关资料

收集什么资料是由预测目标决定的。预测资料的来源很广泛，除预测者亲自调查取得第一手资料外，还可以收集各种现成的资料，如统计部门的统计公报、年鉴和咨询资料，报纸杂志、广播电视披露的信息资料等。

资料应力求完整、准确、时新、适用，对各种不同来源的资料要进行检验鉴别，判断真伪，决定取舍。

3. 选择预测方法

预测方法大体上可以分为以下三类：

（1）调查预测方法。该类方法要求预测者注重实际，深入群众进行调查研究，收集实际资料或别人的预测意见，并结合自己的学识和经验进行分析判断，从而做出预测结论，如市场调查法、德尔菲法等。

（2）因果关系预测方法。该类方法把预测对象同影响因素联系起来进行分析，建立数学模型，根据影响因素的变化估计预测对象的未来数值，如回归预测法、计量经济模型预测法、投入产出预测法等。

（3）时间序列预测方法。该类方法根据时间序列资料建立数学模型，将过去的趋势延伸到未来，从而做出预测结论，如指数平滑预测法等。

调查预测方法比较简单易行，多用于定性预测；时间序列预测方法和因果关系预测方法都要建立数学模型，做计量分析，多用于定量预测。每种预测方法各有其优缺点和应用条件，应根据预测目标和预测对象的特点及资料的占有情况来选择使用，力求做到准确度最高、费用最省、时效性最强。将各种预测方法结合运用，互相验证，可以获得更好的预测效果。

4. 建立预测模型

预测模型是对预测对象发展变化的客观规律的近似模拟。预测结果是否有效，取决于模型对预测对象未来发展规律近似模拟的真实程度。对于数学模型，应确定其模型形式和参数值。

5. 评价预测模型

在确定预测值以前，要对模型进行统计检验，对影响预测对象的内部因素和外部因素进行评定；要分析影响因素是否发生了显著变化；分析过去的发展趋势和结构能否延续到未来。如果影响因素发生了显著变化，使未来显著地不同于过去和现在，就要对预测模型做必要的修改，最终确定一个最优模型。

预测误差是肯定存在的，所以必须事先估计预测误差的大小。如果预测误差很大，超出预期设定的范围，而且预测区间很宽，预测就没有什么意义了。这时应分析产生预测误差的原因，改进预测模型，并重新计算预测结果。

6. 利用模型进行预测

进行定量预测时，应根据预测模型进行计算，求出预测值。

7. 分析预测结果

最后分析预测的结果，总结本次预测的经验教训，建立详细的预测档案，作为评定预测结论和改进预测工作的依据。如果预测是反复进行的，那么这种总结尤为必要。

2.3 预测资料的收集与预处理

2.3.1 数据的收集与预处理

数据的收集与预处理要注意以下五点：

（1）要注意数据的客观性和准确性，即要求数据如实地反映实际情况。

（2）要求数据具有及时性、完整性和经济性。

（3）要收集原始资料以及二手资料。

（4）资料整理。第一，对资料进行校核，包括逻辑性校核和计算性校核；第二，对资料按特征、结构、性质、规模等进行分类。

（5）对变量序列的编制。经过分类整理的资料用数值表示，按不同的变量顺序形成某变量的大小序列。

2.3.2 数据类型

数据类型大致分为三类：时间序列数据、横截面数据和综列数据。

时间序列数据是指在一段时间内所收集的一个或多个变量的数据。它与数据的观测、收集频率相关。频率是对时间间隔的量度，或者说是数据收集、记录的规则性。例如，工业产值用月度或季度记录；政府预算赤字用年度记录；货币供给用周记录；股票价值用交易发生的时刻记录。

横截面数据是指某一时点上可收集的一个或多个变量的数据。例如，某年的 GDP、CPI、投资额、居民储蓄等。利用横截面数据主要讨论它们之间的关系。

综列数据同时具有时间序列数据和横截面数据的维度，如回归模型就使用此类数据。

2.3.3 数据的分析与鉴别

第一，应对得到的数据做大体估计，去掉与问题无关或不能说明问题的数据；第二，对值得怀疑和探讨的数据（如大起大落的数据）进行研究，调查其产生的背景，鉴别其真实程度，分析原因，以判断这些数据是否异常或能否反映预测对象的正常情况。

1. 异常数据的鉴别方法

（1）图形观察法。

【例 2-1】 我国 2019 年 7 月至 2020 年 6 月的进出口差额数据如表 2-1 所示，绘制图形观察异常点。

表 2-1 我国 2019 年 7 月至 2020 年 6 月的进出口差额 （单位：亿美元）

2019 年	7 月	8 月	9 月	10 月	11 月	12 月
进出口差额	44.61	34.83	39.65	43.02	37.62	47.21
2020 年	1 月	2 月	3 月	4 月	5 月	6 月
进出口差额	54.69	−62.12	19.93	45.33	62.93	46.42

在 MATLAB 编辑器窗口建立 M 文件如下：

```
X = [44.61  34.83  39.65  43.02  37.62  47.21  54.69  −62.12  19.93  45.33  62.93  46.42];
t = 1:12;
plot(t,X,'o − ')
set(gca,'XTick',[1 2 3 4 5 6 7 8 9 10 11 12])                    %确定刻度位置
set(gca,'XTickLabel',{'2019 − 7';'2019 − 8';'2019 − 9';'2019 − 10';'2019 − 11'; …
'2019 − 12';'2020 − 1';'2020 − 2';'2020 − 3';'2020 − 4';'2020 − 5';'2020 − 6'})   %确定刻度名称
xlabel('时间')
ylabel('进出口差额/亿美元')
```

运行结果如图 2-1 所示。

从图 2-1 可知，2020 年 2 月数据严重偏小，发生这种情况的主要原因是 2020 年 1 月份发生了新冠疫情，导致国外进口额明显受阻，因此不能反映我国 2020 年 2 月进出口差额的

正常情况，从而视为是异常值，需要进行预处理。

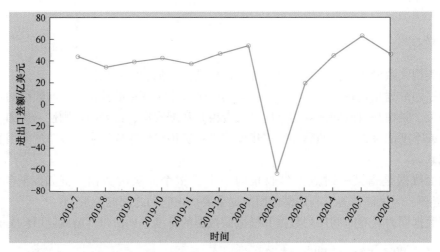

图 2-1　进出口差额折线图

（2）统计滤波法。利用已有的数据确定数据允许变动的范围（上、下限），凡是在这个范围以外的数据就被认为是异常数据。

一般利用正态分布来确定数据的变动范围。具体步骤如下：

设已有样本数据 $X = [x_1, x_2, \cdots, x_n]$

1）计算样本均值和样本标准差。

$$\bar{x} = \frac{1}{n} \sum_{i=1}^{n} x_i, \quad s = \sqrt{\frac{1}{n-1} \sum_{i=1}^{n} (x_i - \bar{x})^2}$$

2）确定一个 k 与样本均值和标准差组成数据变动的上限 y_u 和下限 y_d。

$$y_u = \bar{x} + ks, \quad y_d = \bar{x} - ks$$

式中，k 由样本数量 n 和概率 p_1、p_2 确定，k 值表如表 2-2 所示；p_2 是落在 $[y_d, y_u]$ 范围内的统计数据的个数与 n 的百分比；p_1 是实现 p_2 的置信度，即落在 $[y_d, y_u]$ 区间内这一事件的概率。

不在 $[y_d, y_u]$ 范围内的数据即认为是异常数据。

表 2-2　k 值表

样本容量 n	$p_1 = 0.95$		$p_1 = 0.99$	
	$p_2 = 0.99$	$p_2 = 0.999$	$p_2 = 0.99$	$p_2 = 0.999$
10	4.43	5.58	8.59	7.13
15	3.88	4.95	3.80	5.88
20	3.61	4.61	3.16	5.31
25	3.46	4.41	3.90	4.99
30	3.35	4.28	3.73	4.77
35	3.27	4.18	3.61	4.61
40	3.21	4.10	3.52	4.49
45	3.16	4.04	3.44	4.40
50	3.13	3.99	3.38	4.32
60	3.07	3.92	3.29	4.21

（续）

样本容量 n	$p_1 = 0.95$		$p_1 = 0.99$	
	$p_2 = 0.99$	$p_2 = 0.999$	$p_2 = 0.99$	$p_2 = 0.999$
70	3.02	3.86	3.22	4.12
80	2.99	3.81	3.17	4.05
90	2.96	3.78	3.13	4.00
100	2.93	3.74	3.10	3.95
∞	2.58	3.29	2.58	3.29

【例 2-2】 某企业 2018 年 1 月至 2022 年 12 月（60 个月）生产某种产品的数量如表 2-3 所示，试用统计滤波法找出异常值。

表 2-3 产品数量表 （单位：万台）

序　　数	产品数量值								
1 ~ 10	31	34.5	34.3	29	34	32	34.5	36	33	32.1
11 ~ 20	37	32	33	30.8	34	31.8	34	32.1	36	35
21 ~ 30	30	34	34.5	41	32	37	33	36	35	45
31 ~ 40	37	34	36	34.2	28	36	37	34	30	31
41 ~ 50	32	24	31	32	37	36	34.6	34	34	35
51 ~ 60	34	38	33.8	35	36	33	33.7	35	32	31

在 MATLAB 编辑窗口建立 M 文件如下：

```
X = [31  34.5  34.3  29  34  32  34.5  36  33  32.1…
     37  32  33  30.8  34  31.8  34  32.1  36  35…
     30  34  34.5  41  32  37  33  36  35  45…
     37  34  36  34.2  28  36  37  34  30  31…
     32  24  31  32  37  36  34.6  34  34  35…
     34  38  33.8  35  36  33  33.7  35  32  31];
x = mean(X)              % 计算均值
s = std(X)               % 计算标准差
p1 = 0.95;               % 不妨取概率 p1
p2 = 0.99;               % 不妨取概率 p2
n = 60;
k = 3.07;                % 查 k 值表
yd = x - k * s           % 下限
yu = x + k * s           % 上限
a = find(X < yd | X > yu)  % 寻找异常点所在的位置
z = X(a)                 % 显示异常值
t = 1:60;
plot(t,X,'o - ')         % 画出对应的图
xlabel('序数')
ylabel('产品数量值/万台')
```

运行结果如下：

```
x =
    33.8650
s =
    3.0353
yd =
    24.5466
yu =
    43.1834
a =
    30    42
z =
    45    24
```

由此可知，异常点是序数 30 与 42 对应的产品数量值 45 与 24，如图 2-2 所示。

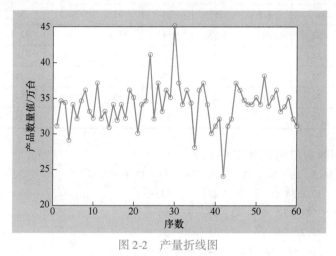

图 2-2   产量折线图

（3）拉依达准则（3σ 准则）。选用拉依达准则剔除样本中的异常值。若残差为

$$\varepsilon_k = |x_k - \bar{x}| > 3\sigma$$

则认为 x_k 值为异常值。

式中，x_k 表示第 k 个样本值；$\bar{x}$ 为样本均值；σ 为样本标准差。

该准则不适用样本个数 $n \leqslant 10$ 的情况。

例如，对【例 2-2】中的数据，使用拉依达准则求出异常值的 MATLAB 程序如下：

```
X = [ … ];                          % X 数据同上
x = mean( X )
s = std( X )
a = find( abs( X - x ) > 3 * s )    % 寻找异常点所在的位置
z = X( a )                          % 显示异常值
```

运行结果如下：

```
a =
    30    42
z =
    45    24
```

从运行结果来看，与【例2-2】使用统计滤波法的结果完全相同，但算法更简单。

2. 数据的预处理

对判定为异常或不能真实地反映预测对象发展趋势的数据进行适当的处理，称为数据的预处理。常用的预处理方法有剔除法、还原法、拉平法、比例法等。

（1）剔除法。剔除法就是去掉那些不能如实反映预测对象正常发展趋势的数据。该方法常用于时间序列数据，但具有破坏时间序列数据连续性的缺点。例如，【例2-2】就可将两个异常数据去掉。

（2）还原法。把数据处理成没有突变因素影响时本应表现出的数值，是一个估计值。例如，当时间序列只有一个变量指标时，可用异常数据前后两期数据的算术平均值或几何平均值作为还原值。其公式为

$$x'_k = \frac{x_{k-1} + x_{k+1}}{2} \text{ 或 } x'_k = \sqrt{x_{k-1} x_{k+1}}$$

如【例2-1】中，可将 2020 年 2 月份的数值进行处理：

$$x'_8 = \frac{x_7 + x_9}{2} = \frac{(54.69 + 19.93)\text{亿美元}}{2} = 37.31 \text{ 亿美元}$$

在利用因果关系建立模型时，若有自变量 x 和因变量 y，则可用下面的方法对异常数据加以还原。

当 x 和 y 之间为线性关系时，取

$$y'_k = \frac{y_n x_n + y_m x_m}{2x_k}$$

当 x 和 y 之间为非线性关系时，取

$$y'_k = \frac{\sqrt{y_n x_n y_m x_m}}{x_k}$$

式中，x_n、x_m 是与 x_k 在数值上相差最小的两个自变量，且 $x_n \leq x_k \leq x_m$；y'_k 是异常数据。

【例2-3】　某大型电子零件代工企业，2022 年第一季度至 2024 年第二季度职工就业人数与工资总额如表 2-4 所示，由于每年年底企业发年终奖金，造成第四季度的工资额数据有些偏高，因而建立模型时需要处理这些数据。

表 2-4　某代工企业职工就业人数与工资总额

年 – 季	2022-1	2022-2	2022-3	2022-4	2023-1
就业人数/人	9607	10592	10871	11047	10985
工资总额/万元	27035	31546	37652	51735	41591
年 – 季	2023-2	2023-3	2023-4	2024-1	2024-2
就业人数/人	10954	11085	11359	11638	11283
工资总额/万元	42168	45636	62375	51284	52362

首先利用原始数据计算就业人口与工资额的相关系数，其 MATLAB 程序如下：

```
x = [9607   10592   10871   11047   10985   10954   11085   11359   11638   11283];    % 就业人数
y = [27035   31546   37652   51735   41591   42168   45636   62375   51284   52362];    % 工资总额
r = corrcoef(x,y)          % 原始数据的相关系数
```

运行结果如下：

r =

    1.0000   0.8373

    0.8373   1.0000

即没处理时二者的相关系数为 r = 0.8373。

现分别处理 2022 年第四季度和 2023 年第四季度的数据。

```
y4 = (x(3) * y(3) + x(5) * y(5))/(2 * x(4))      %2022 年第四季度调整值
y8 = (x(7) * y(7) + x(9) * y(9))/(2 * x(8))      %2023 年第四季度调整值
y(4) = y4                                        %用调整的数据替换 2022 年第四季度数据
y(8) = y8                                        %用调整的数据替换 2023 年第四季度数据
r1 = corrcoef(x,y)                               %数据处理后的相关系数
```

运行结果如下：

y4 =

    3.9205e + 04

y8 =

    4.8539e + 04

r1 =

    1.0000   0.9066

    0.9066   1.0000

即处理后的数据分别为

$$y'_{2022-4} = \frac{y_{2022-3}x_{2022-3} + y_{2023-1}x_{2023-1}}{2x_{2022-4}} = 39205 \text{ 万元}$$

$$y'_{2023-4} = \frac{y_{2023-3}x_{2023-3} + y_{2024-1}x_{2024-1}}{2x_{2023-4}} = 48539 \text{ 万元}$$

处理后二者的相关系数为 r = 0.9066。所以先处理数据再建立模型，效果会更好。

（3）拉平法。拉平法就是通过分析造成数据过时的原因，对数据加以适当的处理，使其符合实际发展情况。

【例 2-4】 国内某新能源车企 2016 年—2023 年生产的电动汽车产量如表 2-5 所示。其中，为扩大对外出口份额占领国外市场，在 2021 年本企业利用研发的新能源电池技术，并新建一条人工智能机器人生产线，当年就制造出 30 万辆新能源技术电动汽车。

表 2-5　某新能源车企 2016 年—2023 年生产电动汽车产量

年　份	2016	2017	2018	2019	2020	2021	2022	2023
产量/万辆	16.5	17.1	18.6	19.9	21.3	52.6	58.9	60.5
处理后产量/万辆	16.5 + 30	17.1 + 30	18.6 + 30	19.9 + 30	21.3 + 30	52.6	58.9	60.5

为了充分考虑建模的需要，需对 2021 年以前的产量数据进行处理。实际上，只需将 2021 年的新增数据 30 万辆与 2020 年及其以前的数据相加即可（见表 2-5）。

（4）比例法。销售条件与环境条件的变化会引起企业产品市场占有率的变化。当变化很大时，说明环境条件与销售条件的变化已超过其他因素对销售量的影响，也说明以前销售

量统计数据所表现的发展规律不再适用于现在和将来。因此，如果不能去掉以前的数据，那么就需要进行修改。

【例2-5】 国内某传统燃油车在本地区市场的销售量和市场占有率如表2-6所示。

表2-6 某传统燃油车在本地区市场的销售量和市场占有率

年 份	2016	2017	2018	2019	2020	2021	2022
销售量/辆	20143	23578	19852	17595	16237	15876	12583
市场占有率	0.23	0.25	0.22	0.20	0.19	0.18	0.12
处理后销售量/辆	10509	11317	10828	10557	10255	10584	12583

从市场占有率来看，2021年以前虽然出现下降的趋势，但还保持在20%左右，而2022年下降为12%。原因是随着消费者环保意识的增强和对传统燃油车排放污染的关注，尤其是政府对新能源汽车的激励政策以及新能源车企的技术创新，有效解决了电动汽车续航里程和充电问题，增强了消费者购买新能源汽车的信心，从而致使传统燃油车的销售量明显下降。为了预测2023年以后传统燃油车的销售量，就需要修改2021年以前的销售量数据。修改方法为

$$某年处理后销售量 = \frac{该年实际销售量}{该年市场占有率} \times 2022年市场占有率$$

MATLAB 程序如下：

```
X = [20143    23578    19852    17595    16237    15876    12583];    %实际销售量
Y = [0.23    0.25    0.22    0.20    0.19    0.18    0.12];    %市场占有率
Z = (X./Y)*0.12    %处理后销售量
```

运行结果如下：

```
Z =

    1.0e+04 *

    1.0509    1.1317    1.0828    1.0557    1.0255    1.0584    1.2583
```

2.4 数据的初始化处理

设某项指标的原始数据 X 有 n 个样本，即

$$X = [x_1, x_2, \cdots, x_n]$$

处理后的数据为

$$Y = [y_1, y_2, \cdots, y_n]$$

1. 归一化法

归一化法是消除指标之间量纲差异的常用方法。其公式为

$$y_i = \frac{x_i}{\sum\limits_{j=1}^{n} x_j} \quad (i = 1, 2, \cdots, n)$$

即指标样本值除以该指标所有样本数据之和。这样一来，若样本数据全为非负值，则所有数据都转换为 $0 \sim 1$ 的正数，且每个指标的所有样本数据之和为1。

MATLAB 命令：$Y = X. /\text{sum}(X)$

归一化法的处理方法很多，如可将指标样本值除以该指标所有样本数据的平均数，其指标值都在 1 上下摆动。其公式为

$$y_i = \frac{x_i}{\frac{1}{n}\sum_{j=1}^{n} x_j} \quad (i = 1, 2, \cdots, n)$$

MATLAB 命令：$Y = X. /\text{mean}(X)$

或者可将序列所有数据 X 分别除以 X 中的第一个数据。其计算公式为

$$y_i = \frac{x_i}{x_1} \quad (i = 1, 2, \cdots, n)$$

MATLAB 命令：$Y = X. /X(1)$

2. 标准化法

目前最普遍使用的无量纲化方法是标准化法。其计算公式为

$$y_i = \frac{x_i - \bar{x}}{\sigma} \quad (i = 1, 2, \cdots, n)$$

式中，$\bar{x}$ 和 σ 分别是指标的平均值和标准差。

经标准化后，指标的平均值为 0，方差为 1，消除了量纲和数量级的影响。但同时，标准化法也消除了各指标变异程度上的差异。因此，经标准化后的数据往往不能准确反映原始数据所包含的信息。

MATLAB 命令：$Y = (X - \text{mean}(X)). /\text{std}(X)$

3. 零均值化法

零均值化法是一种较好的方法。其计算公式为

$$y_i = x_i - \bar{x} \quad (i = 1, 2, \cdots, n)$$

MATLAB 命令：$Y = X - \text{mean}(X)$

4. 极差正规化法

极差正规化法的计算公式为

$$y_i = \frac{x_i - \min_{1 \leqslant j \leqslant n}\{x_j\}}{\max_{1 \leqslant j \leqslant n}\{x_j\} - \min_{1 \leqslant j \leqslant n}\{x_j\}} \quad （适合正向指标）$$

或

$$y_i = \frac{\max_{1 \leqslant j \leqslant n}\{x_j\} - x_i}{\max_{1 \leqslant j \leqslant n}\{x_j\} - \min_{1 \leqslant j \leqslant n}\{x_j\}} \quad （适合负向指标）$$

MATLAB 命令：$Y = (X - \min(X)). / (\max(X) - \min(X))$

或 　　　　　　　　$Y = (\max(X) - X). /(\max(X) - \min(X))$

5. 非负化处理

非负化处理是指对每一个数据都加上该数列中数值最小的一项。其计算公式为

$$y_i = x_i + |\min_{1 \leqslant j \leqslant n}\{x_j\}| \quad (i = 1, 2, \cdots, n)$$

MATLAB 命令：$Y = X + \text{abs}(\min(X))$

2.5　样本预测及精度评价

2.5.1　样本内预测与样本外预测

样本内预测用的是与模型中参数估计相同的样本数据集。人们在进行预测时，大多数采用此方法。一个比较合理的评价模型的方法是：在预测时，并不将所有用来估计参数的观测值都用作预测，而是将某些数据保留不用，用于检查得到的预测值的精度。这些"保留样本"可以用来做样本外预测。例如，通常最后一个数据不用来估计参数，而是用来比较预测值和实际值的接近程度。

2.5.2　预测的精度评价

预测精度是指预测模型拟合的好坏程度，即由预测模型所产生的模拟值与历史实际值拟合程度的优劣。

在讨论模型的精度时，通常对整个样本外的区间进行预测，然后将其与实际值比较，把它们的差异用某种方法加总，常用均方误差（MSE）、绝对平均误差（MAE）和相对平均误差（MAPE）的绝对值来量度。其计算公式为

$$\text{MSE} = \frac{1}{N} \sum_{i=1}^{N} (y_i - \hat{y}_i)^2$$

$$\text{MAE} = \frac{1}{N} \sum_{i=1}^{N} \left| y_i - \hat{y}_i \right|$$

$$\text{MAPE} = \frac{1}{N} \sum_{i=1}^{N} \left| \frac{y_i - \hat{y}_i}{y_i} \right|$$

一般来说，均方误差（MSE）比绝对平均误差（MAE）或相对平均误差（MAPE）的绝对值能更好地衡量预测的精确度。

但对同一种预测模型来说，有时单独考查 MSE、MAE 和 MAPE 的大小，可能得不出什么结论，因为它们各自没有比较对象。最好的解决方法是：运用相同的数据和预测区间，把从一个模型得到的 MSE、MAE 和 MAPE 与从其他模型得到的 MSE、MAE 和 MAPE 进行比较，其中具有最小误差值的模型就是最精确的模型。

若对同一模型，内有参数变量，比如在平滑指数法中使用的权重 α，则要分别对 α 取不同值，计算其相应的 MSE（或 MAE、MAPE），这时可直接认为 MSE（或 MAE、MAPE）误差小的参数对应的模型好，预测精度高。

练习与提高

1. 简述预测的基本原理和步骤。

2. 说明预测资料的收集及预处理方法。

3. 利用表 2-1 所给的我国进出口差额的数据，试用数据初始化提供的各种方法对其进行数据处理，并对处理后的数据用 plot 命令画图观察异常点。

4. 企业通过预测，可以对生产、管理、财务等指标的发展趋势做出正确的分析和判断，进而确定企业的目标市场。通过预测，能够预知消费者需求和消费者行为的变化走向，很好地把握市场的总体动态和各种营销环境因素的变化趋势，从而为企业制定资金投向、经营方针、发展规模等战略性决策提供可靠依据。试选取一个你熟悉的企业，说明其要预测的主要内容。

操作流程如下。

（1）生产部门：对货源、原材料需求量、库存量、生产量、生产率走势等进行预测。

（2）营销部门：对销售量及销售额、产品的市场潜力、市场份额、广告费用、产品的市场容量、市场需求量的分类、产品价格变动趋势、居民购买力、顾客满意度等进行预测。

（3）财务部门：对主营业务收入、毛利润额及净利润额、现金流量、应收账款、利率走势、公司价值、公司股票价格走势等进行预测。

（4）人力资源部门：对雇员的需求、雇员年薪等进行预测。

第 3 章

定性预测法

本章要点

- 常用的集合意见预测法类型
- 德尔菲法及其应用
- 主观概率预测法

定性预测法是指预测人员根据自己的经验、知识、判断能力以及掌握的实际情况进行的一种直观判断预测。

这种预测能进行多因素综合性分析，对无法定量的因素加以综合考虑，而且预测成本低、速度快、方法简便易行，也有较高的准确性，所以被广泛采用。例如，定性预测法常用于对市场的形势、新产品开发的前景、产品的生命周期、企业的未来发展方向等方面的预测。

3.1 集合意见预测法

集合意见预测法是指各方人士（专家、管理人员、业务人员、用户等）凭自己的经验判断，对市场未来需求趋势提出个人的预测意见，再集合大家的意见做出市场预测的方法。这种方法注重发挥集体智慧，在一定程度上克服了个人直观判断的局限性和片面性，有利于提高市场预测的质量。

3.1.1 常用的集合意见预测法

1. 集合专家意见预测法

集合专家意见预测法是凭借专家的知识、经验和智慧，通过思考分析、综合判断，把各种专家对预测对象的未来发展变化趋势的预测意见进行汇总，然后进行数学平均处理，并根据实际工作中的情况实时修正，最终取得预测结果的方法。具体过程如下：

（1）预测组织者根据预测目的和要求，拟定若干名熟悉预测对象的相关领域专家组成专家预测小组。

（2）给专家提出预测项目和期限，并提供有关资料。

（3）专家凭借个人的经验和分析判断能力，提出各自的预测方案。

（4）预测组织者将各位专家的预测结果进行定量化描述后形成各自的预测方案，并进行方案期望值计算。

（5）将参与预测的有关人员进行分类，并计算出各类综合期望值（可采用加权平均统计法、算术平均法等）。

（6）预测组织者参照当时预测项目的发展趋势，考虑是否需要对综合期望值进行调整，或进一步向有关人员反馈信息，确定更趋合理的预测结果。

2. 集合企业经营管理人员意见预测法

集合企业经营管理人员意见预测法是集合企业高级主管人员（厂长、经理等）、管理职能科室主管人员以及业务主管人员的预测方案，加以归纳、分析，判断市场变动趋势的一种预测方法。其预测过程与集合专家意见预测法相同。

3. 集合业务人员意见预测法

集合业务人员意见预测法是集合所属经营机构的业务人员、分支机构的业务主管人员、有业务关系的批零企业的业务主管人员以及联合企业的业务主管人员的预测意见，进而制订市场预测方案的一种预测方法。

集合业务人员意见预测法既包括企业内部业务人员的预测意见，又包括企业外部有关业务人员的预测意见。因此，在对参与预测的有关人员进行分类时，既可按内、外部划分，也可按区域或业务性质划分；在计算各类业务人员的综合期望值时，既可采用求简单算术平均数的方法求得，也可根据不同业务人员的重要度差异给予不同的权数而采用求加权算术平均数的方法求得；在确定最终预测值时，可以根据不同类型业务人员的重要程度确定权数，然后用加权平均法求得。

4. 集合用户意见预测法

集合用户意见预测法即进行市场调查，预测人员通过访问、座谈、电话、信函和现场投票等方式，了解用户的需求情况和意见，掌握其购买意向，分析预测用户未来的需求特点和变动趋势，并在此基础上对商品需求或销售做出预测的方法。在缺乏历史统计数据的情况下，运用这种方法可以取得数据资料，做出市场预测。

其预测程序如下：

（1）收集用户意见。收集用户意见时，可以通过一定的调查方式（如抽样调查、重点调查和典型调查等）选择一部分或全部潜在购买者。调查方式确定后，可以通过以下途径收集用户意见：①由市场调查员对用户进行个别访问、电话询问、征询用户意见，询问他们对商品的需求，近期购买商品的计划，购买商品的数量、规格等；②发调查表或邮寄调查表，征集用户意见；③通过开办商品展销会、订货会，征询用户意见；④通过商品零售柜台，直接征集用户意见。

（2）分析资料，并做出预测。市场调查与预测人员将征询到的用户意见进行综合分析，并根据历史的经验和经济状况，就用户在一定时期内对商品需求的数量、质量、品种、规格和价格等方面做出预测。

5. 综合判断预测法

许多企业为了避免依靠某个人或某些人的经验进行预测而产生偏差，集合各类有关人员共同进行预测。

综合判断预测法是企业销售预测中一种定性分析定量化的预测方法。它综合上述各种集合意见所做的预测，加以分析并综合判断，进而得出预测结果。具体过程即通过对上述各类人员赋予不同的权重，计算综合期望值，来确定最终预测值。

此方法在选择人员时，一般选择具有丰富经验、对市场经营情况相当熟悉并有一定专长的人员，如经济分析人员、会计人员、统计人员和有关部门的主要业务干部，要选择有独立见解的人。

3.1.2　集合意见预测法的应用

案例一：产品销售量预测

【例 3-1】　某种家用电器投放市场后，用集合意见预测法对其年销售量进行预测。各类人员的预测意见如表 3-1 所示，最低销售量、最可能销售量和最高销售量三种状态所占权重分别为 0.3、0.5 和 0.2。

表 3-1　家用电器年销售量集合意见表　　　　　　　　　　（单位：台）

预测小组成员		最低销售量	最可能销售量	最高销售量
行业专家	A1	500	650	800
	A2	350	500	700
	A3	400	600	750
管理人员	B1	500	680	780
	B2	550	750	850
	B3	520	650	750
销售人员	C1	300	500	750
	C2	350	550	650
	C3	400	600	800
消费者代表	D1	250	420	600
	D2	370	500	620
	D3	300	500	750
	D4	450	650	800
	D5	500	700	900

（1）计算各类人员的预测值 E。其计算公式为

$$E = \frac{\text{最低销售量}}{\text{平均值}} \times \text{所占权重} + \frac{\text{最可能销售量}}{\text{平均值}} \times \text{所占权重} + \frac{\text{最高销售量}}{\text{平均值}} \times \text{所占权重}$$

行业专家预测值为

$$E_1 = \frac{(500+350+400)\text{台}}{3} \times 0.3 + \frac{(650+500+600)\text{台}}{3} \times 0.5 + \frac{(800+700+750)\text{台}}{3} \times 0.2 = 566.7\text{台}$$

其对应的 MATLAB 编程为

A = [500　650　800

```
     350    500    700
     400    600    750];          % 各行业专家的预测意见
W = [0.3 0.5 0.2];               % 各状态权重
B = mean(A)                      % 各状态平均值
E1 = sum(B. * W)                 % 行业专家预测值
```

运行结果如下：

E1 = 566.6667

类似方法可求出：

行业专家预测值 $E_2 = 662.3$ 台

销售人员预测值 $E_3 = 526.7$ 台

消费者代表预测值 $E_4 = 536$ 台

（2）根据行业专家、管理人员、销售人员及消费者代表等各类人员的不同重要程度，给予不同权数。例如，管理人员的预测值会尽量高些，以便提高收益；销售人员的预测值会尽量低些，以便于完成任务指标；行业专家和消费者没有利益关系，预测值基本客观，但行业专家比消费者水平高，其权重应较大。因此，不妨对行业专家、管理人员、销售人员、消费者代表分别取权数 0.35、0.25、0.25、0.15，则销售量预测值为

$$E = E_1 \times 0.35 + E_2 \times 0.25 + E_3 \times 0.25 + E_4 \times 0.15 = 576 \text{ 台}$$

案例二：新产品市场需求量预测

【例 3-2】 SY 公司生产某种型号的建筑机械，其用户主要是各地的建筑公司。为了解产品销售前景，该公司采用集合用户意见预测法，预测未来 5 年其产品的市场需求量，以便选择战略发展方向，制定生产发展规划，确定未来生产规模。

分析预测过程如下：

第一步，编制用户名单。该企业通过产品销售资料和物资流通部门的反馈信息，了解到该型号建筑机械在国内有 1000 家左右用户，除了老用户外，还要考虑一些潜在用户，最终确定用户名单为 1600 家。

第二步，根据用户购买产品数量、产品使用年限、更新时间，设计并印制了用户意见调查预测表格。所列问题主要包括：用户现有该型号建筑机械数量、购买时间与使用年限、计划更新时间与使用年限以及计划购买何种型号产品。

第三步，根据用户名单将 1600 份征询意见调查表发给用户，并规定回收期限。

第四步，预测人员在规定的回收期限内，就收回的 1200 份有效调查表的信息进行了认真分析，并对产品需求做了统计汇总。回收的调查表中，用户共拥有该型号建筑机械 3600 台，其中购买时间 15 年以上的有 550 台，占拥有数量的 15%；使用年限在 10 ~ 15 年的有 500 台，占拥有数量的 14%；使用年限在 5 ~ 9 年的有 580 台，占拥有数量的 16%；使用年限在 5 年以下的有 1970 台，占拥有数量的 55%。

在汇总"计划何时更新及购买产品数量"问题时，有 60% 的用户计划在今后 5 年内更新，预计购买数量为 3400 台左右。按 SY 公司该类产品市场占有率（保持目前水平）为 48% 进行计算，今后 5 年内该公司至少得到 3400 台 × 48% = 1632 台的订单。

考虑到回收表格不全面，可能还有若干市场需求情况未统计到，这个数量还有可能增加。

3.2　德尔菲法

德尔菲法是根据有专门知识的人的直接经验，对研究的问题进行判断、预测的一种方法，也称专家调查法。它是美国兰德公司于 1964 年率先用于预测领域的，是一种具有较高声望的、重要的规划决策工具。

德尔菲法采用函询调查，向与所预测问题有关领域的专家分别提出问题，而后将他们回复的意见予以综合、整理、反馈，这样经过多次反复循环，就可得到一个比较一致且可靠性也较高的意见。

3.2.1　德尔菲法的基本内容

1. 德尔菲法的特点

（1）匿名性。采用匿名函询的方式征求意见，有利于各种不同的观点得到充分发表。

（2）反馈性。采用几轮（一般为 3~5 轮）专家意见征询，对每轮预测结果做统计、汇总，并将汇总后的论证依据和资料作为反馈资料，发给每一位专家参考。这样有利于提出更好的预测意见。

（3）预测结果的统计特性。采用统计方法对专家意见进行定量处理，使专家们的意见逐渐趋于一致。

2. 德尔菲法的优点

（1）采用通信调查方式，参加预测的专家数量多，可以提高预测结果的准确性。

（2）预测过程多次反复，专家可以参考他人观点进行周密思考，结果更具有科学性。

（3）由于具有匿名性，预测结果受权威的影响较小。

（4）由于最终结果综合了全体专家的意见，具有较高的可靠性和权威性。

（5）可以加快预测速度和节约预测费用。

3. 德尔菲法解决的问题

德尔菲法主要通过专家的判断解决以下问题：

（1）用常用的分析方法无法解决，必须通过集体主观判断做出决策的问题。

（2）对同一个问题，每个人的体验和见解均不同。

（3）由于一些原因无法召开多次会议。

（4）个体之间对同一问题的观点差别太大，有必要采用匿名的方式达成共识。

（5）作为一个专家会议的前奏，以提高会议的效率。

（6）适用于长期预测和对新产品的预测，在历史资料不足或不可测因素较多时尤为适用。

4. 德尔菲法的预测步骤

（1）成立预测领导小组。小组的主要成员为信息人员和预测人员，任务是对预测工作进行组织和管理。具体任务包括：确定预测主题、选择专家、编制调查表、专家反馈意见的汇总整理、编写和提交预测报告。

（2）确定预测主题（目标）。主题通常多为对国际、国家、地区或部门有重大意义和长期指导思想的问题。例如，1964 年，美国兰德公司开始进行长达 50 年的长期预测，在第一轮提出了六个预测主题（科学的突破、人口的增长、自动化技术、航天技术、战争的可能性和防止、新的武器系统）。

20 世纪 80 年代开始，我国在科技规划、技术评估、技术经济论证、城市发展等领域都广泛应用了德尔菲法。

（3）选择参加预测的专家。专家的任务是对预测主题（目标）提出意见和有价值的判断。专家的选择必须恰当，这事关预测的成败。

专家的人数多少依预测主题（目标）而定，如果预测的主题（目标）多，可以考虑组织多个专家小组，但一个专家小组的人数一般应控制在 15 ~ 50 人。

应注意，专家的权威程度要高（主要指熟知预测主题或预测目标，能有独到见解）、专家的代表面要广、专家要有时间和耐心填写调查表等。

（4）设计调查表。调查表是获取专家意见的工具，是进行信息分析与预测的基础。调查表要精心设计，要让专家省时易答。调查表设计得好坏，直接关系到预测的效果。

（5）汇总整理四轮函询调查意见。具体内容如下：

第一轮，寄给专家的调查表，只提出要预测的主题（目标），请专家提供应预测的事件。例如，20 世纪 80 年代日本曾进行过一次大规模的未来预测，提出了能源矿物资源和水资源、农林水产资源、生命科学、材料元器件等 13 个预测主题，共产生了 797 个预测事件。预测组织在该轮的工作主要是归并相同事件、剔除次要事件、制定出事件一览表反馈给专家。

第二轮，请专家对第一轮反馈的各种事件发生的时间、空间、规模等做出具体预测，并说明理由。组织者回收调查表后进行汇总整理，统计出专家总体意见的概率分布。

第三轮，将第二轮统计的结果和修订了的调查表寄给专家，请专家再次做出具体预测，并充分陈述理由。组织者同样要对该轮回收的调查表进行汇总并整理分析。

第四轮，将第三轮的统计结果和据此修订的调查表再次寄给专家函询，并要求在必要时做出充分论证。在最后一轮调查表收齐之后，组织者的工作主要是对资料进行统计处理，重点反映专家意见的集中程度和离散程度。

经过四轮调查，专家意见的集中程度一般较高。例如，1964 年美国兰德公司进行的长达 50 年的长期预测，六个主题小组有 31 个事件具有很好的收敛性。

（6）编写预测报告。专家意见征询结束后，要形成正式的预测报告，并通过适当的信息渠道提交给用户。

5. 德尔菲法的统计处理

统计处理的主要工作是确定专家意见的集中程度和离散程度。

（1）中位数法。中位数法是指将各专家的预测目标数值按大小顺序进行排序，选择属于中间位置的那个数表示数据集中的一种特征数的方法。

假定 m 名专家对某一个问题的回答为 $y_i(i = 1, 2, \cdots, m)$，且 $y_1 < y_2 < \cdots < y_m$，那么 $y_{m/2}$ 为中位数，$y_{m/4}$ 和 $y_{3m/4}$ 为上下四分位数（若不是整数，取相邻两数的平均值）。上下四分位数之间的区间，即四分位区间，包含 50% 的应答者的回答。四分位区间越小，说明专家意见比较一致；反之，则较分散。

另外，也可用极差反映专家意见的离散程度。

中位数法可以促使专家给出明确的定量回答，统计简单，反馈清晰，结果明确，便于了解预测过程的收敛程度以确定是否需要继续征询。中位数法最后输出的是一组有序的中位数和一组有序的四分位区间。

（2）总分法（评分排序法）。总分法是指请专家对某些项目的重要性进行排序的方法。其步骤如下：

第一步，列出各评价项目，规定排在第 k 位的得分为 B_k。

第二步，对项目 j 计算其总得分 S_j 和得分比重 K_j。其计算公式为

$$S_j = \sum_{k=1}^{n} B_k N_{j,k}, \quad K_j = \frac{S_j}{M \sum_{i=1}^{n} i}$$

式中，$N_{j,k}$ 为赞同项目 j 排在第 k 位的专家人数；M 为评价项目的专家人数；n 为要求专家排序的项目个数。

当要求对 n 个项目排序时，评为第 1 位给 n 分，第 2 位给 $n-1$ 分，…，第 n 位给 1 分，没选上的给 0 分。

第三步，根据各项目总得分 S_j 的值排序。

【例 3-3】　调查表中有六个项目：①提高产品质量；②改变产品款式；③加强售后服务；④进行广告宣传；⑤采用促销方式；⑥降低产品价格。请专家从产品市场占有率的角度选择其中三项按重要程度进行排序。评分标准定为：第一位得 3 分，第二位得 2 分，第三位得 1 分。现征询的专家为 60 人，一共进行了三次征询，赞成①排第一位的专家 30 人，赞成①排第二位的专家 15 人，赞成①排第三位的专家 10 人，以此类推。那么，第一项"提高产品质量"的得分为

$$S_1 = \sum_{k=1}^{n} B_k N_{j,k} = 3 \, 分 \times 30 + 2 \, 分 \times 15 + 1 \, 分 \times 10 = 130 \, 分$$

得分比重为

$$K_1 = \frac{S_1}{M \sum_{i=1}^{n} i} = \frac{130}{60 \times (1+2+3)} = 0.36$$

同样依次计算其他项目的得分，然后将所有六个项目的得分进行比较排序，得出前三名的项目。

3.2.2　德尔菲法的应用

案例一：某企业新产品市场销售量预测

【例 3-4】　某企业开发一种新产品，现采用德尔菲法对该新产品投放市场后的年销售量进行预测。专家小组由九人组成，反复征询意见三次，各专家的判断意见如表 3-2 所示。在收到第一轮专家意见后，将数据进行统计分析处理（可分别采用平均数法和中位数法处理相关预测数据），计算九位专家最低销售量、最可能销售量和最高销售量的平均数、中位数及极差，并将其反馈给各位专家作为第二轮预测的参考资料。以同样的方法处理第二轮的预测意见并再次反馈。

表 3-2　某企业新产品市场销售量预测表　　　　　　（单位：台）

专家编号	第一轮征询			第二轮征询			第三轮征询		
	最低销售量	最可能销售量	最高销售量	最低销售量	最可能销售量	最高销售量	最低销售量	最可能销售量	最高销售量
1	500	750	900	600	750	900	550	750	900
2	200	450	600	300	500	650	400	500	650
3	400	600	800	500	700	800	500	700	800
4	750	850	950	600	750	900	500	600	800
5	150	200	350	220	400	500	300	500	600
6	300	500	750	300	500	750	300	600	750
7	250	300	400	250	400	500	400	500	600
8	260	300	500	350	400	600	370	410	610
9	200	400	600	250	420	650	270	450	650
平均数	334.4	483.3	650	374.4	535.6	694.4	398.9	556.7	706.7
中位数	260	450	600	300	500	650	400	500	650
极差	600	650	600	380	350	400	280	340	300

注：表中的平均数、中位数和极差只需分别使 MATLAB 中的命令 mean、median 和 range 即可得到。

从表 3-2 中不难看出，经过三轮征询意见后，专家们预测值的差距在逐步缩小。在第一轮征询中，专家的最低销售量预测值中最大值与最小值的极差为 600 台；在第二轮征询中，其极差缩小为 380 台；在第三轮征询中，极差降为 280 台。其他两项的极差也在逐渐缩小。

（1）平均数法预测。计算第三轮专家预测意见的算术平均数，即

$$E = \frac{(398.9 + 556.7 + 706.7)\text{台}}{3} = 554.1\ \text{台}$$

（2）中位数法预测。用中位数计算，可将第三轮征询的结果作为预测值，由低到高排列如下：

最低销售量

270　300　300　370　400　400　500　500　550

最可能销售量

410　450　500　500　500　600　600　700　750

最高销售量

600　600　610　650　650　750　800　800　900

最低销售量的中位数为 400，最可能销售量的中位数为 500，最高销售量的中位数为 650，若将最低销售量、最可能销售量和最高销售量分别按 0.2、0.5 和 0.3 的权数加权平均，则销售量预测值为

$$E = 400\ \text{台} \times 0.2 + 500\ \text{台} \times 0.5 + 650\ \text{台} \times 0.3 = 525\ \text{台}$$

案例二：中空保温玻璃的销售预测

【例 3-5】　某玻璃厂研制出一种中空保温玻璃，但不知道这种玻璃的市场前景如何，什么时候投放市场为好，价格怎样确定？为此，该厂特地邀请相关研究所的研究员、大学教授、行业协会理事、政府官员、建筑企业老板等专家进行了深入探讨，采用德尔菲法对上述

问题进行了预测。

该厂首先向各位专家介绍了中空保温玻璃的性能指标及有关情况，并向各位专家发出了邀请，说明了准备采用德尔菲法对上述问题进行预测。得到同意后，该厂随即向各专家发去了预测意见征询表，很快就收到回复。专家们在回复中各抒己见，都很有见地，但看法差异较大。经过整理后，该厂又向各专家发去了第二轮预测意见征询表，并附上第一轮整理结果，不久又收到回复，这一次专家们的意见相对集中了，大家都认为这种玻璃可节省能源，与社会发展要求相适应，市场前景看好。在投放市场的时机选择上，多数专家认为现在就可以开始，但生产量不要太大，以观市场反应。在定价方面，专家们分歧依然较大，主张高价策略、中价策略和低价策略的都有。该厂对专家们的意见又做了整理，再次向各专家发去了预测意见征询表。这一轮征询结果中，专家们对这种玻璃的市场前景和投放时机的看法高度一致；而对于定价，多数专家主张采取中价策略，这样既能获得较高利润，又不会导致太多企业迅速参与竞争。该厂可以在较长的时间内保持稳定的价格，避免激烈竞争。

最后，该厂采纳了专家们的预测结果和建议。中空保温玻璃为该厂带来了丰厚的利润，该厂在这一领域一直保持明显的市场优势。

3.3 主观概率预测法

3.3.1 主观概率概述

概率有客观概率和主观概率两种表现形式。客观概率是一种根据事件发展的客观性统计出来的概率，只适用于在相同条件下可以多次重复实验的情况。但是，在经济预测中，许多经济事件不能重复实验，特别是在事件发生之前就要估计它出现的概率，这就需要用到主观概率。例如，某销售人员估计某商品有30%的可能积压滞销，某管理人员估计明年利润上升的概率为70%。这些都是个人主观的估计判断，反映的是个人对某事件的信念程度，因而是一种主观概率。主观概率是人们根据自己的经验和知识，对某一事件可能发生的程度的一个主观估计数。

由于每个人的知识水平、工作经验、主观认识能力和判断能力不同，在预测工作中，对同一事件在同一条件下出现的概率，不同的人可能提出不同的主观判断，并且主观概率是否正确也无法核对。因此，在预测中，常需要调查较多人的主观估计判断，并了解他们提出主观概率的依据。

主观概率预测法中所采用的概率是人们凭个人经验估计的主观概率，而不是客观概率或统计概率，但主观概率同样遵循概率论的基本原理，即概率P必须大于或等于0且小于或等于1，以及全部事件的概率之和等于1。

3.3.2 常用的主观概率预测法

主观概率预测法是指利用主观概率对各种预测意见进行集中整理，得出综合性预测结果的方法。常用的主观概率预测法有主观概率加权平均法和累积概率中位数法。

1. 主观概率加权平均法

主观概率加权平均法是指以主观概率为权数，对各种预测意见进行加权平均，求得综合性预测结果的方法。基本步骤如下：

（1）准备相关资料。将过去若干时间内与预测问题（如销售额等）有关的资料汇集整理，作为预测者参考的背景资料。

（2）确定主观概率。预测者根据过去的经验、知识水平及以往预测的准确度来确定各种可能情况的主观概率。

（3）汇总整理。计算综合预测值，其公式为加权平均法公式。

（4）判断预测。计算平均偏差度，校正预测结果。

$$平均偏差度 = 平均比率 - 1$$

$$平均比率 = \frac{实际值}{预测值}$$

2. 累积概率中位数法

累积概率中位数法是指根据累积概率，确定不同预测意见的中位数，对预测值进行点估计的区间估计方法。该方法首先预测未来各种结果的概率并对累积概率进行主观估计，建立概率分布函数，然后根据概率分布函数进行预测。

根据主观概率建立分布函数的常用方法是区间分离法。该方法的预测步骤如下：

（1）判断预测目标的最大变化范围，即预测变量的最低、最高值。

（2）确定 0.5 分位点。如假定数据服从正态分布，0.5 分位点一般是出现可能性最大的点。

（3）确定 0.25 分位点与 0.75 分位点（即上下四分位点）。

（4）继续确定其他分位点，如 0.01 分位点、0.125 分位点、0.99 分位点等。直到确定出足够的点数，可描绘出比较准确的概率分布曲线。

在实际应用主观概率预测中，预测者要制定一个主观概率征询调查表。被调查者应在主观概率征询调查表中根据自己的主观判断填写预测对象概率分布的不同概率分位点的值。

3.3.3 主观概率预测法的应用

【例 3-6】 我国是一个美食大国，人们每年在餐饮方面的花费很大，试采用主观概率预测法对餐饮业消费进行预测。

（1）准备预测问题的背景资料。将国家统计局公布的我国社会消费品零售额中的餐饮业数据（见表 3-3）、当前政治经济形势、居民收入、各种节假日活动，以及 2020 年 1 月发生的新冠肺炎疫情导致餐饮业消费大幅下降等情况，汇集整理成背景材料提供给专家参考，要求预测 2022 年 3 月餐饮业零售额，预测误差不得超过 100 亿元。

表 3-3　我国社会消费品零售额（餐饮业）　　　　　（单位：亿元）

月　份	年　份			
	2019	2020	2021	2022
1～2	7251	4194.3	7085.4	7717.8
3	3393	1832	3510.5	
4	3280.7	2306.6	3376.9	
5	3631.3	3013.3	3816.3	

（续）

月 份	年 份			
	2019	2020	2021	2022
6	3723.3	3262.4	3922.8	
7	3658	3282.5	3751.4	
8	3857.1	3619.3	3455.8	
9	3770.2	3715.1	3831.3	
10	4367.5	4372.3	4460.3	
11	4963.7	4979.7	4843.1	
12	4824.6	4949.7	4841.1	

（2）设计主观概率征询调查表。下面选用的是主观概率的累积概率征询调查表。表格形式如表 3-4 所示。

表 3-4 主观概率的累积概率征询调查表

层 次	1	2	3	4	5	6	7	8	9
累积概率	0.01	0.125	0.25	0.375	0.50	0.625	0.75	0.875	0.99
餐饮业零售额/亿元									

调查表用来调查各个被调查者对未来餐饮业零售额增长趋势估计的主观概率，以获取可以用来预测 2022 年 3 月零售额的资料。在调查表中要列出不同零售额可能发生的不同概率，让累积概率值在 0 到 1 之间分出多个层次，如 0.01,0.125,0.25,…,0.99，由被调查者对应地填写自己认为可能实现的零售额。

表 3-4 中第 1 层次累积概率为 0.01 的零售额是可能的最小值，表示零售额小于该数值的可能性只有 1%；第 9 层次累积概率为 0.99 的零售额是可能的最大值，说明零售额大于该数值的可能性只有 1%。

（3）汇总整理。将表 3-4 进行汇总，计算各个累积概率的平均数，如表 3-5 所示，并绘制累积概率分布图，如图 3-1 所示。

表 3-5 主观概率汇总表

被调查人编号	累 积 概 率								
	0.01	0.125	0.25	0.375	0.50	0.625	0.75	0.875	0.99
	餐饮业零售额/亿元								
1	3250	3380	3460	3500	3560	3680	3750	3870	3900
2	3300	3400	3450	3480	3550	3630	3700	3800	3870
3	3270	3390	3470	3520	3630	3690	3760	3880	3950
4	3210	3270	3340	3500	3610	3650	3710	3820	3910
5	3400	3440	3510	3520	3590	3650	3740	3860	3960
6	3350	3320	3490	3530	3580	3640	3710	3790	3860

（续）

被调查人编号	累积概率								
	0.01	0.125	0.25	0.375	0.50	0.625	0.75	0.875	0.99
	餐饮业零售额/亿元								
7	3260	3350	3450	3540	3590	3670	3780	3850	3860
8	3280	3350	3420	3460	3550	3660	3730	3790	3870
9	3120	3230	3350	3480	3610	3740	3790	3850	3870
10	3260	3320	3420	3510	3630	3750	3800	3880	3950
平均数	3270	3345	3436	3504	3590	3676	3747	3839	3900

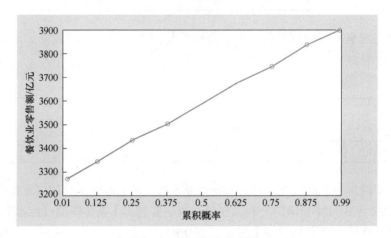

图 3-1　累积概率分布图

绘制累积概率分布图的 MATLAB 程序如下：

```
x = [0.01    0.125    0.25    0.375    0.50    0.625    0.75    0.875    0.99];
y = [3270    3345    3436    3504    3590    3676    3747    3839    3900];
plot(x,y,'-o')
set(gca,'XTick',[0 1 2 3 4 5 6 7 8].*0.125)
set(gca,'XTickLabel',{'0.01';'0.125';'0.25';'0.375';'0.5';'0.625';'0.75';'0.875';'0.99'})
xlabel('累积概率')
ylabel('餐饮业零售额/亿元')
```

（4）判断预测。根据表 3-5 和图 3-1，可做出如下判断：

1）我国 2022 年 3 月餐饮业零售额最低可达 3270 亿元，小于这个数的概率为 1%；最高可达 3900 亿元，大于这个数的概率为 1%；最可能的预测值为 3590 亿元，这是最大与最小估计值的中间值，是餐饮业零售额的期望值。

2）取预测误差为 100 亿元，则预测区间为 [3590 - 100, 3590 + 100]，即餐饮业零售额的预测值为 3490 亿~3690 亿元。

3）餐饮业零售额的预测值为 3490 亿~3690 亿元，即在第 3 层次到第 7 层次的范围之内，其发生概率为 0.75 - 0.25 = 0.5。也就是说，餐饮业零售额为 3490 亿~3690 亿元的可能性为 50%。

4）若取预测误差为 200 亿元，则预测区间为 [3390,3790]，即在第 2 层次到第 8 层次的范围之内，其发生概率为 $0.875 - 0.125 = 0.7$。也就是说，餐饮业零售额为 3390 亿~3790 亿元的可能性为 70%。

5）进行平均偏差程度修正。假设我国历年各月的平均比率 = 实际值/预测值 = 0.975，则平均偏差度 = $0.975 - 1 = -0.025$，说明实际值比预测值低 2.5%，即预测值比实际值高出 2.5%，因此应将预测值扣除 2.5% 进行校正。

我国 2022 年 3 月经校正后餐饮业零售额的预测值为
$$3590 \text{ 亿元} - 3590 \text{ 亿元} \times 0.025 = 3500.3 \text{ 亿元}$$
即最终预测值为 3500.3 亿元。

3.4 市场预测法

市场预测法是在取得大量信息资料的基础上，经过数据测算和逻辑分析，判断市场未来发展前景的方法。常用方法有联测法、转导法和对比类推法。

1. 联测法

联测法是以某一个企业的普查资料或某一地区的抽样调查资料为基础，进行分析、判断、联测，确定某一行业以及整个市场的预测值的方法。

【例 3-7】 某新能源车企为进一步开拓我国某地区的家用电动汽车市场，拟用联测法预测本地区中的甲、乙、丙、丁四个城市 2024 年居民家庭对电动汽车的需求量。

现以其中某一个城市的市场需求抽样资料为例，分别判断其他城市的市场需求量。

预测步骤如下：

（1）通过间接调查得到 2023 年甲、乙、丙、丁四个城市的电动汽车销售量、居民家庭户数如表 3-6 所示。

表 3-6 2023 年四个城市电动汽车销售量及居民家庭户数

城 市	甲	乙	丙	丁
电动汽车销售量 A/辆	35275	23152	25843	30268
居民家庭户数 B/百户	4256	3072	2839	3517
销售率 C/(辆/百户)	8.2883	7.5365	9.1029	8.6062

（2）选择甲城市进行市场抽样调查，预测 2024 年市场需求。

经过调查，2023 年甲城市居民每百户的家用电动汽车需求量为 12 辆，即
$$需求率 D_1 = 12 \text{ 辆/百户}$$
需求量 V_1 = 需求率 D_1 × 居民家庭户数 B_1 = 12 辆/百户 × 4256 百户 = 51072 辆

（3）根据甲城市市场需求率，联测其他城市的市场需求量。

1）计算 2023 年各城市销售率。其计算公式为
$$销售率(C) = \frac{实际销售量}{居民家庭户数}$$
其计算结果如表 3-6 所示。

2）计算 2023 年各城市需求率。两城市销售率之比近似等于需求率之比，即

$$\frac{C_1}{C_2} \approx \frac{D_1}{D_2}$$

所以

$$D_2 = D_1 \frac{C_2}{C_1}$$

3）根据各城市需求率，计算各城市的市场需求量。

乙城市的市场需求量为

$$V_2 = D_2 B_2 = D_1 B_2 \frac{C_2}{C_1} = 12 \text{ 辆/百户} \times 3072 \text{ 百户} \times \frac{7.5365 \text{ 辆/百户}}{8.2883 \text{ 辆/百户}} = 33520 \text{ 辆}$$

丙城市的市场需求量为

$$V_3 = D_1 B_3 \frac{C_3}{C_1} = 12 \text{ 辆/百户} \times 2839 \text{ 百户} \times \frac{9.1029 \text{ 辆/百户}}{8.2883 \text{ 辆/百户}} = 37416 \text{ 辆}$$

丁城市的市场需求量为

$$V_4 = D_1 B_4 \frac{C_4}{C_1} = 12 \text{ 辆/百户} \times 3517 \text{ 百户} \times \frac{8.6062 \text{ 辆/百户}}{8.2883 \text{ 辆/百户}} = 43823 \text{ 辆}$$

上述过程可用下面的 MATLAB 程序实现：

```
A = [35275   23152   25843   30268];
B = [4256   3072   2839   3517];
C = A./B                          % 计算销售率
D = C./C(1)                       % 计算销售率之比, 即得需求率
D1 = 12;
V = D1.* B.* D                    % 计算需求量
```

运行结果如下：

```
V =
   1.0e +04  *
   5.1072   3.3520   3.7416   4.3823
```

2. 转导法

转导法也称经济指标法，它是根据政府公布的或调查所得的经济预测指标，转导推算出预测结果的市场预测方法。例如，以人均 GDP 的水平及其增长速度预测汽车的需求量；以预计的新婚人数预测家具、住房、家用电器的销售量；以人口出生率预测婴儿奶粉、婴儿用品的销售量。这种方法以某种经济指标为基础，依据该指标与预测目标间相关比率的资料，转导出预测值。

转导法的预测模型为

$$y = G(1 + k) \eta_1 \eta_2 \cdots \eta_n$$

式中，y 为预测目标下期的预测值；G 为某参考经济指标本期观测值；k 为该参考经济指标下期增或减的比率；$\eta_1 \eta_2 \cdots \eta_n$ 为预测目标与参考经济指标间客观存在的相关经济联系的比率系数；n 为相关经济联系的层次数。

【例3-8】 某地区 2023 年商品销售总额为 16.8 亿元，预计下一年度将递增 6.5%。根据以往的统计资料，服装业销售额占该地区商品销售总额的 12%，该地区某商店经营的服装在地区服装市场中的市场占有率为 3.5%，该商店经营的儿童服装占该商店服装销售额的

18%，试预测该店 2024 年儿童服装的销售额。

该店 2024 年儿童服装的销售额预测值为

$$y = 16.8 \times 10^4 \text{ 万元} \times (1 + 6.5\%) \times 12\% \times 3.5\% \times 18\% = 135.26 \text{ 万元}$$

3. 对比类推法

对比类推法即利用事物之间具有相似的特征，由预测人员把预测的经济现象或经济指标同其他相类似的现象或指标加以对比分析来推断未来发展变化趋势的一种方法。这种对比类推的基本思路是，将不同空间或时间中的同类经济现象的相关情况进行对比类推，找出某种规律，从而推断出预测对象的发展变化趋势。例如，在对某种事物进行预测时，可以将其同国内其他地区或国外的同类事物进行比较，找出某些共同的或类似的变动规律，借以对预测对象的发展变化趋势做出某种推断。

（1）产品类推法。产品类推法即以市场上的同类产品或类似产品在发展中所表现的特征来类推某种产品的未来发展趋势。许多产品在功能、构造、用途等方面具有很大的相似性，因而这些产品的市场发展规律往往也具有某种相似性，可以利用这些相似性进行类推。

（2）地区类推法。地区类推法即将不同地区的同类产品或同类经济指标的发展过程或变化趋势相比较，找出某些共同的或类似的变化规律来对预测目标做出某种判断、推测。由于经济发展水平不同，同种产品在不同地区、不同城市、城市与乡村进入市场的时间不同，可以利用产品在先入地区的发展规律来类推后入地区的发展规律。

（3）行业类推法。行业类推法即根据同一产品在不同行业中使用时间的先后，利用该产品在先使用行业中所呈现出的特性，类推该产品在后使用行业中的规律。许多产品的发展是从某一行业市场开始的，然后逐步向其他行业推广。例如，计算机最初是在科研和教育领域使用，然后才转向商用和家用的。

（4）局部总体类推法。局部总体类推法即由局部推算总体，以若干点上的指标项目，推算与之相关联的全面指标项目的预测方法。这种方法主要是利用典型调查或抽样调查等局部的资料，推算总体的预测值；也可以利用对某个企业的普查资料或某个地区的抽样调查资料，推算某个行业或整个市场的预测值。

对比类推法具有广泛的适用性，一般适用于开拓市场、预测潜在购买力和需求量以及预测新产品销售量等。它既可用于短期的销售量预测，也可用于较长期的购买力和需求量预测。

练习与提高

1. 按照下面给出的背景资料和设定的预测流程，利用集合意见预测法和德尔菲法分别对我国成品油价格进行预测。

背景资料：近年来，世界原油价格持续上涨，国内成品油价格也节节攀升。在这种形势下，许多用油大户都在设法改用其他能源，减少用油量。例如，有的汽车经过改造采用天然气作为燃料，有的汽车公司就直接生产新能源电动汽车。现在人们普遍关心的一个问题是国内成品油价格是否会一直上涨或维持高价。

集合意见预测法操作流程如下：

（1）进行分组，每组 5 人左右。

（2）各组查找、收集关于国内成品油价格的有关资料。

（3）各组分析并确定影响国内成品油价格的主要因素。

（4）组内讨论，确定本组对国内成品油价格走向的预测结果。

（5）小组间进行讨论，运用集合意见预测法预测国内成品油价格走向。

德尔菲法操作流程如下：

（1）以本校教职工中选择若干人作为专家组成员。

（2）就国内成品油价格走向问题拟定预测意见征询表。

（3）向各专家组成员发放预测意见征询表，请求预测国内成品油价格走向。

（4）回收预测意见征询表。

（5）对预测意见征询表进行整理统计。

（6）将整理统计结果反馈给各专家组成员，请其对自己的意见做出修改补充。

（7）回收修改补充意见，再次整理统计和反馈，如此数次。

（8）进行综合归纳，得出国内成品油价格走向的预测结果。

2. 按照下面给出的背景资料和预测流程，试采用主观概率预测法对我国小汽车的发展进行预测。

背景资料：随着我国经济的快速发展，人们的购买力不断提高，拥有一部私家车的梦想不断变为现实。但由于小汽车进入家庭的过程太快，汽车保有量的急剧增加也带来了很多社会问题，如汽车停放、道路拥挤、环境污染、交通事故等。小汽车在我国究竟会如何发展，让我们听听专家们的意见。

主观概率预测法操作流程如下：

（1）在社会上选择若干人员作为专家组成员，为其准备预测问题的背景资料。

（2）设计主观概率征询调查表。

（3）向各专家组成员发放预测意见征询调查表，请求预测。

（4）回收预测意见征询表。

（5）对预测意见征询表进行汇总整理，计算各个累积概率的平均数，并绘制累积概率分布图。

（6）根据主观概率汇总表和累积概率分布图进行判断预测。

（7）进行平均偏差程度修正，得到最终预测值。

第4章

弹性预测法

本章要点

- 消费需求弹性预测法
- 市场供应弹性预测法
- 产出弹性预测法

4.1 弹性系数的基本理论

4.1.1 弹性与弹性系数

弹性可以理解为反应性或敏感性，通常用弹性系数来衡量弹性的大小。

若给定一个函数 $y = f(x)$，弹性系数是指因变量 y 的变化率与自变量 x 的变化率之比，它衡量某一自变量变动引起因变量变化的相对量。用公式表示为

$$E = \frac{\Delta y}{y} \bigg/ \frac{\Delta x}{x} = \frac{\Delta y}{\Delta x} \times \frac{x}{y} \tag{4-1}$$

式中，E 为弹性系数；x、y 分别为自变量与因变量的基数；Δx、Δy 分别为 x、y 的增量。

由此可见，弹性系数的实质是两个变量的增减率的比例系数，它考查自变量每变化 1%，因变量能相应地变化百分之几。

在经济学中，弹性系数则是一定时期内相互联系的两个经济指标增长速度的比率，用来衡量一个经济变量的增长幅度与另一个经济变量增长幅度的依存关系。

4.1.2 弹性分类

弹性可按弹性系数的计算方法、数值大小，及其衡量对象不同进行分类。分类有助于从不同角度加深对弹性的理解。

1. 按弹性系数计算方法分类

(1) 比例弹性：直接根据因变量和自变量变化率之比计算的弹性系数。

(2) 弧弹性：根据某种函数曲线上两点间所含弧计算的弹性系数。

(3) 点弹性：根据某种函数的导数计算的函数曲线上各点的弹性系数。

2. 按弹性系数数值大小分类

（1）当 $|E| > 1$ 时，称为富于弹性或高弹性。

（2）当 $|E| = 1$ 时，称为单一弹性或等效弹性。

（3）当 $|E| < 1$ 时，称为缺乏弹性或低弹性。

（4）当 $E = 0$ 时，称为完全无弹性。

（5）当 $E \to \infty$ 时，称为完全有弹性。

3. 按弹性系数值的正负分类

（1）正效应弹性。$E > 0$，说明两个经济变量之间呈同向变动，即正相关。

（2）负效应弹性。$E < 0$，说明两个经济变量之间呈异向变动，即负相关。

4. 按弹性衡量的对象不同分类

按弹性衡量的对象不同分类，可分为需求弹性、供给弹性、产出弹性等，而各种弹性又可进一步分类。例如，需求弹性可分为需求的收入弹性、需求的价格弹性、需求的交叉弹性等；而需求的收入弹性或价格弹性又可按商品的大类、小类和不同商品来具体细分。

4.1.3　弹性系数的计算

设函数 $y = f(x)$，基期和预测期的自变量的数值分别为 x_0 和 x_t，因变量的数值分别相应为 y_0 和 y_t。

（1）比例弹性系数。比例弹性系数的计算方法与式（4-1）相同，即

$$E = \frac{y_t - y_0}{y_0} \Big/ \frac{x_t - x_0}{x_0} = \frac{\Delta y}{\Delta x} \times \frac{x_0}{y_0}$$

（2）弧弹性系数。弧弹性系数又称中点弹性系数，其计算方法是分别以两变量的两个时期的平均值（中点）为基数，先计算其变化的百分率，再对比求出弹性系数。其计算公式为

$$E = \frac{y_t - y_0}{\frac{1}{2}(y_0 + y_t)} \Big/ \frac{x_t - x_0}{\frac{1}{2}(x_0 + x_t)} = \frac{y_t - y_0}{y_t + y_0} \Big/ \frac{x_t - x_0}{x_t + x_0} \tag{4-2}$$

当因变量和自变量的变动幅度较大或者计算的时距较长时，一般采用弧弹性系数。

（3）点弹性系数。计算点弹性系数，必须先求出变量之间的函数表达式或回归方程，然后求函数的导数，再计算函数曲线上各点的弹性系数。函数 $y = f(x)$ 在 x 处的弹性系数公式为

$$E = \frac{\mathrm{d}y}{\mathrm{d}x} \Big/ \frac{y}{x} = \frac{\mathrm{d}y}{\mathrm{d}x} \times \frac{x}{y} \tag{4-3}$$

4.1.4　常用函数的弹性

（1）$y = a + bx$，$E = b\dfrac{x}{y}$

（2）$y = a + \dfrac{b}{x}$，$E = -\dfrac{b}{xy}$

（3）$y = ab^x$，$E = x\ln b$

（4）$y = ae^{bx}$，$E = bx$

（5）$y = ax^b$，$E = b$

（6）$y = a + b_1x_1 + b_2x_2 + \cdots + b_nx_n$，$E_i = \dfrac{\partial y}{\partial x_i} \times \dfrac{x_i}{y} = b_i \dfrac{x_i}{y}$　　（$i = 1, 2, \cdots, n$）

（7）$\ln y = a + b_1\ln x_1 + b_2\ln x_2 + \cdots + b_n\ln x_n$，$E_i = b_i$　　（$i = 1, 2, \cdots, n$）

4.2　消费需求弹性预测法

4.2.1　需求的价格弹性预测法

需求的价格弹性预测法是指预测者依据商品价格变化与商品需求量变化的关系进行市场预测的方法。

商品需求主要受价格和消费者收入等多种因素的影响，具有一定的伸缩性和变动性。应用需求的弹性预测法进行市场预测，必须确定需求价格弹性系数。

需求价格弹性系数是指商品需求量对价格变动的反应程度，一般用价格变动的相对量与需求变动的相对量之比求得，即等于需求量变动的百分比除以价格变动的百分比。其计算公式为

$$E_p = \frac{Q_1 - Q_0}{Q_0} \bigg/ \frac{P_1 - P_0}{P_0} = \frac{\Delta Q}{\Delta P} \times \frac{P_0}{Q_0} \tag{4-4}$$

式中，E_p 表示需求价格弹性系数；P_0 表示变动前的价格，即原价格；P_1 表示变动后的价格；Q_0 表示价格变动前的需求量；Q_1 表示价格变动后的需求量。

需求价格弹性系数 E_p 一般为负数，表示商品价格下降时，销售量或需求量上升。

利用需求价格弹性系数进行预测，由式（4-4）可得

$$\Delta Q = \frac{E_p Q_0 \Delta P}{P_0}$$

所以，需求的价格弹性预测法的预测模型为

$$Q_t = Q_0 + \Delta Q = Q_0\left(1 + \frac{E_p \Delta P}{P_0}\right)$$

即

$$Q_t = Q_0(1 + E_p R_p) \tag{4-5}$$

式中，Q_t 表示市场需求预测值；Q_0 表示基期实际销售量；$R_p = \Delta P/P_0$，表示价格变化幅度。

【例 4-1】　某市 2022 年在几家百货商场对电视机进行降价销售。上半年电视机平均售价为 2150 元/台，销售量为 3100 台；下半年电视机平均价格降为 1630 元/台，销售量为 4900 台。该市 2022 年全市电视机销售量为 25000 台，预计 2023 年每台电视机降价 300 元。

（1）请计算电视机的需求价格弹性系数。

（2）用需求的价格弹性预测法预测该市 2023 年电视机需求量。

（1）求 2022 年电视机需求价格弹性系数。计算公式为

$$E_p = \frac{Q_1 - Q_0}{Q_0} \bigg/ \frac{P_1 - P_0}{P_0} = \frac{4900\,台 - 3100\,台}{3100\,台} \bigg/ \frac{1630\,元/台 - 2150\,元/台}{2150\,元/台} = -2.42$$

（2）预测该市 2023 年电视机的需求量。根据题意，该市 2023 年电视机售价在 2022 下

半年 1630 元/台的基础上，再降价 300 元/台。因此，计算公式为

$$Q_t = Q_0 \left(1 + \frac{E_p \Delta P}{P_0} \right) = 25000 \, 台 \times \left[1 + \frac{(-2.42) \times (-300) \, 元/台}{1630 \, 元/台} \right] = 36135 \, 台$$

所以，预测该市 2023 年电视机的需求量为 36135 台。

4.2.2　需求的收入弹性预测法

需求的收入弹性表示收入的相对变动对需求量相对变动的影响。需求收入弹性系数为

$$E_i = \frac{Q_1 - Q_0}{Q_0} \Big/ \frac{I_1 - I_0}{I_0} = \frac{\Delta Q}{\Delta I} \times \frac{I_0}{Q_0} \tag{4-6}$$

式中，E_i 表示需求收入弹性系数；I_0 表示变动前的收入；I_1 表示变动后的收入；Q_0 表示收入变动前的需求量；Q_1 表示收入变动后的需求量。

所以，需求收入弹性预测法的预测模型为

$$Q_t = Q_0 + \Delta Q = Q_0 \left(1 + \frac{E_i \Delta I}{I_0} \right)$$

$$Q_t = Q_0 (1 + E_i R_i) \tag{4-7}$$

式中，$R_i = \Delta I / I_0$，表示可支配收入增长率。

4.2.3　需求的交叉弹性预测法

一种商品的价格变动影响另一种商品市场需求量的程度称为需求的交叉价格弹性，或交叉弹性。设第 j 种商品价格变动对第 i 种商品需求影响的交叉弹性系数为 E_{ij}，则计算公式为

$$E_{ij} = \frac{Q_{i1} - Q_{i0}}{Q_{i0}} \Big/ \frac{P_{j1} - P_{j0}}{P_{j0}} \tag{4-8}$$

当第 j 种商品是替代品时，$E_{ij} > 0$；当第 j 种商品是互补品时，$E_{ij} < 0$。

所以，需求的交叉弹性预测法的预测模型为

$$Q_{it} = Q_{i0} \left(1 + \frac{E_{ij} \Delta P_j}{P_{j0}} \right)$$

或

$$Q_{it} = Q_{i0} (1 + E_{ij} R_{pj}) \tag{4-9}$$

式中，$R_{pj} = \Delta P_j / P_{j0}$，表示第 j 种商品的价格变化幅度相对数。

【例 4-2】　汽车和汽油是互相补充、共同使用的商品，若汽油的价格上涨幅度大，会使用汽车的费用开支增加，从而导致汽车需求量下降。已知汽油价格与汽车需求量的调查资料如表 4-1 所示，若某汽车制造公司 2022 年汽车销售量为 8 万辆，且 2023 年汽油价格预计上升 10%，试预测 2023 年该汽车制造公司的销售量。

表 4-1　汽油价格与汽车需求量变化表

项　　目	变 动 前	变 动 后
汽油价格/（元/L）	5.6	7.6
汽车需求量/万辆	420	360

汽油价格对汽车需求量的交叉弹性系数为

$$E_{ij} = \frac{Q_{i1} - Q_{i0}}{Q_{i0}} \Big/ \frac{P_{j1} - P_{j0}}{P_{j0}} = \frac{360\ \text{万辆} - 420\ \text{万辆}}{420\ \text{万辆}} \Big/ \frac{7.6\ \text{元/L} - 5.6\ \text{元/L}}{5.6\ \text{元/L}} = -0.4$$

即汽车的需求量随着汽油价格的升高而降低。所以，2023 年某汽车制造公司销售量为

$$Q_{it} = Q_{i0}(1 + E_{ij}R_{pj}) = 8\ \text{万辆} \times [1 + (-0.4 \times 10\%)] = 7.68\ \text{万辆}$$

4.2.4 多种弹性系数综合预测法

市场环境有可能出现消费者收入、某种商品本身价格、替代品和互补品价格同时发生变化的情况，所有这些变化都会引起消费需求发生变化。这时就必须运用多种弹性系数来进行综合预测。

多种弹性系数综合预测法是指将需求的价格弹性系数、收入弹性系数和交叉弹性系数结合起来，对市场需求量进行预测。

多种弹性系数综合预测法的预测模型为

$$Q_t = Q_0(1 + E_p R_p + E_i R_i + E_{ij} R_{pj} + E_{ih} R_{ph}) \tag{4-10}$$

式中，E_{ih} 表示第 h 种互补品的价格弹性；R_{ph} 表示第 h 种互补品的价格变化幅度。

【例 4-3】 通过调查，已知某种商品的需求收入弹性系数为 0.9，需求价格弹性系数为 -1.1，替代品交叉弹性系数为 0.7，互补品交叉弹性系数为 -0.5。该商品基期实际销售量为 20000 件，设预测期内收入增长 20%，该商品价格可能上涨 12%，其替代品和互补品的价格可能分别上涨 20% 和 16%，试预测该商品的市场需求量。

将有关数值代入计算公式，得

$$Q = 20000\ \text{件} \times (1 + 0.9 \times 20\% - 1.1 \times 12\% + 0.7 \times 20\% - 0.5 \times 16\%) = 22160\ \text{件}$$

对多种弹性系数综合预测法的分析如下：

对于正常商品而言，需求与收入成正比，而与其价格成反比。从替代商品的交叉性进行考察，替代品价格下降，某种商品价格不变，则对替代品的需求量增加，而对某种商品的需求量减少；反之，替代品价格上涨，某种商品价格不变，则对替代品的需求量减少，而对某种商品的需求量增加。从互补品的交叉弹性进行考察，互补品中的任一商品价格上涨，都会使全部互补品的需求量同时减少；反之，互补品中的任一商品价格下跌，都会引起全部互补品的需求量增加。

4.3 市场供应弹性预测法

市场供应弹性预测法是指利用商品的供应弹性系数来预测其供应量的一种方法。

价格对市场供应起主要甚至决定性的作用。但是，市场价格的变动对不同商品所引起的供应量变化并不完全相同，供应弹性就可以用来测量价格变动系数所引起的供应量变动的灵敏程度。

供应弹性系数就是当商品价格变动 1% 时，其供应量变动的百分比。其计算公式为

$$E_s = \frac{Q_1 - Q_0}{Q_0} \Big/ \frac{P_1 - P_0}{P_0} = \frac{\Delta Q}{\Delta P} \times \frac{P_0}{Q_0} \tag{4-11}$$

式中，E_s 表示供应弹性系数；Q_0、Q_1 表示价格变动前后一定时期内的供应量；P_0、P_1 表示

变动前后的价格；ΔQ、ΔP 表示供应变化增量和价格变化增量。

在正常情况下，市场供应量随着价格的上升而增加，随着价格的降低而减少，故 E_s 是正数，这与市场需求弹性相反。按供应弹性系数数值大小，可分为以下几种情况：

（1）$E_s > 1$，说明供应价格弹性大，称为弹性供应。

（2）$E_s < 1$，说明供应价格弹性小，称为非弹性供应。

（3）$E_s = 1$，说明供应的变化与价格的变化是一致的，称为单一弹性。

此外，从理论上讲，弹性系数还有两种特殊情况：①供应完全无弹性。这是指不管市场价格如何变动，供应量始终不变，如果将其绘在坐标图上，供应曲线是一条垂直线。②供应完全有弹性。这是指市场价格的微小变动就会导致供应量极大幅度的变动，如果将其绘在坐标图上，则供应曲线接近于水平线。

市场供应弹性也可以利用供应弹性系数对某些产品的市场供应量进行预测。由式（4-11）可得

$$\Delta Q = \frac{E_s Q_0 \Delta P}{P_0} \tag{4-12}$$

所以，供应弹性预测法的基本公式为

$$Q = Q_0 + \Delta Q = Q_0 \left(1 + \frac{E_s \Delta P}{P_0} \right) \tag{4-13}$$

记 $P_t = \Delta P / P_0$ 为价格调幅，则

$$Q = Q_0 (1 + E_s P_t) \tag{4-14}$$

【例 4-4】 设某房地产商建造每套为 90m^2 的商品房，通过调查其供应量，得到的数据如表 4-2 所示。已知 2023 年此房地产提供的商品房供应量为 8000 套，预计 2024 年房屋价格每平方米将调高 12.5%，试预测 2024 年的商品房供应量。

表 4-2　商品房供应量和价格关系表

每平方米价格/元		供应量/套	
调 价 前	调 价 后	调 价 前	调 价 后
6000	7000	3600	4500

商品房的供应弹性系数为

$$E_s = \frac{Q_1 - Q_0}{Q_0} \Big/ \frac{P_1 - P_0}{P_0} = \frac{4500 \text{ 套} - 3600 \text{ 套}}{3600 \text{ 套}} \Big/ \frac{7000 \text{ 元} - 6000 \text{ 元}}{6000 \text{ 元}} = 1.5$$

预测的 2024 年商品房供应量为

$$Q = Q_0 (1 + E_s P_t) = 8000 \text{ 套} \times (1 + 1.5 \times 12.5\%) = 9500 \text{ 套}$$

4.4　产出弹性预测法

4.4.1　单一投入要素的产出弹性

设有某种生产的生产函数

$$Y = f(X_1, X_2, \cdots, X_n) \tag{4-15}$$

式中，Y 表示产出量；X_n 表示第 n 种生产要素（或资源）的投入量。

该生产函数表示 n 种生产要素（或资源）投入量与产出量之间的函数关系。

对某一投入要素的产出弹性 E_i 可定义为

$$E_i = \frac{\Delta Y}{Y} \bigg/ \frac{\Delta X_i}{X_i} = \frac{\Delta Y}{\Delta X_i} \times \frac{X_i}{Y} \qquad (i = 1, 2, \cdots, n) \qquad (4\text{-}16)$$

产出弹性用来衡量生产过程或经营过程中产出量对各种投入要素变动的反应程度，即衡量各种投入要素以一定的比率上升或下降时，引起产出量增加或减少的比率，借以研究投入和产出之间的变动关系。

产出弹性中的产出量，就生产者来说，可以是每年的产品产量或每年的产出价值，如总产值、增加值、净产值、利润额等；就经营者来说，可以是每年的商品销售量，或商品销售额、毛利额、经营利润等。投入量是指生产过程中各种要素的投入数量。例如，劳动投入量（劳动力人数或劳动时间）、资金投入量（资本金、负债总额、流动资产、固定资产或设备数目）、其他投入量（原材料、燃料、电力、土地）等。因而，产出弹性按投入要素不同可分为劳动力弹性、资金弹性、原材料弹性、能源弹性、电力弹性、科技投入弹性等。

4.4.2　生产弹性

在生产函数式（4-15）中，当各生产要素的投入量 X_i 给定，即生产规模给定，设生产规模变化的百分率为 E，也就是各生产要素的投入量由 X_i 变为 λX_i（其中 $\lambda = 1 + E$），即生产函数式（4-15）变为

$$G(\lambda) = f(\lambda X_1, \lambda X_2, \cdots, \lambda X_n) \qquad (4\text{-}17)$$

这时，产出变化的百分率为 $\dfrac{G(\lambda) - G(1)}{G(1)}$，于是产出变化的百分率与规模变化的百分率之比为

$$\frac{G(\lambda) - G(1)}{G(1)} \bigg/ E = \frac{G(\lambda) - G(1)}{G(1)} \bigg/ (\lambda - 1) = \frac{G(\lambda) - G(1)}{(\lambda - 1)G(1)} \qquad (4\text{-}18)$$

当规模变化的百分率 E 很小，趋于零时，即 $\lambda \to 1$ 时，式（4-18）的极限即为生产弹性（PE），即

$$\text{PE} = \lim_{\lambda \to 1} \frac{G(\lambda) - G(1)}{(\lambda - 1)G(1)} = \frac{G'(1)}{G(1)} \qquad (4\text{-}19)$$

某一生产的生产弹性（PE）是指产出依规模的弹性，即规模增加 1%（即各生产要素投入量都增加 1%）时，产出增加的百分比，也就是当规模变化很小时，产出变化的百分比与规模变化的百分比之比。

当生产函数式（4-15）可微（实际中的生产函数基本上都是可微的）时，由式（4-19）与全微分公式，即可得

$$\text{PE} = E_1 + E_2 + \cdots + E_n \qquad (4\text{-}20)$$

式中，E_i 是式（4-16）中的产出弹性。

本公式的证明过程如下：

由式（4-17），对参数 λ 求导可得

$$G'(\lambda) = f_1'(\lambda X_1, \lambda X_2, \cdots, \lambda X_n) X_1 + f_2'(\lambda X_1, \lambda X_2, \cdots, \lambda X_n) X_2 + \cdots + \\ f_n'(\lambda X_1, \lambda X_2, \cdots, \lambda X_n) X_n$$

即有

$$G'(1) = f_1'(X_1, X_2, \cdots, X_n)X_1 + f_2'(X_1, X_2, \cdots, X_n)X_2 + \cdots + f_n'(X_1, X_2, \cdots, X_n)X_n$$

又因

$$Y = f(X_1, X_2, \cdots, X_n) = G(1)$$

所以

$$\frac{G'(1)}{G(1)} = f_1'(X_1, X_2, \cdots, X_n)\frac{X_1}{Y} + f_2'(X_1, X_2, \cdots, X_n)\frac{X_2}{Y} + \cdots +$$

$$f_n'(X_1, X_2, \cdots, X_n)\frac{X_n}{Y}$$

$$= \frac{\mathrm{d}Y}{X_1} \times \frac{X_1}{Y} + \frac{\mathrm{d}Y}{X_2} \times \frac{X_2}{Y} + \cdots + \frac{\mathrm{d}Y}{X_n} \times \frac{X_n}{Y} = E_1 + E_2 + \cdots + E_n$$

即

$$PE = E_1 + E_2 + \cdots + E_n$$

上式表明，生产弹性等于各生产要素的产出弹性之和。因此，生产弹性也可通俗地定义为"各生产要素的产出弹性之和"。

生产弹性预测法的预测模型为

$$Q_t = Q_0 \left(1 + \sum_{i=1}^{n} E_i R_i \right) \tag{4-21}$$

式中，E_i、R_i 分别表示第 i 种投入要素的产出弹性和投入的变化幅度。

计算生产弹性时，由于各种投入要素同时对产出量产生影响，因而，要单独测定某种投入要素的产出弹性具有一定的局限性，通常把产出量与各种投入要素量联系起来，建立生产函数或投入产出函数来测定各种投入要素的产出弹性。

生产函数具有多种形式，最常用的是柯布–道格拉斯生产函数，即

$$Q = AL^\alpha K^\beta \tag{4-22}$$

式中，Q 为产出量；L 为劳动力投入量；K 为资金投入量；A、α、β 为方程的参数，并且

$$劳动力弹性 E_L = \frac{\partial Q}{\partial L} \times \frac{L}{Q} = \alpha$$

$$资金弹性 E_K = \frac{\partial Q}{\partial K} \times \frac{K}{Q} = \beta$$

对式（4-22）两边取对数

$$\ln Q = \ln A + \alpha \ln L + \beta \ln K \tag{4-23}$$

可见，柯布–道格拉斯生产函数的对数形式是线性方程，因而可以用最小二乘法估计式（4-23）的系数，也即式（4-22）的参数。

其经济含义表示：在资金投入不变的条件下，劳动力投入每增加1%，总值可增加 $\alpha\%$；在劳动力投入不变的条件下，资金投入每增加1%，总值可增长 $\beta\%$。

若将式（4-22）中的 K 和 L 同时乘以 t，可得

$$Q = A(tL)^\alpha (tK)^\beta = t^{\alpha+\beta} AL^\alpha K^\beta \tag{4-24}$$

式（4-24）表示如果两种投入品都增加1%，产出就增加 $(\alpha+\beta)\%$，它意味着生产弹

性为 $\alpha+\beta$。

【例 4-5】　纽卡斯公司的经济学家们有意为公司的化肥厂建立一个生产函数，他们收集了 15 家不同工厂生产化肥的数据，如表 4-3 所示。试建立柯布 – 道格拉斯生产函数，并确定劳动力和资金的生产弹性，并对每个数值给出一个经济解释。

表 4-3　15 家化工企业生产化肥的数据

工　厂	产量/kt	劳动力/（千人/h）	资金/千美元
1	605	700	18891
2	566	652	19201
3	647	823	20655
4	524	650	15082
5	712	859	20300
6	488	613	16079
7	762	851	24194
8	442	655	11504
9	821	901	25970
10	398	550	10127
11	897	842	25622
12	359	541	12477
13	979	949	24002
14	332	576	8042
15	1065	926	23972

列出柯布 – 道格拉斯生产函数

$$Q=AL^\alpha K^\beta$$

两边取对数

$$\ln Q=\ln A+\alpha\ln L+\beta\ln K$$

根据表 4-3 的数据，并利用最小二乘法原理，可求得

$$\ln A=-4.75,\ \alpha=1.08,\ \beta=0.42$$

故柯布 – 道格拉斯生产函数的形式为

$$Q=0.0086L^{1.08}K^{0.42}$$

上述求解结果，可以利用第 6 章的回归分析命令编程求得。其 MATLAB 程序如下：

```
D = [ ⋯ ];          % 表 4-3 中的数据,在此省略
Q = D( : ,1 );      % 产量
L = D( : ,2 );      % 劳动力
K = D( : ,3 );      % 资金
Y = log( Q );       % 取对数
x1 = log( L );
x2 = log( K );
X = [ ones( size( x1 ) ) ,x1,x2 ];
```

```
[b,bint,r,rint,stats] = regress(Y,X)     % 回归命令
A = exp(b(1))        % 参数 A
alpha = b(2)         % 参数 α
beta = b(3)          % 参数 β
```

运行结果如下：

```
b =
    -4.7519
     1.0772
     0.4155
stats =
     0.9478    108.8419      0.0000      0.0081
A =
     0.0086
alpha =
     1.0772
beta =
     0.4155
```

所以，劳动力生产弹性 $\alpha \approx 1.08$，资金生产弹性 $\beta \approx 0.42$，生产弹性为 $\alpha + \beta \approx 1.5$。其经济含义表示：在资金投入不变的条件下，劳动力投入每增加 1%，产量可增加 1.08%；在劳动力投入不变的条件下，资金投入每增加 1%，产量可增加 0.42%；若资金和劳动力都增加 1%，则产量可增加 1.5%。

4.5 案例分析

4.5.1 能源消费需求量预测

能源消费弹性系数是指一个国家、一个地区或一个单位在某一时期内，能源消费的增长速度与同期产值（如总产值、净产值、国民收入、国民生产总值）增长速度的比值。能源消费弹性系数内在的相关关系可以表明，经济越发展，能源消费越多，能耗经济效益越高，弹性系数越低。利用能源消费弹性系数法预测能源需求量，只要确定一个比较符合实际的弹性系数，再确定一个产值增长速度，便可计算出能源消费增长速度和发展速度，然后，再用发展速度和基期年能源消费量计算未来的能源需求量。

其预测模型如下：

（1）按能源消费弹性系数 E 预测将来某一年度的能源需求量的模型为

$$Q_t = Q_0 \left[1 + E \left(\frac{M_t}{M_0} - 1 \right) \right]$$

式中，Q_t 为预测第 t 年能源需求量；M_0、Q_0 分别为基期年国内生产总值和能源需求量；E 为能源消费弹性系数；M_t 为第 t 年国内生产总值。

（2）能源消费弹性系数可用能源消费量年平均增长速度与国民经济年平均增长速度之比来计算，即

$$E = \left(\frac{1}{m} \sum_{t=1}^{m} \frac{Q_t - Q_{t-1}}{Q_{t-1}} \right) \bigg/ \left(\frac{1}{m} \sum_{t=1}^{m} \frac{M_t - M_{t-1}}{M_{t-1}} \right)$$

$$= \left(\sum_{t=1}^{m} \frac{Q_t - Q_{t-1}}{Q_{t-1}} \right) \bigg/ \left(\sum_{t=1}^{m} \frac{M_t - M_{t-1}}{M_{t-1}} \right)$$

式中，E 为能源消费弹性系数；Q_t 为第 t 年能源消费量；M_t 为第 t 年国内生产总值。

（3）给定年平均增长率，按弹性预测法预测未来第 n 年需求量模型为

$$Q_t = Q_0 (1 + EM)^n$$

式中，Q_t 为预测对象在时刻 t 的预测值；Q_0 为预测基期年的值；E 为弹性系数；M 为类比变量在今后一段时间的平均增长率；n 为预测基期年到预测年年份数。

【例 4-6】　根据 2005 年—2020 年我国能源消费量与 GDP 数据（见表 4-4），预测 2021 年和 2022 年能源需求量。

表 4-4　2005 年—2020 年我国能源消费量与 GDP 数据

年　　份	能源消费量/亿 t	GDP/万亿元	年　　份	能源消费量/亿 t	GDP/万亿元
2005	26.14	18.73	2013	41.69	59.30
2006	28.65	21.94	2014	42.83	64.36
2007	31.14	27.01	2015	43.41	68.89
2008	32.06	31.92	2016	44.15	74.64
2009	33.61	34.85	2017	45.58	83.20
2010	36.06	41.21	2018	47.19	91.93
2011	38.70	48.79	2019	48.75	98.65
2012	40.21	53.86	2020	49.80	101.36

首先，计算能源消费弹性系数 E。

$$E = \left(\frac{1}{m} \sum_{t=1}^{m} \frac{Q_t - Q_{t-1}}{Q_{t-1}} \right) \bigg/ \left(\frac{1}{m} \sum_{t=1}^{m} \frac{M_t - M_{t-1}}{M_{t-1}} \right) = 0.3670$$

从国家统计局网址可知，2021 年我国 GDP 为 114.37 万亿元（初步核算数），将 2020 年能源消费量作为基期的值，则 2021 年能源需求量的预测值为

$$Q_{2021} = Q_{2020} \left[1 + E \left(\frac{M_{2021}}{M_{2020}} - 1 \right) \right] = 52.1456 \ 亿 t$$

假设 2022 年 GDP 增长速度与 2021 年增长速度一致，那么可预测 2022 年能源需求量为

$$Q_{2022} = Q_{2020} \left[1 + E \left(\frac{M_{2021}}{M_{2020}} - 1 \right) \right]^2 = 54.6017 \ 亿 t$$

上述过程的 MATLAB 程序如下：

```
Q = [26.14  28.65  31.14  32.06  33.61  36.06  38.70  40.21  …
     41.69  42.83  43.41  44.15  45.58  47.19  48.75  49.80];
M = [18.73  21.94  27.01  31.92  34.85  41.21  48.79  53.86  …
     59.30  64.36  68.89  74.64  83.20  91.93  98.65  101.36];
Q1 = mean((Q(2:end) - Q(1:end - 1))./Q(1:end - 1));   %能源消费量增长率均值
M1 = mean((M(2:end) - M(1:end - 1))./M(1:end - 1));   %GDP 增长率均值
```

```
E = Q1/M1                                              % 能源消费弹性系数
M2021 = 114.37;                                        % 2021 年 GDP
Q2021 = Q(end) * (1 + E * (M2021/M(end) - 1))          % 2021 年能源需求量预测值
Q2022 = Q(end) * (1 + E * (M2021/M(end) - 1))^2        % 2022 年能源需求量预测值
```

运行结果如下：

```
E =
    0.3670
Q2021 =
    52.1456
Q2022 =
    54.6017
```

4.5.2 全国铁路、公路客货运量预测

【例 4-7】 根据 2013 年—2020 年我国铁路客运量、公路货运量及 GDP 数据（见表 4-5），采用弹性系数法预测 2021 年—2023 年的各项指标值。

表 4-5　2013 年—2020 年我国铁路客运量、公路货运量及 GDP 数据

年　　份	铁路客运量/亿人	公路货运量/亿 t	GDP/万亿元
2013	21.06	307.66	59.30
2014	23.51	311.33	64.36
2015	25.35	315.00	68.89
2016	28.14	334.13	74.64
2017	30.84	368.69	83.20
2018	33.75	395.69	91.93
2019	36.60	343.55	98.65
2020	22.03	342.64	101.36

（1）根据表 4-5 计算各年的年增长率和平均值，结果如表 4-6 所示。

表 4-6　2014 年—2020 年我国铁路客运量、公路货运量及 GDP 增长率

年　　份	铁路客运量增长率	公路货运量增长率	GDP 增长率
2014	0.1163	0.0119	0.0853
2015	0.0783	0.0118	0.0704
2016	0.1101	0.0607	0.0835
2017	0.0959	0.1034	0.1147
2018	0.0944	0.0732	0.1049
2019	0.0844	-0.1318	0.0731
2020	-0.3981	-0.0026	0.0275
平均值	0.0259	0.0181	0.0799

（2）计算弹性系数 E。

铁路客运量对 GDP 的弹性系数 E_1 为

$$E_1 = \frac{铁路客运量平均增长率}{GDP\ 平均增长率} = \frac{0.0259}{0.0799} = 0.3242$$

公路货运量对 GDP 的弹性系数 E_2 为

$$E_2 = \frac{公路货运量平均增长率}{GDP\ 平均增长率} = \frac{0.0181}{0.0799} = 0.2265$$

（3）假设以 2014 年—2020 年 GDP 年均增长率 $M = 0.0799$ 作为我国未来三年的 GDP 增长率，并以 2020 年作为基期年，由公式 $Q_t = Q_0(1+EM)^n$，则分别计算 2021 年—2023 年铁路客运量和公路货运量的预测值。

1）铁路客运量

$$Q_{2021} = Q_{2020}(1+E_1M) = 22.6006\ 亿人$$
$$Q_{2022} = Q_{2020}(1+E_1M)^2 = 23.1861\ 亿人$$
$$Q_{2023} = Q_{2020}(1+E_1M)^3 = 23.7867\ 亿人$$

2）公路货运量

$$Q'_{2021} = Q'_{2020}(1+E_2M) = 349.7679\ 亿 t$$
$$Q'_{2022} = Q'_{2020}(1+E_2M)^2 = 356.0984\ 亿 t$$
$$Q'_{2023} = Q'_{2020}(1+E_2M)^3 = 362.5435\ 亿 t$$

上述过程的 MATLAB 程序如下：

```
A = [21.06   307.66   59.30
     23.51   311.33   64.36
     25.35   315.00   68.89
     28.14   334.13   74.64
     30.84   368.69   83.20
     33.75   395.69   91.93
     36.60   343.55   98.65
     22.03   342.64  101.36];
B = (A(2:end,:) - A(1:end-1,:))./A(1:end-1,:)   %计算各指标的增长率
C = mean(B)                                     %计算各指标的增长率的平均值
E1 = C(1)/C(3)                                  %计算铁路客运量的弹性系数
E2 = C(2)/C(3)                                  %计算公路货运量的弹性系数
M = C(3);                                       %以 GDP 年均增长率作为未来几年的增长率
Q1 = A(:,1);
for n = 1:3
    Q11(n) = Q1(end)*(1+E1*M)^n;                %计算 2021 年—2023 年铁路客运量预测值
end
Q11
Q2 = A(:,2);
for n = 1:3
    Q22(n) = Q2(end)*(1+E2*M)^n;                %计算 2021 年—2023 年公路货运量预测值
end
```

Q22

运行结果如下：

B =

0.1163	0.0119	0.0853
0.0783	0.0118	0.0704
0.1101	0.0607	0.0835
0.0959	0.1034	0.1147
0.0944	0.0732	0.1049
0.0844	-0.1318	0.0731
-0.3981	-0.0026	0.0275

C =

0.0259	0.0181	0.0799

E1 =

0.3242

E2 =

0.2265

Q11 =

22.6006	23.1861	23.7867

Q22 =

349.7679	356.0984	362.5435

练习与提高

1. 某地区 2023 年对某品牌笔记本电脑进行降价销售。上半年该品牌笔记本电脑平均售价为 4600 元/台，销售量为 3000 台；下半年平均价降为 4000 元/台，销售量为 4800 台。该地区 2023 年该品牌笔记本电脑销售量为 18000 台，预计 2024 年每台笔记本电脑降价 300 元。

（1）请计算笔记本电脑的需求弹性系数。

（2）用需求弹性预测法预测该地区 2024 年笔记本电脑的需求量。

2. 已知某市居民需求的收入弹性和 2023 年各类商品及劳务的销售额如表 4-7 所示。

表 4-7 收入弹性和销售额

项 目	食品	衣着	日用品	文娱用品	其他商品	非商品
收入弹性	0.62	0.85	1.20	1.60	0.88	0.76
销售额/万元	3650	2000	2600	850	620	750

假设 2024 年该市居民收入将比上年增长 15%，试预测该市 2024 年各类商品及劳务的需求量。

3. 商业广告是指卖方利用有偿媒介传递有关其产品、服务的有说服力的信息，以扩大销售的一种有效的促销工具。对企业来说，通过计算广告弹性系数，能很好地判断广告效应。

（1）结合弹性系数的概念给出广告效果弹性系数 E_a 的定义。

（2）建立广告效果弹性系数的预测模型 $Q = Q_0 (1 + E_a C_t)$，并解释各变量的含义。

操作流程：

（1）观察某公司在小范围内的广告效果：统计广告费用变化前后，产品销售额的变化情况的数据。广告效果实验得到的实验数据如表 4-8 所示。

表 4-8 某公司广告费用变化前后产品销售额的变化情况

广告费/万元		销售额/万元	
改 变 前	改 变 后	改 变 前	改 变 后
6	10	120	260

（2）计算广告效果弹性系数 E_a。

（3）根据广告效果弹性系数的大小（看是否大于 1），说明广告对产品销售有没有影响。

（4）根据预测模型预测未来的销售量（例如，现计划 2024 年全部广告费预算在 2023 年的基础上增加 50%。已知 2023 年的销售额为 600 万元，在其他条件不变的情况下，试预测 2024 年的可能销售额）。

第5章

投入产出预测法

本章要点

- 投入产出模型
- 直接消耗系数和完全消耗系数
- 国民经济投入产出预测
- 企业投入产出预测

5.1 投入产出模型

5.1.1 价值型投入产出表

投入是指从事一项经济活动的消耗，产出是指从事经济活动的结果。投入产出模型是指通过编制投入产出表，运用线性代数工具建立数学模型，从而揭示国民经济各部门、再生产各环节之间的内在联系，并据此进行经济分析、预测和安排预算计划。按计量单位不同，该模型可分为价值型和实物型。现以价值型投入产出表（见表5-1）为例进行讨论。

表 5-1　价值型投入产出表

投　入		产　出							总　产　出
		中 间 使 用			最 终 使 用				
		1	2 $\cdots$ n	消费	储蓄	净出口	合　计		
中间投入	1	x_{11} x_{12}	$\cdots$ x_{1n}				y_1		x_1
	2	x_{21} x_{22}	$\cdots$ x_{2n}				y_2		x_2
	$\vdots$	$\vdots$ $\vdots$	$\vdots$				$\vdots$		$\vdots$
	n	x_{n1} x_{n2}	$\cdots$ x_{nn}				y_n		x_n
增加值	固定资产折旧	d_1 d_2	$\cdots$ d_n						
	劳动报酬	v_1 v_2	v_n						
	生产税净额	t_1 t_2	t_n						
	营业盈余	s_1 s_2	s_n						
	合　计	z_1 z_2	z_n						
总投入		x_1 x_2	$\cdots$ x_n						

价值型投入产出表描述了各经济部门在某个时期的投入产出情况，它由以下几部分组成：中间投入（中间使用）部分，反映每个生产部门既是生产者又是消费者，即 $x_{ij}(i,j=1,2,\cdots,n)$ 表示第 i 部门分配给第 j 部门的使用量，同时表示第 j 部门在生产过程中对第 i 部门产品的消耗量；最终使用部分 y_j 包括居民消耗、政府使用、出口和社会储备等，反映国民经济各产品部门与最终使用各项之间的联系；增加值部分 z_j 包括固定资产折旧、劳动报酬、生产税净额和营业盈余，其中后二者之和为净产值；x_j 表示总产出（总投入）水平。

5.1.2　投入产出的基本平衡关系

由价值型投入产出表可知：

从左到右：　　　　　　　　中间使用 + 最终使用 = 总产出

从上到下：　　　　　　　　中间投入 + 增加值 = 总投入

由此得到产出平衡方程组（也称分配平衡方程组）

$$\begin{cases} x_{11} + x_{12} + \cdots + x_{1n} + y_1 = x_1 \\ x_{21} + x_{22} + \cdots + x_{2n} + y_2 = x_2 \\ \qquad\qquad\qquad \vdots \\ x_{n1} + x_{n2} + \cdots + x_{nn} + y_n = x_n \end{cases} \tag{5-1}$$

即

$$\sum_{j=1}^{n} x_{ij} + y_i = x_i \quad (i=1,2,\cdots,n) \tag{5-2}$$

需求平衡方程组为

$$y_i = x_i - \sum_{j=1}^{n} x_{ij} \quad (i=1,2,\cdots,n) \tag{5-3}$$

投入平衡方程组（也称消耗平衡方程组）为

$$\begin{cases} x_{11} + x_{21} + \cdots + x_{n1} + z_1 = x_1 \\ x_{12} + x_{22} + \cdots + x_{n2} + z_2 = x_2 \\ \qquad\qquad\qquad \vdots \\ x_{1n} + x_{2n} + \cdots + x_{nn} + z_n = x_n \end{cases} \tag{5-4}$$

即

$$\sum_{i=1}^{n} x_{ij} + z_j = x_j \quad (j=1,2,\cdots,n) \tag{5-5}$$

由方程组（5-2）和方程组（5-5）可得

$$\sum_{i=1}^{n} y_i = \sum_{j=1}^{n} z_j \tag{5-6}$$

这表明就整个国民经济来讲，用于非生产的消费、积累、储蓄和净出口等方面产品的总价值与整个国民经济增加值的总和相等。

由中间使用各生产部门相互的使用量 x_{ij} 为元素组成的矩阵称为投入产出流量矩阵 **U**，即

$$U = \begin{pmatrix} x_{11} & x_{12} & \cdots & x_{1n} \\ x_{21} & x_{22} & \cdots & x_{2n} \\ \vdots & \vdots & & \vdots \\ x_{n1} & x_{n2} & \cdots & x_{nn} \end{pmatrix}$$

5.1.3 直接消耗系数

定义1 第 j 部门生产单位价值所消耗第 i 部门的价值称为第 j 部门对第 i 部门的直接消耗系数，记作 a_{ij}，即

$$a_{ij} = \frac{x_{ij}}{x_j} \qquad (i, j = 1, 2, \cdots, n) \tag{5-7}$$

并称 n 阶矩阵 $\boldsymbol{A} = (a_{ij})_{n \times n}$ 为直接消耗系数矩阵。

由直接消耗系数的定义可得 $x_{ij} = a_{ij} x_j$，将其代入方程组（5-1），得

$$\begin{cases} a_{11} x_1 + a_{12} x_2 + \cdots + a_{1n} x_n + y_1 = x_1 \\ a_{21} x_1 + a_{22} x_2 + \cdots + a_{2n} x_n + y_2 = x_2 \\ \qquad\qquad\qquad\qquad \vdots \\ a_{n1} x_1 + a_{n2} x_2 + \cdots + a_{nn} x_n + y_n = x_n \end{cases} \tag{5-8}$$

令 $\boldsymbol{X} = \begin{pmatrix} x_1 & x_2 & \cdots & x_n \end{pmatrix}^{\mathrm{T}}$，$\boldsymbol{Y} = \begin{pmatrix} y_1 & y_2 & \cdots & y_n \end{pmatrix}^{\mathrm{T}}$，得

$$\boldsymbol{AX} + \boldsymbol{Y} = \boldsymbol{X}$$

即

$$\boldsymbol{Y} = (\boldsymbol{E} - \boldsymbol{A}) \boldsymbol{X} \tag{5-9}$$

式（5-9）表示在生产计划 $\boldsymbol{X}$ 已知的情况下，可预测国民经济最终使用。

称式（5-9）中矩阵 $\boldsymbol{E} - \boldsymbol{A}$ 为列昂捷夫矩阵，可证列昂捷夫矩阵 $\boldsymbol{E} - \boldsymbol{A}$ 是可逆阵，所以有

$$\boldsymbol{X} = (\boldsymbol{E} - \boldsymbol{A})^{-1} \boldsymbol{Y} \tag{5-10}$$

即在各部门的最终使用已知的情况下，式（5-10）可用来预测国民经济各部门的生产规模。

类似地，把 $x_{ij} = a_{ij} x_j$ 代入方程组（5-4），得

$$\begin{cases} a_{11} x_1 + a_{21} x_1 + \cdots + a_{n1} x_1 + z_1 = x_1 \\ a_{12} x_2 + a_{22} x_2 + \cdots + a_{n2} x_2 + z_2 = x_2 \\ \qquad\qquad\qquad\qquad \vdots \\ a_{1n} x_n + a_{2n} x_n + \cdots + a_{nn} x_n + z_n = x_n \end{cases} \tag{5-11}$$

矩阵形式为

$$\boldsymbol{X} = \boldsymbol{DX} + \boldsymbol{Z} \tag{5-12}$$

其中

$$\boldsymbol{D} = \mathrm{diag}\left(\sum_{i=1}^{n} a_{i1} \quad \sum_{i=1}^{n} a_{i2} \quad \cdots \quad \sum_{i=1}^{n} a_{in} \right), \quad \boldsymbol{Z} = \begin{pmatrix} z_1 & z_2 & \cdots & z_n \end{pmatrix}^{\mathrm{T}}$$

即

$$\boldsymbol{Z} = (\boldsymbol{E} - \boldsymbol{D}) \boldsymbol{X} \tag{5-13}$$

式（5-13）可用作国民收入预测或国内增加值预测。

5.1.4　完全消耗系数

定义 2　第 j 部门生产单位价值量直接和间接消耗的第 i 部门的价值量总和，称为第 j 部门对第 i 部门的完全消耗系数，记作 $b_{ij}(i,j=1,2,\cdots,n)$，并称 n 阶方阵 $\boldsymbol{B}=(b_{ij})_{n\times n}$ 为各部门间的完全消耗系数矩阵。

定理 1　第 j 部门对第 i 部门的完全消耗系数满足方程

$$b_{ij}=a_{ij}+\sum_{k=1}^{n}b_{ik}a_{kj}\quad(i,j=1,2,\cdots,n) \tag{5-14}$$

其矩阵形式为

$$\boldsymbol{B}=\boldsymbol{A}+\boldsymbol{BA}$$

式中，$\boldsymbol{A}$ 为直接消耗系数矩阵；$\boldsymbol{B}$ 为完全消耗系数矩阵。

定理 2　设 n 个部门的直接消耗系数矩阵为 $\boldsymbol{A}$，完全消耗系数矩阵为 $\boldsymbol{B}$，则有

$$\boldsymbol{B}=(\boldsymbol{E}-\boldsymbol{A})^{-1}-\boldsymbol{E} \tag{5-15}$$

由式（5-10）得

$$\boldsymbol{X}=(\boldsymbol{B}+\boldsymbol{E})\boldsymbol{Y} \tag{5-16}$$

式（5-16）表示在 $\boldsymbol{Y}$ 已知、完全消耗系数已算出的情况下，可预测各部门的总产量 $\boldsymbol{X}$。

5.1.5　影响力系数与感应度系数

一般把矩阵 $(\boldsymbol{E}-\boldsymbol{A})^{-1}$ 用 $\overline{\boldsymbol{B}}=(\overline{b}_{ij})_{n\times n}$ 表示，并称 $\overline{b}_{ij}$ 为完全需要系数，则有

$$\overline{\boldsymbol{B}}=(\boldsymbol{E}-\boldsymbol{A})^{-1}=\boldsymbol{B}+\boldsymbol{E} \tag{5-17}$$

$\overline{b}_{ij}$ 反映第 j 部门为得到一个单位最终使用而对第 i 部门生产产品的完全需求量。

由完全需要系数，可以定义影响力系数和感应度系数。

影响力系数是指国民经济某部门增加一个单位最终使用时，对国民经济各部门产生的生产需求波及程度。其计算公式为

$$F_j=\frac{\sum_{i=1}^{n}\overline{b}_{ij}}{\dfrac{1}{n}\sum_{j=1}^{n}\left(\sum_{i=1}^{n}\overline{b}_{ij}\right)}\quad(j=1,2,\cdots,n) \tag{5-18}$$

感应度系数是指各部门均增加一个单位最终使用时，某一部门由此所受到的需求感应程度。其计算公式为

$$E_i=\frac{\sum_{j=1}^{n}\overline{b}_{ij}}{\dfrac{1}{n}\sum_{i=1}^{n}\left(\sum_{j=1}^{n}\overline{b}_{ij}\right)}\quad(i=1,2,\cdots,n) \tag{5-19}$$

比较这些系数大小，能够说明各个行业对国民经济拉动作用的大小和感应程度的强弱。

5.1.6　劳动报酬和劳动力需求

在各部门总产值已确定或已知的情况下，可通过价值型投入产出表（见表 5-1）求出各

部门的劳动报酬，进而计算劳动力需求量。

定义 3 第 j 部门生产单位产品（产值）的劳动报酬为第 j 部门的劳动报酬系数，记作 a_{vj}，即

$$a_{vj} = \frac{v_j}{x_j} \qquad (v,j = 1,2,\cdots,n) \tag{5-20}$$

则有

$$v_j = a_{vj}x_j \tag{5-21}$$

式（5-21）表示在给定计划总产值时的劳动报酬预测模型。

用 s_{vj} 表示第 j 部门平均每年每劳动力的劳动报酬，l_j 表示第 j 部门的劳动力需求量，则有

$$l_j = \frac{v_j}{s_{vj}} \qquad (v,j = 1,2,\cdots,n) \tag{5-22}$$

即

$$v_j = s_{vj}l_j \tag{5-23}$$

式（5-23）表示在给定年平均劳动报酬时的劳动力需求预测模型。

5.1.7 实物型投入产出表

企业投入产出表也分为价值型和实物型两类，现介绍实物型企业投入产出表（见表5-2）。

表5-2 实物型企业投入产出表

投 入		产 出						总 产 品
		企业内部消耗			最终产品			
		1	2	$\cdots$	n	外销 储备 合计		
企业自产产品	1	x_{11}	x_{12}	$\cdots$	x_{1n}		y_1	x_1
	2	x_{21}	x_{22}	$\cdots$	x_{2n}		y_2	x_2
	$\vdots$	$\vdots$	$\vdots$		$\vdots$		$\vdots$	$\vdots$
	n	x_{n1}	x_{n2}	$\cdots$	x_{nn}		y_n	x_n
外购物料	1	g_{11}	g_{12}	$\cdots$	g_{1n}			g_1
	2	g_{21}	g_{22}	$\cdots$	g_{2n}			g_2
	$\vdots$	$\vdots$	$\vdots$		$\vdots$			$\vdots$
	m	g_{m1}	g_{m2}	$\cdots$	g_{mn}			g_m

企业自产产品的分配平衡方程为

$$\sum_{j=1}^{n} x_{ij} + y_i = x_i \qquad (i = 1,2,\cdots,n) \tag{5-24}$$

外购物料的分配平衡方程为

$$\sum_{j=1}^{n} g_{kj} = g_k \qquad (k = 1,2,\cdots,m) \tag{5-25}$$

定义 $a_{ij} = x_{ij}/x_j$ 为生产单位第 j 种产品消耗第 i 种企业自产产品的数量，$h_{kj} = g_{kj}/x_j$ 为生产单位第 j 种产品对第 k 种外购物料的消耗，即直接消耗系数，并记为

$$A = (a_{ij})_{n \times n}, \quad H = (h_{kj})_{m \times n}$$

则由式（5-24）式（5-25）得到

$$X = (E - A)^{-1} Y, \quad G = HX \tag{5-26}$$

式（5-26）可对各类企业自产产品以及外购物料的消耗分配进行预测。

5.2　案例分析

5.2.1　国民经济投入产出预测

投入产出法源于一个经济系统各部门生产和消耗的实际统计资料。它同时描述了当时各部门之间投入与产出的协调关系，反映了产品供应与需求的平衡关系，因而在实际中被广泛应用。

【例 5-1】　现从国民经济中选取农业、制造业、建筑业、运输业和服务业等行业，并给出某地区 2023 年这五个行业的投入产出表，如表 5-3 所示。试求：

（1）行业中的直接消耗系数、完全消耗系数、完全需求系数、影响力系数和感应度系数。

（2）若 2025 年农业、制造业、建筑业、运输业和服务业的生产计划分别为 300 亿元、400 亿元、550 亿元、420 亿元和 450 亿元，预测 2023 年这些行业的最终使用量。

（3）若 2024 年年底五个行业的最终使用量分别为 200 亿元、120 亿元、300 亿元、150 亿元和 160 亿元，预测 2023 年度各行业的生产规模。

（4）在问题（3）的基础上，预测 2024 年五个行业总的国内增加值。

（5）在问题（2）的条件下，预测五个行业对应的总劳动报酬。

（6）若在计划期 2025 年五个行业年平均劳动报酬分别为 30000 元、40000 元、45000 元、60000 元和 48000 元，预测各行业的总劳动需求量。

表 5-3　某地区 2023 年投入产出表　　　　　　　　（单位：亿元）

投　　入		产　　出								总 产 值
		中 间 使 用					最 终 使 用			
		农业	制造业	建筑业	运输业	服务业	消费	储蓄	净出口	
中间投入	农业	12	17	10	28	15	150	38	−20	250
	制造业	24	64	56	46	50	75	50	15	380
	建筑业	12	35	55	49	27	210	98	14	500
	运输业	40	47	39	35	60	145	30	4	400
	服务业	30	42	68	25	89	97	60	9	420
增加值	劳动报酬	52	80	120	102	90				
	社会纯收入	34	56	95	79	69				
	折旧	1	15	19	16	2				
	营业盈余	5	24	38	20	18				
总产值		250	380	500	400	420				

（1）将表 5-3 中数据代入式（5-7），求出直接消耗系数矩阵，即

$$A = \begin{pmatrix} 0.0480 & 0.0447 & 0.0200 & 0.0700 & 0.0357 \\ 0.0960 & 0.1684 & 0.1120 & 0.1150 & 0.1190 \\ 0.0480 & 0.0921 & 0.1100 & 0.1225 & 0.0643 \\ 0.1600 & 0.1237 & 0.0780 & 0.0875 & 0.1429 \\ 0.1200 & 0.1105 & 0.1360 & 0.0625 & 0.2119 \end{pmatrix}$$

由 $B = (E - A)^{-1} - E$ 和 $\overline{B} = B + E$，可求得完全消耗系数和完全需要系数矩阵，即

$$B = \begin{pmatrix} 0.0924 & 0.0934 & 0.0594 & 0.1096 & 0.0883 \\ 0.2164 & 0.3098 & 0.2310 & 0.2311 & 0.2684 \\ 0.1360 & 0.1931 & 0.1951 & 0.2069 & 0.1703 \\ 0.2703 & 0.2497 & 0.1849 & 0.1922 & 0.2812 \\ 0.2416 & 0.2510 & 0.2623 & 0.1793 & 0.3717 \end{pmatrix}$$

$$\overline{B} = \begin{pmatrix} 1.0924 & 0.0934 & 0.0594 & 0.1096 & 0.0883 \\ 0.2164 & 1.3098 & 0.2310 & 0.2311 & 0.2684 \\ 0.1360 & 0.1931 & 1.1951 & 0.0269 & 0.1703 \\ 0.2703 & 0.2497 & 0.1849 & 1.1922 & 0.2812 \\ 0.2416 & 0.2510 & 0.2623 & 0.1793 & 1.3717 \end{pmatrix}$$

由 $\overline{B}$ 中元素和式（5-18）、式（5-19），可求得影响力系数和感应度系数，即

$$F = (0.9700 \quad 1.0396 \quad 0.9582 \quad 0.9514 \quad 1.0807)$$

$$E = (0.7154 \quad 1.1187 \quad 0.9426 \quad 1.0800 \quad 1.1432)$$

由于制造业和服务业的影响力系数都超过 1，说明它们对国民经济拉动作用最大；农业和建筑业的感应度系数最小且小于 1，说明它们的感应强度较弱。从整体来看，制造业和服务业在国民经济发展中应起到重要作用。

（2）若 2025 年五个行业的生产计划 $X = (300 \quad 400 \quad 550 \quad 420 \quad 450)^{\mathrm{T}}$，则 2023 年这些行业的最终使用量预测值为

$$Y = (E - A)X = (211.23 \quad 140.36 \quad 357.88 \quad 178.59 \quad 173.38)^{\mathrm{T}}$$

（3）因 2024 年年底五个行业的最终使用量 $Y = (200 \quad 120 \quad 300 \quad 150 \quad 160)^{\mathrm{T}}$，则 2023 年五个行业的生产规模预测值为

$$X = (E - A)^{-1}Y = (278.07 \quad 347.34 \quad 467.18 \quad 363.33 \quad 403.51)^{\mathrm{T}}$$

（4）在求得问题（3）生产规模 X 的基础上，2024 年的行业增加值为

$$D = \mathrm{diag}\left(\sum_{i=1}^{n} a_{i1} \quad \sum_{i=1}^{n} a_{i2} \quad \cdots \quad \sum_{i=1}^{n} a_{in} \right)$$

$$= \mathrm{diag}(0.4720 \quad 0.5395 \quad 0.4560 \quad 0.4575 \quad 0.5738)$$

$$Z = (E - D)X = (146.82 \quad 159.96 \quad 254.14 \quad 197.11 \quad 171.97)^{\mathrm{T}}$$

则 2024 年五个行业总的国内增加值为

$$Z = Z_1 + Z_2 + Z_3 + Z_4 + Z_5 = 930 \text{ 亿元}$$

（5）由表 5-3 中的劳动报酬与总产值数据之比，可得劳动报酬系数，即

$$A_v = (0.2080 \quad 0.2105 \quad 0.2400 \quad 0.2550 \quad 0.2143)$$

因 2025 年生产计划 $X = (300\quad 400\quad 550\quad 420\quad 450)^{\mathrm{T}}$，则相应五个行业对应的总劳动报酬预测值为

$$V = A_v .* X = (62.4000\quad 84.2105\quad 132.0000\quad 107.1000\quad 96.4286)$$

（点乘，单位：亿元）

（6）五个行业年平均劳动报酬 $S_v = (30000\quad 40000\quad 45000\quad 60000\quad 48000)^{\mathrm{T}}$（单位：元），则劳动需求量 L 为

$$L = 10^8 \times V. / S_v = (208000\quad 210530\quad 293330\quad 178500\quad 200890)\qquad（点除）$$

上述计算过程的 MATLAB 程序如下：

```
%输入中间流量矩阵
U = [12  17  10  28  15
     24  64  56  46  50
     12  35  55  49  27
     40  47  39  35  60
     30  42  68  25  89];
X = [250  380  500  400  420]';          %总产值
V = [52  80  120  102  90];              %劳动报酬
%第(1)个问题
for i = 1:5
    for j = 1:5
a(i,j) = U(i,j)/X(j);                     %直接消耗系数
        end
end
A = a                                     %直接消耗系数矩阵
B = inv(eye(5) - A) - eye(5)              %完全消耗系数矩阵
B1 = B + eye(5)                           %完全需要系数矩阵
%影响系数
F = sum(B1)./mean(sum(B1))                %影响力系数
E = sum(B1,2)./mean(sum(B1,2))            %感应度系数
%预测第(2)个问题
X1 = [300 400 550 420 450]'              %2025 年生产计划
Y1 = (eye(5) - A) * X1                    %预测最终使用
%预测第(3)个问题
Y2 = [200 120 300 150 160]'              %2024 年最终使用
X2 = inv((eye(5) - A)) * Y2               %预测生产规模
%预测第(4)个问题
D = diag(sum(A))
Z1 = (eye(5) - D) * X2                    %预测行业增加值
Z2 = sum(Z1)                             %行业增加值总值
%预测第(5)、第(6)个问题
Av = V./X'                               %劳动报酬系数
V1 = Av.* X1'                            %预测劳动报酬
Sv = [30000 40000 45000 60000 48000];    %年平均劳动报酬
```

```
L = V1 * 10^8./Sv                    % 预测劳动需求量
```

运行结果如下：

A =

0.0480	0.0447	0.0200	0.0700	0.0357
0.0960	0.1684	0.1120	0.1150	0.1190
0.0480	0.0921	0.1100	0.1225	0.0643
0.1600	0.1237	0.0780	0.0875	0.1429
0.1200	0.1105	0.1360	0.0625	0.2119

B =

0.0924	0.0934	0.0594	0.1096	0.0883
0.2164	0.3098	0.2310	0.2311	0.2684
0.1360	0.1931	0.1951	0.2069	0.1703
0.2703	0.2497	0.1849	0.1922	0.2812
0.2416	0.2510	0.2623	0.1793	0.3717

B1 =

1.0924	0.0934	0.0594	0.1096	0.0883
0.2164	1.3098	0.2310	0.2311	0.2684
0.1360	0.1931	1.1951	0.2069	0.1703
0.2703	0.2497	0.1849	1.1922	0.2812
0.2416	0.2510	0.2623	0.1793	1.3717

F =

| 0.9700 | 1.0396 | 0.9582 | 0.9514 | 1.0807 |

E =

| 0.7154 | 1.1187 | 0.9426 | 1.0800 | 1.1432 |

Y1 =

| 211.2338 | 140.3602 | 357.8793 | 178.5906 | 173.3823 |

X2 =

| 278.0736 | 347.3368 | 467.1757 | 363.3266 | 403.5077 |

D =

0.4720	0	0	0	0
0	0.5395	0	0	0
0	0	0.4560	0	0
0	0	0	0.4575	0
0	0	0	0	0.5738

Z1 =

| 146.8229 | 159.9577 | 254.1436 | 197.1047 | 171.9711 |

Z2 =

930

Av =

| 0.2080 | 0.2105 | 0.2400 | 0.2550 | 0.2143 |

V1 =

| 62.4000 | 84.2105 | 132.0000 | 107.1000 | 96.4286 |

L =

  1.0e+05 *
  2.0800   2.1053   2.9333   1.7850   2.0089

5.2.2 企业投入产出预测

【例 5-2】 某钢铁企业主要生产焦炭、生铁以及钢材，所需原料主要有铁矿石、煤、电等。现给出某年度原料的使用以及分配数据的生产流程，如图 5-1 所示。

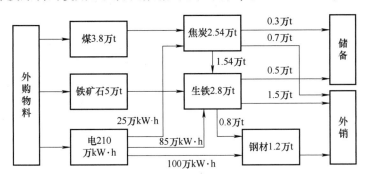

图 5-1 某年度原料的使用以及分配数据的生产流程

试建立该企业本年度的实物型投入产出表，并预测下年度当钢材产出提高到 1.5 万 t 时，各类自产产品及外购物料的分配量。

解：（1）从年度原料的使用以及分配数据的生产流程，可得出实物型投入产出表，如表 5-4 所示。

表 5-4 实物型投入产出表

投 入		产 出								总产值
		企业内部消耗				最终产品				
		焦炭/万 t	生铁/万 t	钢材/万 t	合计	外销	储备	合计		
自产产品	焦炭/万 t	0	1.54	0	1.54	0.7	0.3	1		2.54
	生铁/万 t	0	0	0.8	0.8	1.5	0.5	2		2.8
	钢材/万 t	0	0	0	0	1.2	0	1.2		1.2
外购物料	铁矿石/万 t	0	5	0	5					
	煤/万 t	3.8	0	0	3.8					
	电/万 kW·h	25	85	100	210					

（2）根据表 5-4 中的数据，分别由 $a_{ij} = x_{ij}/x_j$ 和 $h_{kj} = g_{kj}/x_j$ 求出生产单位第 j 种产品消耗第 i 种自产产品的数量和消耗第 k 种外购物料的直接消耗系数矩阵，即

$$A = \begin{pmatrix} 0 & 0.5500 & 0 \\ 0 & 0 & 0.6667 \\ 0 & 0 & 0 \end{pmatrix}, \quad H = \begin{pmatrix} 0 & 1.7857 & 0 \\ 1.4961 & 0 & 0 \\ 9.8425 & 30.3571 & 83.3333 \end{pmatrix}$$

当钢材产出提高到 1.5 万 t，即 $Y = (1 \quad 2 \quad 1.5)^T$ 时，各类自产产品及外购物料的分配量的预测值为

$$X = (E-A)^{-1}Y = \left(\begin{pmatrix} 1 & 0 & 0 \\ 0 & 1 & 0 \\ 0 & 0 & 1 \end{pmatrix} - \begin{pmatrix} 0 & 0.5500 & 0 \\ 0 & 0 & 0.6667 \\ 0 & 0 & 0 \end{pmatrix} \right)^{-1} \begin{pmatrix} 1 \\ 2 \\ 1.5 \end{pmatrix} = \begin{pmatrix} 2.65 \\ 3 \\ 1.5 \end{pmatrix}$$

$$G = HX = \begin{pmatrix} 0 & 1.7857 & 0 \\ 1.4961 & 0 & 0 \\ 9.8425 & 30.3571 & 83.3333 \end{pmatrix} \begin{pmatrix} 2.65 \\ 3 \\ 1.5 \end{pmatrix} = \begin{pmatrix} 5.3571 \\ 3.9646 \\ 242.1541 \end{pmatrix}$$

MATLAB 程序如下：

```
X1 = [0  1.54  0;0  0  0.8;0  0  0];          %X1 代表自产产品矩阵
X2 = [2.54  2.8  1.2]';                        %X2 代表总产值
G1 = [0  5  0;3.8  0  0;25  85  100];          %G1 代表外购物料矩阵
%G = [5  3.8  210]                             %G 代表外购物料总和
for i = 1 : 3
    for j = 1 : 3
        a(i,j) = X1(i,j)/X2(j);
    end
end
A = a                                          %直接消耗系数矩阵
for i = 1 : 3
    for j = 1 : 3
        h(i,j) = G1(i,j)/X2(j);
    end
end
H = h                                          %直接消耗系数矩阵
Y = [1  2  1.5]'                               %Y 代表下月钢材产出提高到 1.5 万 t 时,预测
                                               %下月自产产品 X
X = inv((eye(3) - A)) * Y                       %预测下月自产产品 X
G = H * X                                       %预测各外购物料消耗量
```

运行结果如下：

```
A =
         0    0.5500         0
         0         0    0.6667
         0         0         0
H =
         0    1.7857         0
    1.4961         0         0
    9.8425   30.3571   83.3333
Y =
    1.0000
    2.0000
    1.5000
```

X =
　　2. 6500
　　3. 0000
　　1. 5000
G =
　　5. 3571
　　3. 9646
　242. 1541

练习与提高

1. 现给出某地区 2023 年国民经济中的工业、农业和商业三个行业的投入产出表，如表 5-5 所示。

（1）试求这三个行业中的直接消耗系数、完全消耗系数、完全需求系数、影响力系数和感应度系数。

（2）若 2025 年的工业、农业和商业的生产计划分别为 5650 万元、3000 万元和 4350 万元，预测 2023 年这些行业的最终使用量。

（3）若 2024 年年底工业、农业和商业的最终使用量为 2000 万元、1200 万元和 2300 万元，预测 2023 年各行业的生产规模。

（4）在问题（3）的基础上，预测 2024 年这三个行业总的净产值。

（5）在问题（2）的条件下，预测这三个行业对应的总劳动报酬。

（6）若在 2025 年计划期内，这三个行业年平均劳动报酬分别为 65000 元、30000 元和 50000 元，预测各行业的总劳动需求量。

表 5-5　某地区 2023 年投入产出表　　　　　　　　（单位：万元）

投　入		产　出							总产值
		中 间 使 用				最 终 使 用			
		工业	农业	商业	合计	消费	储蓄	合计	
中间投入	工业	920	460	730	2110	1100	860	1960	4070
	农业	350	360	540	1250	800	550	1350	2600
	商业	500	340	800	1640	1200	810	2010	3650
	合计	1770	1160	2070	5000	3100	2220	5320	10320
净产值	劳动报酬	1300	800	900	3000				
	纯收入	1000	640	680	2320				
	合计	2300	1440	1580	5320				
总产值		4070	2600	3650	10320				

2. 某地有三个产业：一个煤矿、一个发电厂和一条铁路。开采 1 元钱的煤，煤矿要支付 0.2 元的电费及 0.3 元的运输费；生产 1 元钱的电力，发电厂要支付 0.6 元的煤费、0.1 元的电费及 0.1 元的运输费；创收 1 元钱的运输费，铁路要支付 0.5 元的煤费和 0.2 元的电费。在某一周内，煤矿接到外地金额 10 万元的订货，发电厂接到外地金额 3 万元的订货，外界对地方铁路没有需求。

（1）三个企业一周内的总产值为多少才能满足自身及外界需求？

（2）三个企业相互应支付多少金额？

（3）三个企业各能创造多少新价值？

（4）编制计划期的投入产出表。

操作流程：

（1）根据已知条件写出直接消耗系数矩阵 A 和外界需求向量 Y。

（2）根据 $X = (E - A)^{-1} Y$ 算出总产出向量 X。

（MATLAB 程序：X = inv(eye(3) − A) * Y）

（3）算出计划期各生产部门间的产品流量矩阵 U：$x_{ij} = a_{ij} x_j$。

（MATLAB 程序：U = [A(：,1) * X(1), A(：,2) * X(2), A(：,3) * X(3)]）

（4）根据直接消耗系数计算矩阵 D。

$$D = \mathrm{diag}\left(\sum_{i=1}^{n} a_{i1} \quad \sum_{i=1}^{n} a_{i2} \quad \cdots \quad \sum_{i=1}^{n} a_{in} \right)$$

（MATLAB 程序：D = diag(sum(A))）

（5）新创造价值向量为 Z：$Z = (E - D) X$。

（6）根据上述结果编制计划期的投入产出表。

第6章

趋势外推预测法

 本章要点

- 一元线性回归法
- 多项式曲线拟合法
- 多元回归法
- 加权拟合直线方程法
- 非线性回归法
- 虚变量回归分析

6.1 一元线性回归法

回归分析就是根据样本观测值对模型的参数进行估计，求得回归方程，并对回归方程、参数估计值进行显著性检验，然后利用回归方程进行预测。

1. 一元线性回归模型的基本形式

$$y = \beta_0 + \beta_1 x + \varepsilon \qquad \varepsilon \sim N(0, \sigma^2) \tag{6-1}$$

式中，未知参数 β_0 和 β_1 称为回归系数。

若根据一组观测值 (x_i, y_i)，$i = 1, 2, \cdots, n$，求出 β_0 和 β_1 的估计值 $\hat{\beta}_0$ 和 $\hat{\beta}_1$，则称

$$y = \hat{\beta}_0 + \hat{\beta}_1 x \tag{6-2}$$

为一元回归直线方程。这也是一元线性回归直线法的点预测公式。

2. 模型参数最小二乘估计

给定样本值 (x_i, y_i)，$i = 1, 2, \cdots, n$，则残差平方和

$$Q = \sum_{i=1}^{n} (y_i - \hat{y}_i)^2 = \sum_{i=1}^{n} (y_i - \hat{\beta}_0 - \hat{\beta}_1 x_i)^2 \tag{6-3}$$

为使 Q 最小，只需对 $\hat{\beta}_0$ 和 $\hat{\beta}_1$ 求偏导，并令

$$\frac{\partial Q}{\partial \hat{\beta}_0} = 0, \qquad \frac{\partial Q}{\partial \hat{\beta}_1} = 0$$

即可得到估计值 $\hat{\beta}_0$ 和 $\hat{\beta}_1$。其解为

$$\hat{\beta}_1 = \frac{n\sum_{i=1}^{n} x_i y_i - \sum_{i=1}^{n} x_i \sum_{i=1}^{n} y_i}{n\sum_{i=1}^{n} x_i^2 - (\sum_{i=1}^{n} x_i)^2} = \frac{\sum_{i=1}^{n}(x_i - \bar{x})(y_i - \bar{y})}{\sum_{i=1}^{n}(x_i - \bar{x})^2}$$

$$\hat{\beta}_0 = \frac{1}{n}(\sum_{i=1}^{n} y_i - \hat{\beta}_1 \sum_{i=1}^{n} x_i) = \bar{y} - \hat{\beta}_1 \bar{x}$$

式中, $\bar{x} = \frac{1}{n}\sum_{i=1}^{n} x_i$; $\bar{y} = \frac{1}{n}\sum_{i=1}^{n} y_i$ 。

3. 一元线性回归的矩阵表示法

一元线性回归模型式（6-2）的矩阵形式为

$$XA = Y \tag{6-4}$$

其中

$$Y = \begin{pmatrix} y_1 \\ y_2 \\ \vdots \\ y_n \end{pmatrix}, \quad X = \begin{pmatrix} 1 & x_1 \\ 1 & x_2 \\ \vdots & \vdots \\ 1 & x_n \end{pmatrix}, \quad A = \begin{pmatrix} \hat{\beta}_0 \\ \hat{\beta}_1 \end{pmatrix}$$

当 $\mathrm{rank}(X) = 2 < n$ 时，其最小二乘解为

$$A = (X^{\mathrm{T}}X)^{-1}X^{\mathrm{T}}Y \tag{6-5}$$

或直接左除，得解

$$A = X \backslash Y \tag{6-6}$$

4. 对误差方差的估计

残差平方和

$$Q = \sum_{i=1}^{n}(y_i - \hat{y}_i)^2$$

剩余方差为

$$s^2 = Q/(n-2)$$

5. 模型的检验

应用最小二乘法求得的样本回归直线是总体回归直线的近似。这种近似是否适当，必须进行统计检验。

（1）拟合优度检验（R^2 检验）。拟合优度检验是指对样本回归直线与样本观测值之间的检验，其度量的指标是可决系数或判定系数 R^2。其公式为

$$R^2 = \hat{\beta}_1^2 \frac{n\sum_{i=1}^{n} x_i^2 - (\sum_{i=1}^{n} x_i)^2}{n\sum_{i=1}^{n} y_i^2 - (\sum_{i=1}^{n} y_i)^2}$$

用可决系数 R^2 来判断回归方程的拟合优度，其范围是 $0 \leqslant R^2 \leqslant 1$。$R^2$ 越接近于 1，拟合程度越好；反之，越差。R^2 也间接反映出两个变量间线性关系的密切程度。

可决系数 R^2 无须计算，MATLAB 回归函数（regress）中已给出其结果，其值为输出变

量 stats 的第 1 项，即 stats（1）。

（2）相关性检验（r 检验）。相关系数 r 只反映变量间线性相关的程度强弱和共同变动的方向，而不能说明观测值的总变动中有多大比例可以用 x 来解释。其计算公式为

$$r = \frac{\sum_{i=1}^{n}(x_i - \bar{x})(y_i - \bar{y})}{\sqrt{\sum_{i=1}^{n}(x_i - \bar{x})^2 \sum_{i=1}^{n}(y_i - \bar{y})^2}}$$

在一元线性回归方程中，相关系数与判别系数的关系为

$$r = \pm\sqrt{R^2}$$

相关系数 r 的范围为 $-1 \leqslant r \leqslant 1$，$|r|$ 越接近于 1，表示 x 与 y 的相关程度越高。

线性相关程度或相关等级的划分应根据样本容量的大小来确定。相关系数求出后，可根据样本容量 n 和显著性水平 α 查相关系数检验表，得到临界值 r_α，再按以下经验准则判断：若 $|r| > r_\alpha$，则称 x 与 y 有显著的线性关系；若 $|r| < r_\alpha$，则称 x 与 y 的线性相关关系不显著。

相关系数 r 的分布有两种：当样本量 n 很大时，r 服从正态分布；反之，r 服从 t 分布。

利用相关系数 r 计算 t 值的公式为

$$T = r\sqrt{\frac{n-2}{1-r^2}}$$

当 $|T| > t_{1-\frac{\alpha}{2}}(n-2)$ 时，拒绝原假设 $H_0 : r = 0$；接受备选假设 $H_1 : r \neq 0$，说明 x 与 y 有显著的线性关系。

MATLAB 回归函数中没有直接给出相关系数 r 的结果，上述计算 r 及利用 r 计算 t 值的编程如下：

```
r1 = corrcoef(x,y),    r = r1(1,2)        % 计算 x、y 样本数据的相关系数
T = r * sqrt((n-2)/(1-r^2))               % 计算统计量 T 值
t = tinv(1-a/2,n-2)                       % 计算 t 临界值
```

（3）回归方程的显著性检验（F 检验）。F 检验是对回归方程中的自变量和因变量之间的关系是否具有显著性进行的一种假设检验。其计算公式为

$$F = \frac{U}{Q/(n-2)}$$

式中，$U = \sum_{i=1}^{n}(\hat{y}_i - \bar{y})^2$ 为回归平方和；$Q = \sum_{i=1}^{n}(y_i - \hat{y}_i)^2$ 为残差平方和。

当 $F > F_{1-\alpha}(1, n-2)$ 时，拒绝原假设 $H_0 : \beta_1 = 0$，即认为回归显著，说明 y 与 x 存在线性关系，所求的线性回归方程有意义；否则，结果相反。

MATLAB 回归函数已给出统计量 F 的结果，其值为输出变量 stats 的第 2 项，即 stats（2）。其对应的 F 临界点的命令为 f = finv（1-a, 1, n-2）。

（4）回归系数的显著性检验（t 检验）。t 检验是对回归系数是否显著的一种假设检验。其计算公式为

$$T = \frac{\hat{\beta}_1 \sqrt{\sum_{i=1}^{n} (x_i - \bar{x})^2}}{\sqrt{Q/(n-2)}}$$

当 $|T| > t_{1-\frac{\alpha}{2}}(n-2)$ 时，拒绝原假设 $H_0 : \beta_1 = 0$，接受备选假设 $H_1 : \beta_1 \neq 0$，即 β_1 与 0 有显著性区别，β_1 所对应的变量 x 对 y 的影响不容忽视，即 x 作为 y 的解释变量，其线性关系是显著的；否则，结果相反。

MATLAB 回归函数中没有给出统计量 T 的结果，计算其结果的编程如下：

```
T = b(2) * sqrt(sum((x - mean(x)).^2))/sqrt(stats(4))    % 计算统计量 T 值
t = tinv(1 - a/2, n - 2)                                 % 计算 t 临界值
```

6. 一元线性回归法的命令

格式：$[b, bint, r, rint, stats] = regress(y, X, alpha)$ % 求回归系数的点估计和区
                              % 间估计并检验回归模型

说明：$x = [x1, x2, \cdots, xn]'$；$y = [y1, y2, \cdots, yn]'$。

      $X = [ones(size(x)), x]$。

      alpha：显著性水平，缺省时为 0.05。

      b：回归系数的最小二乘估计值。

      bint：回归系数的区间估计。

      r：模型拟合残差。

      rint：残差的置信区间。

      stats：用于检验回归模型的统计量，有四个数值，包括可决系数 R^2、方差分析
                        统计量 F 的值、方差分析的显著性概率 p 的值以及模型剩余方差。

预测值为 $Z = b(1) + b(2) * x$ 或 $Z = X * b$

【例 6-1】 我国 2005 年—2020 年的公共财政支出与全社会固定资产投资额数据如表 6-1 所示，试建立其线性关系，并进行拟合优度检验、相关性检验和回归系数显著性检验，同时绘出预测图形。

表 6-1 公共财政支出与全社会固定资产投资额数据 （单位：万亿元）

年 份	2005	2006	2007	2008	2009	2010	2011	2012
公共财政支出	3.39	4.04	4.98	6.26	7.63	8.99	10.92	12.60
全社会固定资产投资额	8.10	9.76	11.83	14.46	18.18	21.88	23.88	28.17
年 份	2013	2014	2015	2016	2017	2018	2019	2020
公共财政支出	14.02	15.18	17.59	18.78	20.31	22.09	23.89	24.57
全社会固定资产投资额	32.93	37.36	40.59	43.44	46.13	48.85	51.36	52.73

MATLAB 编程如下：

```
clear
x = [3.39    4.04    4.98    6.26    7.63    8.99    10.92    12.60 …
     14.02   15.18   17.59   18.78   20.31   22.09   23.89    24.57]';
y = [8.10    9.76    11.83   14.46   18.18   21.88   23.88    28.17 …
     32.93   37.36   40.59   43.44   46.13   48.85   51.36    52.73]';
```

$[n,k] = size(x)$　　　　　　　　　　%n 是样本个数

$a = 0.05$；　　　　　　　　　　　　%置信水平 α

$X = [ones(n,k), x]$；

$[b, bint, r, rint, stats] = regress(y, X)$

% stats 包括拟合优度检验 R^2 和统计量 F 的值,比较 stats(2) 与 f 的大小

$f = finv(1 - a, 1, n - 2)$　　　　　　　%计算统计量 F 临界值 f

% 检验回归系数

$T1 = b(2) * sqrt(sum((x - mean(x)).^2))/sqrt(stats(4))$　%计算统计量 T 值

$t = tinv(1 - a/2, n - 2)$　　　　　　　%计算统计量 T 的临界值 t，比较 T1 与 t 的大小

% 检验相关系数

$r1 = corrcoef(x,y)$　　　　　　　　　%计算相关系数矩阵

$r2 = r1(1,2)$　　　　　　　　　　　%求出 x 与 y 相关系数

$T2 = r2 * sqrt((n - 2)/(1 - r2^2))$　　%计算统计量 T 值，并将 T2 与临界值 t 比较

% 预测

$z = b(1) + b(2) * x$　　　　　　　　%样本点预测值

$plot(x,y,'k + ',x,z)$

$xlabel('公共财政支出/万亿元')$

$ylabel('全社会固定资产投资额/万亿元')$

运行结果如下：

b =

　1.5697

　2.1582

stats =

　　1.0e + 03　*

　　0.0010　　2.0359　　0.0000　　0.00186

f =

　4.6001

T1 =

　45.1213

t =

　2.1448

r2 =

　0.9966

T2 =

　45.1213

绘制的预测图形如图 6-1 所示。

得到的回归方程为

$$y = 1.5697 + 2.1582x$$

从结果看出，可决系数 R^2 近似为 1（精确值为 0.9932），拟合优度非常高；统计量 F 值为 2035.9，远远大于其临界值 $f = 4.6001$；概率 $p = 0$，小于 0.05，表示回归方程自变量 x 与因变量 y 有显著的线性关系；检验回归系数的统计量 T_1 和检验相关系数的统计量 T_2 都为 45.1213，大于其临界值 $t = 2.1448$，也说明 x 与 y 的线性关系是显著的。

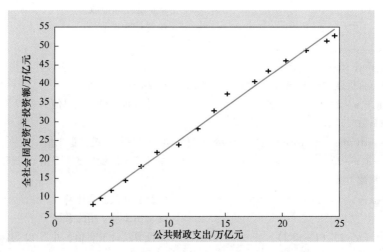

图 6-1　公共财政支出与全社会固定资产投资额拟合图

6.2　多项式曲线拟合法

曲线拟合就是设法找出某条光滑曲线，使它最佳地拟合数据，但不必要经过任何数据点。当所用的曲线限定为多项式时，曲线拟合称为多项式的最小二乘曲线拟合。

1. 一元多项式的基本形式

$$y = a_1 x^n + a_2 x^{n-1} + \cdots + a_n x + a_{n+1}$$

式中，系数 $a_1, a_2, \cdots, a_{n+1}$ 是需要拟合的未知参数。

2. 多项式拟合的命令

格式：$p = \text{polyfit}(x, y, n)$

$[p, S] = \text{polyfit}(x, y, n)$

$Y = \text{polyval}(p, x)$　　　　　% 求 polyfit 所得的回归多项式在 x 处的预
　　　　　　　　　　　　　　　% 测值 Y

$[Y, \text{DELTA}] = \text{polyconf}(p, x, S, \text{alpha})$　% 求 polyfit 所得的回归多项式在 x 处的预
　　　　　　　　　　　　　　　% 测值 Y 及预测值的显著性为 1 − alpha
　　　　　　　　　　　　　　　% 的置信区间 Y ± DELTA；alpha 默认时
　　　　　　　　　　　　　　　% 为 0.05

说明：x、y 是同维的向量；n 是多项式次数；p 是多项式系数；S 是矩阵。

【例 6-2】　经测量某人从出生到成年的体重，得到年龄与体重数据如表 6-2 所示，试建立其关系。

表 6-2　年龄与体重数据

年龄/岁	0	0.5	1	3	6	8	12	15	18
体重/kg	3.5	5	6	9	14	18	26	40	60

MATLAB 程序如下：

```
x = [0    0.5    1    3    6    8    12    15    18]';
y = [3.5    5    6    9    14    18    26    40    60]';
p = polyfit(x, y, 3)        % 拟合系数
Y = polyval(p, x)           % 预测值
plot(x, y, 'o', x, Y)
xlabel('年龄/岁')
ylabel('体重/kg')
```

运行结果如下：

```
p =
     0.0141    -0.2230    2.5809    3.5313
```

所以，建立的多项式模型为

$$y = 0.0141x^3 - 0.223x^2 + 2.5809x + 3.5313$$

其对应的拟合曲线图如图 6-2 所示。

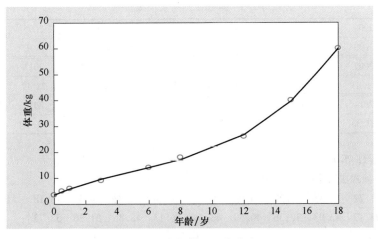

图 6-2　年龄与体重拟合曲线图

可以使用如下命令，求出拟合系数、预测值及其置信区间：

```
[p, S] = polyfit(x, y, 3)
[Y, DELTA] = polyconf(p, x, S)
Yint = [Y - DELTA, Y + DELTA]      % 预测值范围
```

运行结果如下：

```
Y =
     3.5313
     4.7678
     5.9033
     9.6478
    14.0360
    17.1301
    26.7709
    39.6895
    60.0234
```

Yint =

1.5931	5.4695
2.9381	6.5975
4.1223	7.6844
7.7968	11.4988
12.1428	15.9291
15.2818	18.9784
24.8180	28.7238
37.7511	41.6279
57.8007	62.2460

【例 6-3】 我国 2000 年—2020 年的全社会固定资产投资额如表 6-3 所示, 试用拟合曲线法建立年份与全社会固定资产投资额的关系, 并预测 2021 年—2023 年的全社会固定资产投资额。

表 6-3　全社会固定资产投资额 　　　　　　　　　　　　（单位：万亿元）

年　　份	2000	2001	2002	2003	2004	2005	2006
投　资　额	3.29	3.72	4.35	5.38	6.62	8.10	9.76
年　　份	2007	2008	2009	2010	2011	2012	2013
投　资　额	11.83	14.46	18.18	21.88	23.88	28.17	32.93
年　　份	2014	2015	2016	2017	2018	2019	2020
投　资　额	37.36	40.59	43.44	46.13	48.85	51.36	52.73

MATLAB 程序如下：

```
%（1）选取多项式次数绘图观察拟合效果
x = [3.29   3.72   4.35   5.38   6.62   8.10   9.76   11.83   14.46   18.18   21.88 …
     23.88   28.17   32.93   37.36   40.59   43.44   46.13   48.85   51.36   52.73];
t = 1:length(x);
p = polyfit(t,x,3)
Y = polyval(p,t);                          %2000 年—2020 年模拟值
plot(t,x,'o',t,Y)                          % 观察拟合效果模拟图
%（2）预测 2021 年—2023 年全社会固定资产投资额
t1 = length(x) + 1:length(x) + 3
Y1 = polyval(p,t1)                         %2021 年—2023 年全社会固定资产投资预测值
plot(t,x,'o',[t,t1],[Y,Y1],'- + ')         % 绘制预测图
xlabel('时间/年')
ylabel('投资额/万亿元')
```

运行结果如下：

p =

　　 − 0.0102　　 0.4078　　 − 1.7839　　 5.7682

Y1 =

　　 54.8993　 55.9182　 56.3402

所以, 建立的多项式模型为

$$x = -0.0102t^3 + 0.4078t^2 - 1.7839t + 5.7682$$

故 2021 年—2023 年全社会固定资产投资额预测值分别为 54.8993 万亿元、55.9182 万亿元和 56.3402 万亿元，拟合曲线如图 6-3 所示。

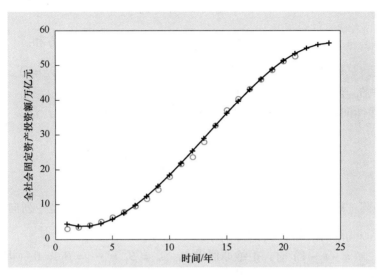

图 6-3 全社会固定资产投资额预测值及拟合曲线

6.3 多元回归法

6.3.1 多元线性回归

1. k 元线性回归模型的一般形式

$$\begin{cases} \boldsymbol{Y} = \boldsymbol{X}\boldsymbol{A} + \boldsymbol{\varepsilon} \\ \boldsymbol{E}(\varepsilon) = 0, \operatorname{cov}(\varepsilon, \varepsilon) = \sigma^2 I_n \end{cases} \tag{6-7}$$

其中

$$\boldsymbol{Y} = \begin{pmatrix} y_1 \\ y_2 \\ \vdots \\ y_n \end{pmatrix}, \quad \boldsymbol{X} = \begin{pmatrix} 1 & x_{11} & x_{12} & \cdots & x_{1k} \\ 1 & x_{21} & x_{22} & \cdots & x_{2k} \\ \vdots & \vdots & \vdots & & \vdots \\ 1 & x_{n1} & x_{n2} & \cdots & x_{nk} \end{pmatrix}, \quad \boldsymbol{A} = \begin{pmatrix} \beta_0 \\ \beta_1 \\ \vdots \\ \beta_k \end{pmatrix}, \quad \boldsymbol{\varepsilon} = \begin{pmatrix} \varepsilon_1 \\ \varepsilon_2 \\ \vdots \\ \varepsilon_n \end{pmatrix}$$

则线性回归方程为

$$y = \beta_0 + \beta_1 x_1 + \cdots + \beta_k x_k \tag{6-8}$$

式中，$\beta_0, \beta_1, \cdots, \beta_k$ 是所要求的回归系数。

2. 多元线性回归检验法

（1）在多元回归分析中，通常使用调整的判定系数，其计算公式为

$$R_a^2 = 1 - (1 - R^2)\left(\frac{n-1}{n-k-1}\right)$$

式中，R^2 为判定系数。

（2）多元回归方程的显著性检验（F检验）。统计量 F 为

$$F = \frac{U/k}{Q/(n-k-1)}$$

式中，$U = \sum_{i=1}^{n}(\hat{y}_i - \bar{y})^2$ 为回归平方和；$Q = \sum_{i=1}^{n}(y_i - \hat{y}_i)^2$ 为残差平方和。

当 $F > F_{1-\alpha}(k, n-k-1)$ 时，拒绝原假设 $H_0:\beta_0 = \beta_1 = \cdots = \beta_k = 0$，即接受备择假设 $H_1:\beta_0,\beta_1,\cdots,\beta_k$ 至少有一个不等于 0。

（3）多元线性回归系数的显著性检验（t检验）。t 检验的统计量 T 为

$$T = \frac{\hat{\beta}_j - \beta_j}{\sqrt{c_{jj}\dfrac{e'e}{n-k-1}}}$$

式中，c_{jj} 表示矩阵 $(X'X)^{-1}$ 主对角线上的第 j 个元素；e 表示残差，是一列向量；$\hat{\beta}_j$ 依次为回归系数 $\hat{\beta}_0,\hat{\beta}_1,\cdots,\hat{\beta}_k$；$\beta_j$ 表示 $H_0:\beta_0 = \beta_1 = \cdots = \beta_k = 0$。

当 $|T| > t_{1-\frac{\alpha}{2}}(n-k-1)$ 时，拒绝原假设 $H_0:\beta_0 = \beta_1 = \cdots = \beta_k = 0$，即接受备选假设 $H_1:\beta_j \neq 0 (j = 0,1,\cdots,k)$。

3. 多元线性回归法的命令

格式：$[b, bint, r, rint, stats] = regress(Y, X, alpha)$

说明：$Y = [y1, y2, \cdots, yn]'$，$X = [ones(size(x1)), x1, x2, \cdots, xk]$

其中，$x1, x2, \cdots, xk$ 表示 k 个自变量，都是由样本数据形成的列向量；其他参数含义同一元线性回归法。

【例 6-4】 设某一经济指标 y 与其他经济指标 x_1、x_2、x_3、x_4 有关，经统计某年 12 个月的资料得出一组数据，如表 6-4 所示，试用多元回归法确定一个线性模型。

表 6-4 经济指标 y 与其他经济指标 x_1、x_2、x_3、x_4 的关系

经济指标	月 份											
	1	2	3	4	5	6	7	8	9	10	11	12
x_1	8	4	11	9	7	12	5	3	5	24	2	15
x_2	27	32	64	42	67	70	89	34	82	56	60	88
x_3	10	16	12	11	10	17	26	28	27	18	30	32
x_4	54	60	25	50	39	32	20	56	38	32	42	28
y	82	80	106	90	96	108	105	80	97	116	90	115

MATLAB 程序如下：

```
clear
x1 = [8    4   11  9   7   12  5   3   5   24  2   15]';
x2 = [27  32  64  42  67  70  89  34  82  56  60  88]';
x3 = [10  16  12  11  10  17  26  28  27  18  30  32]';
x4 = [54  60  25  50  39  32  20  56  38  32  42  28]';
 y = [82  80  106  90  96  108  105  80  97  116  90  115]';
```

```
alpha = 0.01        % 置信水平 α
X = [ones(size(x1)),x1,x2,x3,x4];
[b,bint,r,rint,stats] = regress(y,X,alpha)
% 计算调整判定系数和统计量 F 的临界值
[n,m] = size(X);                              % n 表示样本容量
k = m - 1;                                    % k 为自变量个数
R_a2 = 1 - (1 - stats(1)) * ((n - 1)/(n - k - 1))   % 计算调整判定系数
f = finv(1 - alpha,k,n - k - 1)               % 计算多变量统计量 F 的临界值 f
                                              % stats(2) > f,表示检验回归方程具有显著性

% t 检验回归系数
Q = r' * r;                                   % r 表示残差;Q 表示残差平方和
W = inv(X' * X);                              % 计算 X' * X 的可逆阵
T = [];
for j = 1:5
    c(j) = W(j,j);
    z = c(j) * Q/(n - k - 1);
    t = b(j)/(sqrt(z));                       % b 表示各个回归系数
    T = [T,t];
end
T                                             % T 表示各个统计量 t 的值
t1 = tinv(1 - alpha/2,n - k - 1)              % 多变量统计量 t 的临界值 t1
```

运行结果如下：

```
b =
     88.1774
      1.1520
      0.2004
      0.0549
     -0.3563
stats =
     0.9911   194.0726    0.0000    2.3656
R_a2 =
     0.9860
f =
     7.8466
T =
    12.7349   12.2743   3.5312   0.7890   -3.7859
t1 =
     3.4995
```

所以，建立的模型为

$$y = 88.1774 + 1.1520x_1 + 0.2004x_2 + 0.0549x_3 - 0.3563x_4$$

从结果看出，可决系数 R^2 和调整可决系数分别为 0.9911 和 0.9860，都接近 1，表示拟合精度高；统计量 F 值为 194.0726，远远大于其临界值 $f = 7.8466$；F 对应的概率 $p = 0$，小

于显著性水平 0.01，表示回归方程自变量 x 与因变量 y 有显著的线性关系；剩余方差 2.3635 也很小；检验回归系数的统计量 T 中第三个变量为 0.7890，小于临界值 $t1 = 3.4995$，说明 x_3 变量对 y 的影响很小，可以忽略。若去掉 x_3 变量，重复上述程序可以建立 y 与 x_1、x_2、x_4 之间的线性模型。

6.3.2 多项式回归

若只求回归系数，可用最小平方拟合来确定，即直接对式（6-1）两端左除（\），通过解方程组的方法求得

$$A = X\backslash Y$$

预测值为

$$Y = XA$$

例如，对【例 6-2】中的数据，设多项式为

$$y = a_0 + a_1x + a_2x^2 + a_3x^3$$

MATLAB 程序如下：

```
x = [0    0.5 1 3  6  8  12 15 18]';
y = [3.5 5    6 9 14 18 26 40 60]';
X = [ones(size(x)), x, x.^2, x.^3];
a = X\y                          % 回归系数
Y = X * a                        % 预测值
plot(x,y,'o',x,Y)
```

运行结果如下：

```
a =
   3.5313
   2.5809
  -0.2230
   0.0141
```

a 即为待求的系数向量，其结果与【例 6-2】相同，但次序相反。预测值 Y 的拟合曲线图与【例 6-2】的拟合曲线图完全一致。

6.3.3 多元函数回归

也可以对其他函数进行回归处理，如指数函数、对数函数、反函数等各类函数。

【例 6-5】 研究某一质点在直线上运动的轨迹，观察时间与距离的数据如表 6-5 所示，试建立时间与距离的关系。

表 6-5 观察时间与距离的数据

时间/min	0	0.3	0.5	0.8	1.0	1.2	1.5	2.0	2.5
距离/cm	0.50	0.82	1.00	1.14	1.20	1.25	1.35	1.39	1.45

设函数形如

$$y = a_0 + a_1e^{-x} + a_2xe^{-x}$$

MATLAB 程序如下：

```
x = [ 0    0.3    0.5  0.8   1    1.2   1.5   2.0    2.5 ]';
y = [ 0.5  0.82   1.0  1.14  1.2  1.25  1.35  1.39   1.45 ]';
X = [ ones( size( x) )  exp( - x)  x. * exp( - x) ];
[ b,bint,r,rint,stats ] = regress( y,X)
z = [ ones( size( x) )  exp( - x)  x. * exp( - x) ] * b
plot( x,y,'k + ',x,z,'r')
xlabel( '时间/min')
ylabel( '距离/cm')
```

运行结果如下：

b =

　　 1.4490

　　 - 0.9394

　　 0.3003

stats =

　　 0.9969　952.6076　　0.0000　　0.0004

可决系数 R^2 为 0.9969，表示拟合精度非常高；统计量 F 值为 952.6076，F 对应的概率 $p = 0$，表示通过检验，且估计误差方差为 0.0004。其拟合曲线如图 6-4 所示。

从图 6-4 也可看出曲线拟合得非常好。因此，距离与时间的关系为

$$y = 1.4490 - 0.9394 e^{-x} + 0.3003 x e^{-x}$$

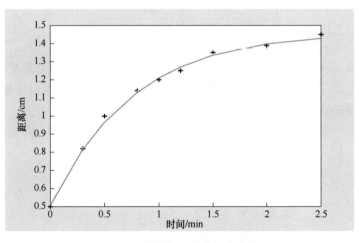

图 6-4　时间与距离的拟合曲线

6.4　交互式回归法

6.4.1　一元多项式回归命令

设一元多项式形式

$$y = a_1 x^m + a_2 x^{m-1} + \cdots + a_m x + a_{m+1}$$

一元多项式回归命令为 polytool(x,y,m)。

【例6-6】（续【例6-5】） 直接运行命令：

x = [0   0.3 0.5   0.8   1.2   1.6   2   2.3   3]';

y = [0.5   0.82 1.0 1.14   1.25 1.35   1.39 1.42 1.45]';

polytool(x,y,2)

运行结果是得到交互式图，如图6-5所示。

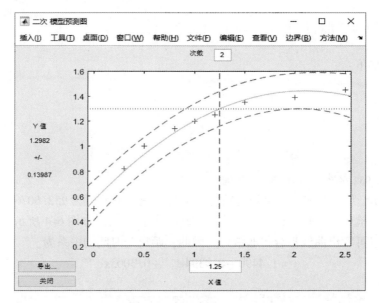

图6-5   交互式图（一）

由图6-5可知，当多项式为二次式时，x 的值为 1.25，y 的预测值为 1.2982，并可通过"导出…"按钮将回归系数 beta 等数据导出到工作区，只要在命令窗口中输入相应的名字，回车即可显示结果。

单击"导出…"按钮，出现窗口，如图6-6所示，单击"确定"按钮，即将所有数据导出到工作区。

图6-6   导出窗口（一）

在命令行窗口中输入相应的名字，按 <Enter> 键即可显示结果。如：

```
>> beta
```

beta =

-0.1993　　0.8369　　0.5635

> > yhat

yhat =

　　1.2982

若将计算其他 x 点的预测值，只需在图 6-5 中"X 值"处赋相应值即可。

6.4.2　多元二项式回归命令

1. 多元二项式常用形式

线性型

$$y = \beta_0 + \beta_1 x_1 + \beta_2 x_2 + \cdots + \beta_m x_m$$

纯二次型

$$y = \beta_0 + \beta_1 x_1 + \beta_2 x_2 + \cdots + \beta_m x_m + \sum_{j=1}^{n} \beta_{jj} x_j^2$$

交叉型

$$y = \beta_0 + \beta_1 x_1 + \beta_2 x_2 + \cdots + \beta_m x_m + \sum_{1 \leqslant j \neq k \leqslant n} \beta_{jk} x_j x_k$$

完全型

$$y = \beta_0 + \beta_1 x_1 + \beta_2 x_2 + \cdots + \beta_m x_m + \sum_{1 \leqslant j, k \leqslant n} \beta_{jk} x_j x_k$$

2. 多元二项式回归命令

格式：rstool（X，Y，'modcl'，alpha）

说明：X：n×m 矩阵。

　　　Y：n 列向量。

　　　model：表示多元二项式模型的形式，有"Linear""Pure Quadratic""Interactions""Full Quadratic"四种可选项。

　　　alpha：显著性水平（默认时为 0.05）。

【例 6-7】　某商品需求量、消费者平均收入和商品价格的统计数据如表 6-6 所示。试建立回归模型，并预测消费者平均收入为 800 元、商品价格为 6 元时的商品需求量。

表 6-6　某商品需求量、消费者平均收入及商品价格统计数据

需求量/件	100	75	80	70	50	65	90	100	110	60
收入/元	1000	600	1200	500	300	400	1300	1100	1300	300
价格/元	5	7	6	6	8	7	5	4	3	9

直接用多元二项式回归，选择纯二次模型

$$y = \beta_0 + \beta_1 x_1 + \beta_2 x_2 + \beta_{11} x_1^2 + \beta_{22} x_2^2$$

MATLAB 程序如下：

```
x1 = [1000 600 1200 500 300 400 1300 1100 1300 300]';
x2 = [5 7 6 6 8 7 5 4 3 9]';
y = [100 75 80 70 50 65 90 100 110 60]';
x = [x1  x2];
rstool(x,y,'purequadratic')        % 模型字符串要小写,单词之间没有空格
```

运行结果出现交互式图，如图 6-7 所示。

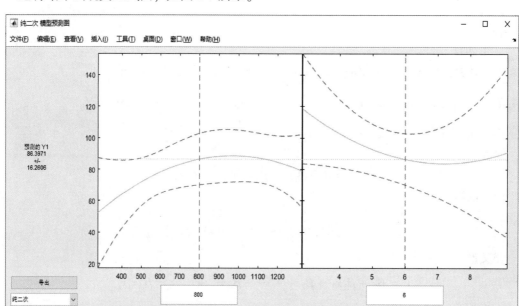

图 6-7　交互式图（二）

从图 6-7 中可以看出，当消费者平均收入和商品价格分别为 800 元和 6 元时，商品需求量为 86.3971 件。

单击"导出…"按钮，出现如图 6-8 所示窗口，单击"确定"按钮，即将所有数据导出到工作区。

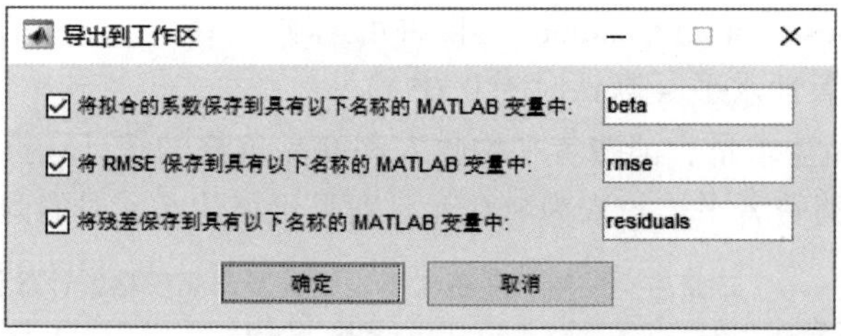

图 6-8　导出窗口（二）

将 beta、rmse 和 residuals 导出到工作区中。在命令行窗口输入：beta, rmse，则得到：

beta =

 110.5313

 　 0.1464

 − 26.5709

 　 − 0.0001

 　 1.8475

rmse =

 　 4.5362

所以，建立的模型为

$$y = 110.5313 + 0.1464x_1 - 26.5709x_2 - 0.0001x_1^2 + 1.8475x_2^2$$

且误差标准差为 4.5362。

图 6-7 中，可以在"纯二次"下拉列表框中选择其他形式的二项式进行操作，并得到相应的值。如选取"完全二次"，得到的回归系数和误差标准差为

```
beta1 =
    -106.6095
       0.3261
      21.2990
      -0.0200
      -0.0001
      -0.7609
rmse1 =
       4.4179
```

此时模型的形式为

$$y = -106.6095 + 0.3261x_1 + 21.2990x_2 - 0.0200x_1x_2 - 0.0001x_1^2 - 0.7609x_2^2$$

且误差标准差为 4.179。

6.4.3　逐步回归命令

1. 逐步回归分析法的思路

（1）从一个自变量开始，将它与因变量 Y 作用的显著程度从大到小依次逐个引入回归方程。

（2）当引入的自变量由于后面变量的引入而变得不显著时，要将其剔除掉。

（3）引入一个自变量或从回归方程中剔除一个自变量，为逐步回归的一步。

（4）对于每一步都要进行 Y 值检验，以确保每次引入新的显著性变量前，回归方程中只包含对 Y 作用显著的变量。

（5）将这个过程反复进行，直至既无不显著的变量从回归方程中剔除，又无显著变量可引入回归方程时为止。

2. 逐步回归函数

格式：stepwise（X，Y，inmodel，alpha）

说明：X：自变量数据 n×k 阶矩阵。

　　　Y：因变量数据 n×1 阶矩阵。

　　　inmodel：矩阵列数的指标，给出初始模型中包括的自变量个数（默认时设定为全部自变量）。

　　　alpha：显著性水平（默认时为 0.05）。

【例 6-8】（续【例 6-4】中的表 6-4 数据）　试用逐步回归法确定一个线性模型。

MATLAB 程序如下：

```
x1 = [8    4   11   9   7   12   5   3   5   24   2   15]';
x2 = [27   32   64   42   67   70   89   34   82   56   60   88]';
x3 = [10   16   12   11   10   17   26   28   27   18   30   32]';
```

x4 = [54 60 25 50 39 32 20 56 38 32 42 28]';
y = [82 80 106 90 96 108 105 80 97 116 90 115]';
X = [x1, x2, x3, x4];
stepwise(X, y)

运行结果如图 6-9 所示。

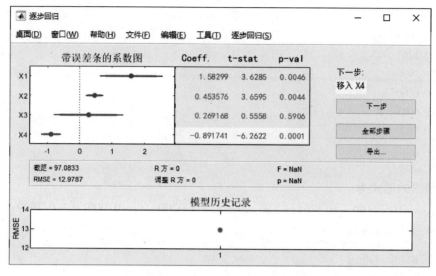

图 6-9 逐步回归交互式图（一）

（1）单击"下一步"按钮，移入 X4，结果如图 6-10 所示。

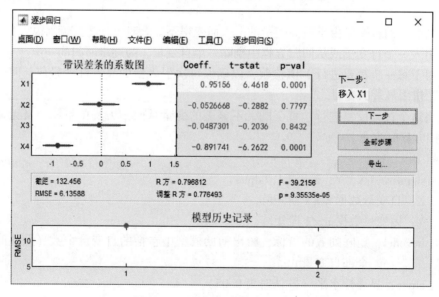

图 6-10 逐步回归交互式图（二）

（2）单击"下一步"按钮，移入 X1，结果如图 6-11 所示。

（3）单击"下一步"按钮，移入 X2，结果如图 6-12 所示。

（4）单击"导出…"按钮，可将图 6-13 中的变量导出到工作区。

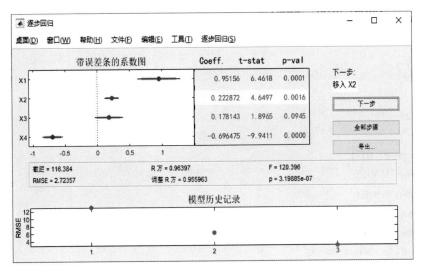

图 6-11　逐步回归交互式图（三）

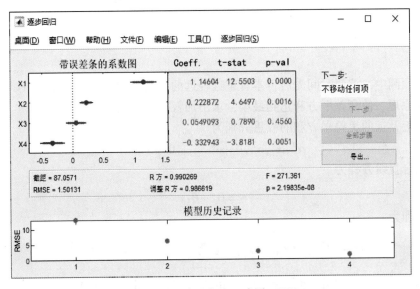

图 6-12　逐步回归交互式图（四）

图 6-13　逐步回归导出窗口

（5）在命令行窗口输入 beta、stats，则有：

```
beta =
    1.1460
    0.2229
    0
   -0.3329
stats =
   intercept：87.0571
        rmse：1.5013
         rsq：0.9903
      adjrsq：0.9854
       fstat：271.3615
        pval：2.1984e-008
```

故建立的模型为

$$y = 87.0571 + 1.146x_1 + 0.2229x_2 - 0.3329x_4$$

6.5　加权拟合直线方程法

在市场预测中，按照时间先后，本着重近轻远的原则，对离差平方和进行赋权，然后再按最小二乘原理，使离差平方和达到最小，求出加权拟合直线方程。

假设由近及远的离差平方和的权重分别为

$$\alpha^0, \alpha^1, \alpha^2, \cdots, \alpha^n \qquad (0 \leq \alpha \leq 1)$$

加权拟合直线方程为

$$y = \hat{\beta}_0 + \hat{\beta}_1 x$$

则残差平方和为

$$Q = \sum_{i=1}^{n} \alpha^{n-i} (y_i - \hat{y}_i)^2 = \sum_{i=1}^{n} \alpha^{n-i} (y_i - \hat{\beta}_0 - \hat{\beta}_1 x_i)^2$$

为使 Q 最小，只需对 $\hat{\beta}_0$ 和 $\hat{\beta}_1$ 求偏导，并令其为 0，即得到方程

$$\hat{\beta}_0 \sum_{i=1}^{n} \alpha^{n-i} + \hat{\beta}_1 \sum_{i=1}^{n} \alpha^{n-i} x_i = \sum_{i=1}^{n} \alpha^{n-i} y_i$$

$$\hat{\beta}_0 \sum_{i=1}^{n} \alpha^{n-i} x_i + \hat{\beta}_1 \sum_{i=1}^{n} \alpha^{n-i} x_i^2 = \sum_{i=1}^{n} \alpha^{n-i} x_i y_i$$

其矩阵形式可写为

$$AX = B$$

式中，未知变量 $X = \begin{pmatrix} \hat{\beta}_0 \\ \hat{\beta}_1 \end{pmatrix}$；$A$ 为其系数矩阵；B 为其常数项。

其解为

$$X = A^{-1}B$$

上述过程对应的 MATLAB 程序如下：

```
%公式中的权重 α 用 k 代替
%构造系数矩阵 A 和常数项向量 B
a11 = sum([k.^(0:n-1)])
a12 = sum([k.^(0:n-1)].*[x(n:-1:1)])
a21 = a12
a22 = sum([k.^(0:n-1)].*[x(n:-1:1).^2])
b1 = sum([k.^(0:n-1)].*[y(n:-1:1)])
b2 = sum([k.^(0:n-1)].*[x(n:-1:1).*y(n:-1:1)])
A = [a11 a12;a21 a22]
B = [b1;b2]
%求解
X = inv(A)*B
```

【例 6-9】　我国 2012 年—2021 年城镇居民人均可支配收入数据如表 6-7 所示，试用加权拟合直线法预测 2022 年—2025 年的城镇居民人均可支配收入。

表 6-7　2012 年—2021 年城镇居民人均可支配收入

年　　份	2012	2013	2014	2015	2016	2017	2018	2019	2020	2021
人均可支配收入/万元	2.41	2.65	2.88	3.12	3.36	3.64	3.93	4.24	4.38	4.74

MATLAB 程序如下：

```
clear
x = 1:10;                                   %给出年份序号
y = [2.41  2.65  2.88  3.12  3.36  3.64  3.93  4.24  4.38  4.74];
k = 0.7;                                    %给权重赋值
a11 = sum([k.^(0:9)]);
a12 = sum([k.^(0:9)].*[x(10:-1:1)]);
a21 = a12;
a22 = sum([k.^(0:9)].*[x(10:-1:1).^2]);
b1 = sum([k.^(0:9)].*[y(10:-1:1)]);
b2 = sum([k.^(0:9)].*[x(10:-1:1).*y(10:-1:1)]);
A = [a11 a12;a21 a22];
B = [b1;b2];
X = inv(A)*B                                %求直线方程系数
%2012 年—2021 年人均可支配收入
Y = X(1)+X(2)*x
plot(x,y,'+',x,Y)                           %绘制拟合图
xlabel('时间/年')
ylabel('人均可支配收入/万元')
%预测 2022 年—2025 年人均可支配收入
x1 = 11:14;
Y1 = X(1)+X(2)*x1
```

运行结果如下：

X =

    2.0807

    0.2632

Y1 =

    4.9762   5.2395   5.5027   5.7659

运行结果显示的拟合图如图 6-14 所示。

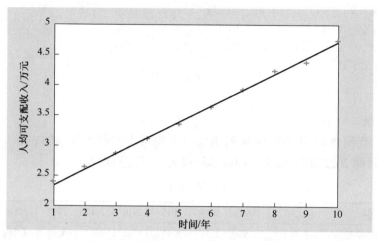

图 6-14　城镇居民人均可支配收入拟合图

故得到的回归直线方程为

$$y = 2.0807 + 0.2632x$$

预测 2022 年—2025 年城镇居民人均可支配收入分别为 4.9762 万元、5.2395 万元、5.5027 万元和 5.7659 万元。

6.6　非线性回归法

6.6.1　非线性模型的线性化

对非线性曲线函数 $y = f(x)$ 做变换，$v = v(y)$，$u = u(x)$，使其化为一元线性函数 $v = a + bu$ 的形式，从而使用最小二乘法估计其参数 a 和 b，然后再还原为 x 和 y 的函数关系。

1. 直接换元型

它是通过简单的变量换元直接化为线性回归模型。由于这类模型的被解释变量没有变形，因此可以直接用最小二乘法估计回归系数，并进行检验和预测。

（1）双曲线模型：$\dfrac{1}{y} = a + \dfrac{b}{x}$，令 $v = \dfrac{1}{y}$，$u = \dfrac{1}{x}$，则 $v = a + bu$。

双曲线的形状如图 6-15 所示。

（2）倒幂函数模型：$y = a + \dfrac{b}{x}$，令 $v = y$，$u = \dfrac{1}{x}$，则 $v = a + bu$。

倒幂函数曲线的形状如图 6-16 所示。

（3）对数曲线模型：$y = a + b\ln x$，令 $v = y$，$u = \ln x$，则 $v = a + bu$。

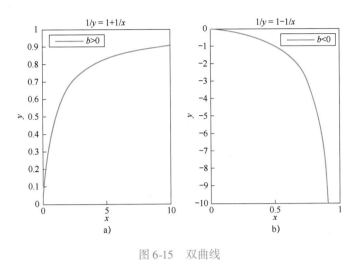

图 6-15　双曲线

a）$b>0$ 时的双曲线　b）$b<0$ 时的双曲线

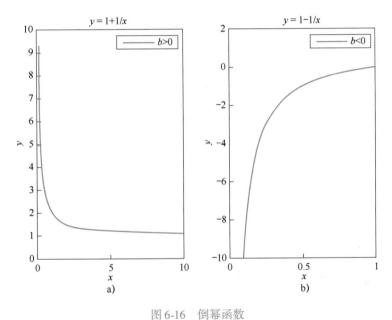

图 6-16　倒幂函数

a）$b>0$ 时的倒幂函数　b）$b<0$ 时的倒幂函数

对数曲线的形状如图 6-17 所示。

（4）S 形曲线模型：$y=\dfrac{1}{a+be^{-x}}$，令 $v=\dfrac{1}{y}$，$u=e^{-x}$，则 $v=a+bu$。

S 形曲线的形状如图 6-18 所示。

2. 间接代换型

它经常是通过对数变形的代换，间接化为线性回归模型。由于在对数变形代换过程中改变了被解释变量的形态，最小二乘法估计失去了原模型的残差平方和为最小的意义，估计不到原模型的最佳回归系数，会造成回归模型与原数列之间出现较大误差。

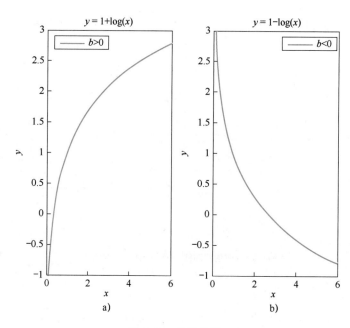

图 6-17 对数曲线

a) $b>0$ 时的对数曲线 b) $b<0$ 时的对数曲线

（1）指数曲线模型：$y = ae^{bx}$，令 $v = \ln y$，$u = x$，则 $v = \ln a + bu$。

指数曲线的形状如图 6-19 所示。

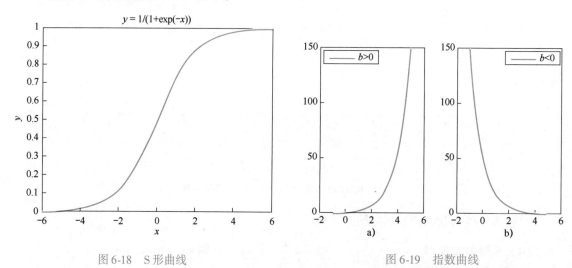

图 6-18 S 形曲线

图 6-19 指数曲线

a) $b>0$ 时的指数曲线 b) $b<0$ 时的指数曲线

（2）倒指数曲线模型：$y = ae^{b/x}$，令 $v = \ln y$，$u = \dfrac{1}{x}$，则 $v = \ln a + bu$。

倒指数曲线的形状如图 6-20 所示。

（3）幂函数曲线模型：$y = ax^b$，令 $v = \ln y$，$u = \ln x$，则 $v = \ln a + bu$。

幂函数曲线的形状如图 6-21 所示。

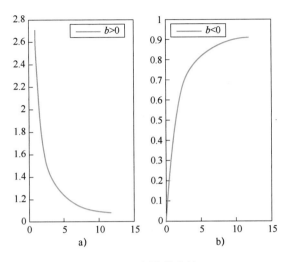

图 6-20　倒指数曲线

a）$b>0$ 时的倒指数曲线　b）$b<0$ 时的倒指数曲线

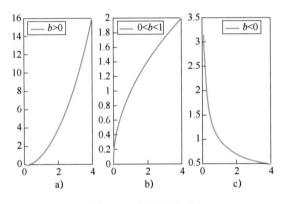

图 6-21　幂函数曲线

a）$b>1$ 时的幂函数曲线　b）$0<b<1$ 时的幂函数曲线　c）$b<0$ 时的幂函数曲线

【例 6-10】　已知某大型超市 2012 年—2021 年的商品零售额和商品流通费用率如表 6-8 所示。若2022 年该商店的商品零售额预计为 800 万元，试预测 2022 年商品流通费用率和流通费用额各是多少？

表 6-8　某大型超市 2012 年—2021 年商品零售额和商品流通费用率

年　份	2012	2013	2014	2015	2016	2017	2018	2019	2020	2021
零售额/万元	220	245	286	365	440	490	550	620	680	750
流通费用率（%）	8.0	7.5	6.8	6.1	5.4	5.0	4.7	4.5	4.2	4.0

MATLAB 程序如下：

（1）绘制散点图，直观选择曲线。

x = [220　245　286　365　440　490　550　620　680　750]';

y = [8.0　7.5　6.8　6.1　5.4　5.0　4.7　4.5　4.2　4.0]';

plot(x,y,'o')

xlabel('零售额/万元')

ylabel('流通费用率(%)')

运行结果如图 6-22 所示。

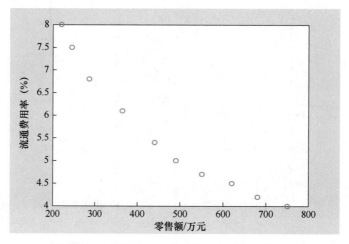

图 6-22　商品零售额与商品流通费用率的散点图

根据图 6-22，初步判断可用幂函数曲线模型：$y = ax^b$，即令 $v = \ln y$，$u = \ln x$，化为 $v = \ln a + bu$。

（2）线性化变换及回归。

u = log(x);

v = log(y);

U = [ones(size(u)), u];

[b, bint, r, rint, stats] = regress(v, U)

运行结果如下：

b =

　　5.1234

　　-0.5650

stats =

　　1.0e+03　*

　　0.0010　　4.3725　　0.0000　　0.0000

所以建立的线性模型为

$$v = 5.1234 - 0.5650u$$

（3）预测及模型系数还原。

x1 = 800

u1 = log(x1)

V = [ones(size(u1)), u1] * b　　%2022 年流通费用率预测值

Y = exp(V)　　　　　　　　　　%还原 2022 年流通费用率预测值

A = exp(b(1))　　　　　　　　%还原模型系数 a

B = b(2)　　　　　　　　　　　%还原模型系数 b

z = x1 * Y/100　　　　　　　　%2022 年流通费用额预测值

运行结果如下：

V =

    1.3467

Y =

    3.8448

A =

  167.9036

B =

  -0.5650

z =

  30.7585

所以，建立的非线性模型为

$$y = 167.9036x^{-0.5650}$$

且 2022 年商品流通费用率和流通费用额的预测值分别为 3.8448% 和 30.7585 万元。

6.6.2 非线性回归命令

（1）确定回归系数的命令。

格式：$[\text{beta},r,J] = \text{nlinfit}(x,y,'\text{model}',\text{beta0})$

输入变量：x 和 y 分别为矩阵和 n 维列向量，对一元非线性回归，x 为 n 维列向量；

            model：事先用 M 文件定义的非线性函数；

            beta0：回归系数的初值。

输出变量：beta：估计出的回归系数；

            r：残差；

            J：Jacobian 矩阵。

（2）回归系数 beta 的置信区间。

格式：$\text{ci} = \text{nlparci}(\text{beta},r,J)$

（3）预测和预测误差估计。

格式：$[Y,\text{DELTA}] = \text{nlpredci}('\text{model}', x,\text{beta},r,J)$

求 nlinfit 所得的回归函数在 x 处的预测值 Y 及预测值的显著性为 $1 - \text{alpha}$ 的置信区间 $Y \pm \text{DELTA}$。

【例6-11】（续【例6-10】）　利用非线性回归方法求解。

（1）根据图 6-22，选取幂函数曲线模型 $y = ax^b$，建立函数名为 mihanshu.m 的 M 文件。

```
function y = mihanshu(beta,x)
y = beta(1) * x.^beta(2);
end
```

（2）建立脚本 M 文件。

```
x = [220  245  286  365  440  490  550  620  680  750]';
y = [8.0  7.5  6.8  6.1  5.4  5.0  4.7  4.5  4.2  4.0]';
beta0 = [30,0]';                          %取初始值
[beta,r,J] = nlinfit(x,y,'mihanshu',beta0)   %非线性拟合参数
```

```
ci = nlparci(beta,r,J)                              %置信区间
[Y,delta] = nlpredci('mihanshu',x,beta,r,J)         %2012年—2021年商品流通费用率预测值
plot(x,y,'o',x,Y,'-+')
xlabel('零售额/万元')
ylabel('流通费用率(%)')
x1 = 800
[Y1,delta] = nlpredci('mihanshu',x1,beta,r,J)       %2022年商品流通费用率预测值
z = x1 * Y1/100
```

运行结果如下：

```
beta =
    168.4743
     -0.5655
Y1 =
    3.8435
z =
    30.7478
```

运行结果显示的拟合曲线如图 6-23 所示。

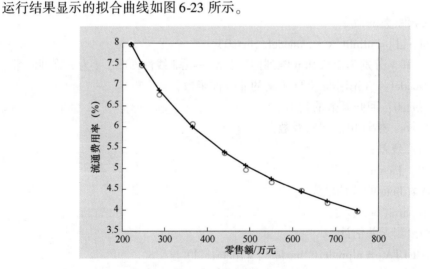

图 6-23　商品零售额与商品流通费用率拟合图

所以，建立的非线性模型为

$$y = 168.4743x^{-0.5655}$$

且 2022 年的商品流通费用率和流通费用额的预测值分别为 3.8435% 和 30.7478 万元，与【例 6-10】结果基本一致。

6.6.3　逻辑增长曲线模型

生物个体的生长发育及某些技术、经济特性的发展，一般都会经历三个阶段：发生阶段，变化速度较为缓慢；发展阶段，变化速度加快；成熟阶段，变化速度又趋缓慢。按照这个发展规律得到的事物变化发展曲线，称为生长曲线或逻辑增长曲线，由于此类曲线常似 S形，故又称 S 曲线。

（1）皮尔生长曲线的一般模型

$$y = \frac{K}{1 + e^{f(x)}}$$

$$f(x) = a_0 + a_1 x + a_2 x^2 + \cdots + a_n x^n$$

式中，K 为常数（如某种耐用消费品饱和状态时的普及率）。

皮尔生长曲线模型常用形式为

$$y = \frac{K}{1 + b e^{-ax}} \quad (a > 0, b > 0)$$

可用 MATLAB 非线性回归命令求解未知常数 a、b 和 K，其图形与图 6-18 的 S 形曲线相似。

（2）林德诺生长曲线的一般模型

$$N(t) = \frac{L}{1 + \left(\dfrac{L}{N_0} - 1\right) e^{-rt}} \quad (t \geq 0)$$

如在研究新产品销售时，$N(t)$ 和 N_0 分别表示在 t 时刻和初始时刻熟悉新产品的人数；L 为 $N(t)$ 的极限值；r 为校正系数，可用增长率指标来刻画。此模型常用来预测人口增长问题。

【例 6-12】　某汽车集团有限公司从 2010 年开始投产制造某种品牌的家用小汽车，2011 年—2021 年该公司家用小汽车销售量如表 6-9 所示，试建立皮尔生长曲线的数学模型，并预测 2022 年—2025 年该公司的家用小汽车销售量。

表 6-9　2011 年—2021 年某公司家用小汽车销售量

年　　份	2011	2012	2013	2014	2015	2016	2017	2018	2019	2020	2021
销售量/台	450	600	850	1050	1280	1700	2200	2400	2600	2680	2760

MATLAB 编程如下：

（1）建立函数名为 pier. m 的 M 文件。

```
function y = pier(beta,x)
y = beta(1)./(1 + beta(2).* exp(- beta(3).* x));
end
```

（2）建立脚本 M 文件。

```
x = 1：11;
y = [450  600  850  1050  1280  1700  2200  2400  2600  2680  2760];
beta0 = [500,10 1]
[beta,r,J] = nlinfit(x,y,'pier',beta0)           %% 非线性拟合参数
[Y,delta] = nlpredci('pier',x,beta,r,J)          % 2011 年—2021 年预测值
plot(x,y,'o',x,Y,'- +')
xlabel('时间/年')
ylabel('销售量/辆')
x1 = 12：15                                       % 预测 2022 年—2025 年
[Y1,delta] = nlpredci('pier',x1,beta,r,J)        % 2022 年—2025 年预测值
```

运行结果如下：

beta =
   1.0e + 03 *
   3.032891783490222   0.010795341620820   0.000450437479383
Y1 =
   1.0e + 03 *
   2.892593100163003   2.941946839777908   2.974290833230648   2.995278955374736

运行结果显示的拟合曲线如图 6-24 所示。

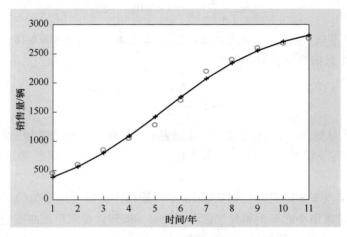

图 6-24　某公司家用小汽车销售量拟合图

所以，建立的皮尔生长曲线模型为

$$y = \frac{3032.8917}{1 + 10.7953e^{-0.4504x}}$$

且 2022 年—2025 年该公司家用小汽车的预测销售量分别是 2893 台、2942 台、2974 台和 2995 台。

6.7　虚变量回归分析

虚变量主要用于描述在某些特殊情况下，由于各种原因而无法计量的因素，如某些暂时性的影响，以及由于政策、季节或地区不同等因素所造成的差异，其取值只有 0 和 1。例如，在分析服装消费变化时，考虑到女性对服装款式的爱好和要求比男性广泛得多，这时，就可以引入虚变量来描述这种由于性别差异对服装消费的影响。

虚变量回归分析的目的是量化定性因素对被解释变量的影响关系和影响程度。方法是将虚变量作为解释变量引入回归模型。

1. 虚变量回归模型

$$y = \beta_0 + \beta_1 D + \varepsilon$$

式中，y 为被解释变量；D 为虚变量

$$D = \begin{cases} 1, & \text{有属性 A} \\ 0, & \text{无属性 A} \end{cases}$$

β_0 给出了无属性 A 时 y 的平均水平；$\beta_0 + \beta_1$ 给出了有属性 A 时 y 的平均水平；β_1 给出了有、无属性 A 的平均差异。

2. 虚实变量的混合模型

在反映某种因素发生重大变异跳跃或政策变化发生转折点时，可用带有虚变量的模型来表示。其模型形式为

$$y_t = \beta_0 + \beta_1 x_t + \beta_2 D_t + \varepsilon_t$$

或

$$y_t = \beta_0 + \beta_1 x_t + \beta_2 (x_t - x_{t_0}) D_t + \varepsilon_t$$

式中，y 为被解释变量；x 为解释变量；D 为虚变量。

如在某时刻 t_0 发生重大变异，x_{t_0} 表示在 t_0 时刻的观察值，虚变量为

$$D_t = \begin{cases} 0, & t < t_0 \\ 1, & t \geq t_0 \end{cases}$$

【例 6-13】　分析某城市居民的年服装消费状况，随机调查了该市 32 名居民，了解其个人消费额、收入和受教育程度。其中，男性用 1 表示，女性用 0 表示；受过高等教育的用 1 表示，未受过高等教育的用 0 表示。得到的数据如表 6-10 所示。

表 6-10　某城市居民的年服装消费状况相关数据统计表

编　号	消费额/元	收入/元	性　　别	受教育程度	编　号	消费额/元	收入/元	性　　别	受教育程度
1	2000	25000	1	1	17	2500	19000	0	1
2	3000	23000	0	0	18	3000	20000	0	1
3	2800	20000	0	1	19	3200	21600	0	1
4	2400	32000	1	0	20	2400	32000	1	1
5	3600	50000	1	1	21	3000	42000	1	1
6	4000	45000	0	1	22	3200	25000	0	1
7	3000	26000	0	0	23	3100	26000	1	0
8	2500	26000	1	1	24	1500	22000	1	0
9	3500	30000	0	1	25	1800	20000	1	1
10	3000	32000	1	0	26	3200	30000	0	0
11	3400	45000	0	0	27	4000	35000	0	0
12	2500	30000	1	1	28	2800	31000	1	1
13	1800	26000	1	0	29	1600	28000	1	1
14	2600	32000	0	0	30	2800	30000	0	0
15	2800	28000	0	1	31	2600	20000	0	0
16	2000	25000	1	1	32	1800	24000	1	1

先建立模型

$$y = \beta_0 + \beta_1 x + \beta_2 D_1 + \beta_3 D_2 + \varepsilon$$

式中，y 表示居民年服装消费额；x 表示个人年收入；$D_1 = \begin{cases} 1, & 男性 \\ 0, & 女性 \end{cases}$；$D_2 = \begin{cases} 1, & 受过高等教育 \\ 0, & 未受过高等教育 \end{cases}$。

MATLAB 程序如下：

$$A = \begin{bmatrix} 2000 & 25000 & 1 & 1 \\ 3000 & 23000 & 0 & 0 \\ 2800 & 20000 & 0 & 1 \\ 2400 & 32000 & 1 & 0 \\ 3600 & 50000 & 1 & 1 \\ 4000 & 45000 & 0 & 1 \\ 3000 & 26000 & 0 & 0 \\ 2500 & 26000 & 1 & 1 \\ 3500 & 30000 & 0 & 1 \\ 3000 & 32000 & 1 & 0 \\ 3400 & 45000 & 0 & 0 \\ 2500 & 30000 & 1 & 1 \\ 1800 & 26000 & 1 & 0 \\ 2600 & 32000 & 0 & 0 \\ 2800 & 28000 & 0 & 1 \\ 2000 & 25000 & 1 & 1 \\ 2500 & 19000 & 0 & 1 \\ 3000 & 20000 & 0 & 1 \\ 3200 & 21600 & 0 & 1 \\ 2400 & 32000 & 1 & 1 \\ 3000 & 42000 & 1 & 1 \\ 3200 & 25000 & 0 & 1 \\ 3100 & 26000 & 1 & 0 \\ 1500 & 22000 & 1 & 1 \\ 1800 & 20000 & 1 & 1 \\ 3200 & 30000 & 0 & 0 \\ 4000 & 35000 & 0 & 0 \\ 2800 & 31000 & 1 & 1 \\ 1600 & 28000 & 1 & 1 \\ 2800 & 30000 & 0 & 0 \\ 2600 & 20000 & 0 & 0 \\ 1800 & 24000 & 1 & 1 \end{bmatrix};$$

```
[m,n] = size(A)
Y = A(:,1);
X = [ones(m,1),A(:,2:4)]
[b,bint,r,rint,stats] = regress(Y,X)
```

运行结果如下：

```
b =
  1.0e +03  *
  1.711535812430363
  0.000049254624558
 -0.805582679091412
```

0.008818474980416

stats =

1.0e + 05　*

0.000006774499755　　0.000196027467303　　0.000000000004780　　1.505473440224615

由此可知，$R^2 = 0.6775$，模型显著；统计量 $F = 19.6$，大于临界值；概率 $p = 0$，小于 0.05，通过检验；性别系数 β_2 为负值，且为 -805.58，说明女性消费者服装消费的水平显著高于男性；受教育程度系数 β_3 为 8.8185，说明受过高等教育的消费者，其服装消费水平显著高于其他消费者；由于收入变量系数 β_1 为 0.049，说明居民服装消费能力与收入的关系不够显著，所以可以去掉收入这个变量。

6.8　案例分析

6.8.1　我国人口预测模型

【例 6-14】　我国 1962 年—2021 年的人口数据如表 6-11 所示，试采用曲线拟合法建立其数学模型，并预测我国未来人口数量的发展趋势。

表 6-11　我国 1962 年—2021 年的人口数据　　　　　（单位：亿人）

年份	人口	年份	人口	年份	人口	年份	人口	年份	人口
1962	6.73	1974	9.09	1986	10.75	1998	12.48	2010	13.41
1963	6.92	1975	9.24	1987	10.93	1999	12.58	2011	13.47
1964	7.05	1976	9.37	1988	11.10	2000	12.67	2012	13.54
1965	7.25	1977	9.50	1989	11.27	2001	12.76	2013	13.61
1966	7.45	1978	9.63	1990	11.43	2002	12.85	2014	13.68
1967	7.64	1979	9.75	1991	11.58	2003	12.92	2015	13.75
1968	7.85	1980	9.87	1992	11.72	2004	13.00	2016	13.92
1969	8.07	1981	10.01	1993	11.85	2005	13.08	2017	14.00
1970	8.30	1982	10.17	1994	11.99	2006	13.14	2018	14.05
1971	8.52	1983	10.30	1995	12.11	2007	13.21	2019	14.10
1972	8.72	1984	10.44	1996	12.24	2008	13.28	2020	14.12
1973	8.92	1985	10.59	1997	12.36	2009	13.35	2021	14.13

MATLAB 程序如下：

（1）先输入数据，绘制散点图。

```
y =[6.73    6.92    7.05    7.25    7.45    7.64    7.85    8.07    8.30    8.52 …
     8.72    8.92    9.09    9.24    9.37    9.50    9.63    9.75    9.87   10.01 …
    10.17   10.30   10.44   10.59   10.75   10.93   11.10   11.27   11.43   11.58 …
    11.72   11.85   11.99   12.11   12.24   12.36   12.48   12.58   12.67   12.76 …
    12.85   12.92   13.00   13.08   13.14   13.21   13.28   13.35   13.41   13.47 …
    13.54   13.61   13.68   13.75   13.92   14.00   14.05   14.10   14.12   14.13];
```

x = 1：length(y)；

plot(x , y , ' + ')

xlabel('时间/年')

ylabel('人口数/亿人')

运行结果显示的人口数据散点图如图 6-25 所示。

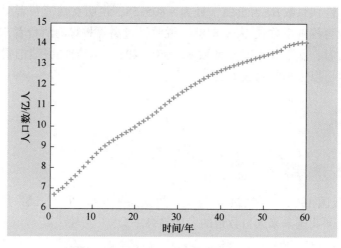

图 6-25　人口数据散点图

（2）用二次多项式拟合。

p1 = polyfit(x , y , 2)

Y1 = polyval(p1 , x)；

figure(2)

plot(x , y , ' + ' , x , Y1)

运行结果如下：

p1 =

　　－0. 0014　　0. 2101　　6. 4760

显示的拟合图如图 6-26 所示。

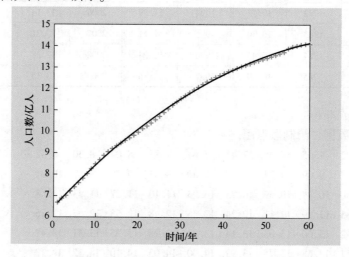

图 6-26　人口数据二次多项式拟合图

所以，建立的二次多项式模型为

$$y = -0.0014x^2 + 0.2101x + 6.4760 \tag{6-9}$$

（3）用指数曲线 $\ln y = ax^2 + bx + c$ 拟合。

p2 = polyfit(x, log(y), 2)

Y2 = polyval(p2, x);

Z2 = exp(Y2);

figure(3)

plot(x, y, ' + ', x, Z2)

运行结果如下：

p2 =

    −0.0002   0.0241   1.9037

显示的拟合图如图 6-27 所示。

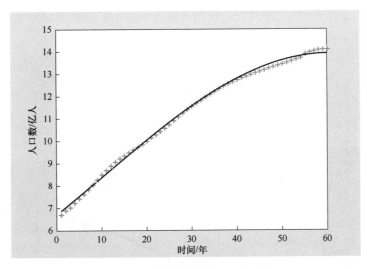

图 6-27　人口数量指数曲线拟合图

所以，建立的指数曲线模型为

$$\ln y = -0.0002x^2 + 0.0241x + 1.9037 \tag{6-10}$$

（4）用林德诺生长曲线模型 $N(t) = \dfrac{L}{1 + \left(\dfrac{L}{N_0} - 1\right) \mathrm{e}^{-rt}}$ 非线性拟合。

MATLAB 程序如下：

1）先建立函数 M 文件。

function N = linderuo(beta, t)

N0 = 6.73;

N = beta(1)./(1 + (beta(1)./N0 - 1). * exp(-beta(2). * t));

end

% 模型中的初始值 N0 直接取第一个数，即 N0 = 6.73

2）再建立脚本 M 文件。

x = 1962：2021;

$t = x - 1962;$

$N = \begin{bmatrix} 6.73 & 6.92 & 7.05 & 7.25 & 7.45 & 7.64 & 7.85 & 8.07 & 8.30 & 8.52 \cdots \\ 8.72 & 8.92 & 9.09 & 9.24 & 9.37 & 9.50 & 9.63 & 9.75 & 9.87 & 10.01 \cdots \\ 10.17 & 10.30 & 10.44 & 10.59 & 10.75 & 10.93 & 11.10 & 11.27 & 11.43 & 11.58 \cdots \\ 11.72 & 11.85 & 11.99 & 12.11 & 12.24 & 12.36 & 12.48 & 12.58 & 12.67 & 12.76 \cdots \\ 12.85 & 12.92 & 13.00 & 13.08 & 13.14 & 13.21 & 13.28 & 13.35 & 13.41 & 13.47 \cdots \\ 13.54 & 13.61 & 13.68 & 13.75 & 13.92 & 14.00 & 14.05 & 14.10 & 14.12 & 14.13 \end{bmatrix};$

$N0 = N(1);$

$beta0 = [10, 0]';$

$[beta, r, J] = nlinfit(t, N, 'linderuo', beta0)$

$[Y, delta] = nlpredci('linderuo', t, beta, r, J)$

$figure(4)$

$plot(t, N, '+', t, Y)$

$a = beta(1)/N0 - 1$

运行结果如下：

beta =

    15.1205

    0.0484

a =

    1.2467

显示的拟合曲线图如图 6-28 所示。

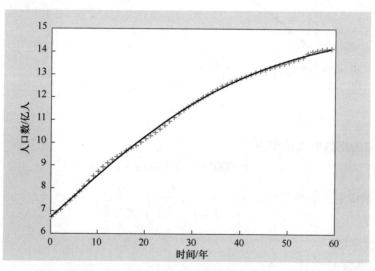

图 6-28　人口数量林德诺生长曲线拟合图

所以，建立的林德诺生长曲线模型为

$$N(t) = \frac{15.1205}{1 + 1.2467 e^{-0.0484t}} \tag{6-11}$$

（5）预测。从曲线拟合图 6-26 ~ 图 6-28 可以看出，上述三种方法的拟合效果都很好，尤其是二次多项式模型式（6-9）和林德诺生长曲线模型式（6-11）拟合的效果最好。下面利用这两个模型预测 2022 年—2041 年我国的人口总量。

1）利用二次多项式模型预测。

x1 = 61：80；

Y3 = polyval(p1 , x1)

figure(5)

plot(x , y , ' + ' , [x , x1] , [Y1 , Y3] , 'o')

显示的预测图如图 6-29 所示。

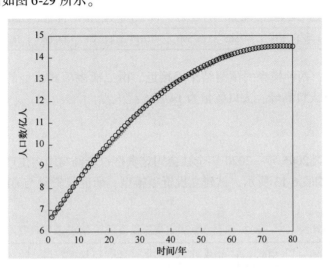

图 6-29　人口数量二次多项式模型预测图

2）利用林德诺生长曲线模型预测。

t1 = 60：79；

Z = nlpredci('linderuo' , t1 , c , r , J)

figure(6)

plot(t , N , ' + ' , [t , t1] , [Y' , Z] , 'O')

显示的预测图如图 6-30 所示。

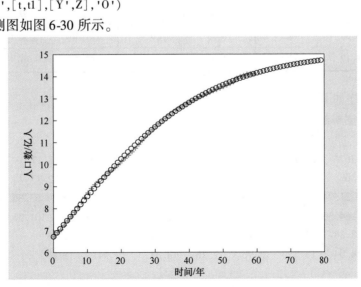

图 6-30　人口数量林德诺生长曲线模型预测图

运行结果汇总如表 6-12 所示。

表 6-12　2022 年—2041 年两种模型对我国人口的预测值　　　（单位：亿人）

年　份	2022	2023	2024	2025	2026	2027	2028	2029	2030	2031
二次多项式	14.190	14.231	14.270	14.306	14.339	14.370	14.398	14.423	14.445	14.464
林德诺生长曲线	14.155	14.198	14.239	14.278	14.316	14.352	14.386	14.420	14.451	14.482
年　份	2032	2033	2034	2035	2036	2037	2038	2039	2040	2041
二次多项式	14.481	14.495	14.507	14.515	14.521	14.524	14.525	14.522	14.517	14.509
林德诺生长曲线	14.511	14.538	14.565	14.590	14.614	14.638	14.660	14.681	14.701	14.720

从表 6-12 可知，两种模型的预测结果很接近。由二次多项式模型的预测结果来看，我国将在 2038 年达到人口高峰，人口数量为 14.525 亿人。

6.8.2　投资额模型

【例 6-15】　我国 2005 年—2020 年全社会固定资产投资额与国内生产总值（GDP）及公共财政收入的数据如表 6-13 所示，试建立投资额模型，研究投资额与 GDP 及公共财政收入的关系。

表 6-13　我国 2005 年—2020 年全社会固定资产投资额与 GDP 及财政收入（单位：万亿元）

年　份	投　资　额	GDP	财政收入	年　份	投　资　额	GDP	财政收入
2005	8.1	18.73	3.16	2013	32.93	59.30	12.92
2006	9.76	21.94	3.88	2014	37.36	64.36	14.04
2007	11.83	27.01	5.13	2015	40.59	68.89	15.23
2008	14.46	31.92	6.13	2016	43.44	74.64	15.96
2009	18.18	34.85	6.85	2017	46.13	83.20	17.26
2010	21.88	41.21	8.31	2018	48.85	91.93	18.34
2011	23.88	48.79	10.39	2019	51.36	98.65	19.04
2012	28.17	53.86	11.73	2020	52.73	101.36	18.29

MATLAB 程序如下：

（1）输入数据，绘制拟合图。

```
clear
y = [8.1      9.76     11.83    14.46     18.18     21.88     23.88     28.17 …
     32.93   37.36    40.59    43.44     46.13     48.85     51.36     52.73]';
x1 = [18.73   21.94    27.01    31.92     34.85     41.21     48.79     53.86 …
      59.30   64.36    68.89    74.64     83.20     91.93     98.65     101.36]';
x2 = [3.16    3.88     5.13     6.13      6.85      8.31      10.39     11.73 …
      12.92   14.04    15.23    15.96     17.26     18.34     19.04     18.29]';
subplot(1,2,1)
p1 = polyfit(x1,y,3)                 %三次曲线拟合
```

```
Y1 = polyval(p1,x1);
plot(x1,y,'o',x1,Y1)
xlabel('GDP/万亿元')
ylabel('投资额/万亿元')
title('投资额与GDP')
subplot(1,2,2)
p2 = polyfit(x2,y,1)          %一次直线拟合
Y2 = polyval(p2,x2);
plot(x2,y,'o',x2,Y2)
xlabel('财政收入/万亿元')
ylabel('投资额/万亿元')
title('投资额与财政收入')
```

运行结果如图 6-31 所示。

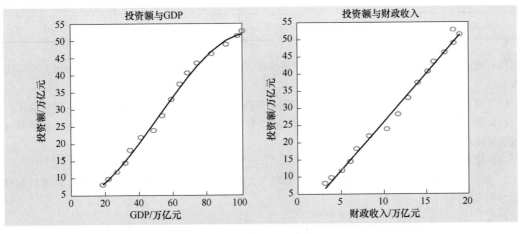

图 6-31　散点拟合图

（2）从散点拟合图 6-31 可知，投资额与财政收入有很强的线性关系，而与 GDP 的关系则适合用三次函数来描述，因此，建立模型的基本形式应为

$$y = a_0 + a_1x_1 + a_2x_1^2 + a_3x_1^3 + a_4x_2$$

式中，a_0、a_1、a_2、a_3、a_4 为回归系数。

（3）利用回归命令进行回归计算，并分析结果，得出相应的模型。

```
X = [ones(size(x1)),x1,x1.^2,x1.^3,x2];
[b,bint,r,rint,stats] = regress(y,X);
b,stats
```

运行结果如下：

```
b =
    3.7664
    0.1705
    0.0165
   -0.0001
   -1.1954
```

stats =

    0.9959   668.0776   0.0000   1.3586

由此可知，$R^2 = 0.9959$，模型拟合优度非常高；统计量 $F = 668.0776$，概率 $p = 0$，都通过检验；剩余方差为 1.3586，也很小。故所建模型为

$$y = 3.7664 + 0.1705x_1 + 0.0165x_1^2 - 0.0001x_1^3 - 1.1954x_2$$

练习与提高

1. 我国 2012 年——2021 年城镇居民人均可支配收入和人均消费支出数据如表 6-14 所示。

表 6-14　我国 2012 年—2021 年城镇居民人均可支配收入和人均消费支出（单位：万元）

时间 t	2012	2013	2014	2015	2016	2017	2018	2019	2020	2021
人均可支配收入 x	2.41	2.65	2.88	3.12	3.36	3.64	3.93	4.24	4.38	4.74
人均消费支出 y	1.71	1.85	2.00	2.14	2.31	2.44	2.61	2.81	2.70	3.03

（1）建立时间 t 与人均可支配收入 x 之间的多项式拟合曲线，并预测 2022 年城镇居民人均可支配收入。

（2）建立时间 t 与人均消费支出 y 之间的多项式拟合曲线，并预测 2022 年城镇居民人均消费支出。

（3）建立 x 对 y 的一元线性回归方程，若设 2022 年城镇居民人均可支配收入为 5 万元，试预测 2022 年城镇居民人均消费支出。

（4）编写 MATLAB 程序实现上述问题。

2. 某市 2015 年—2023 年居民消费总额 y 与职工人数 x_1、平均工资 x_2 与储蓄存款 x_3 的统计数据如表 6-15 所示。

表 6-15　某市 2015 年—2023 年居民消费总额、职工人数、平均工资与储蓄存款的统计数据

年　份	2015	2016	2017	2018	2019	2020	2021	2022	2023
居民消费总额 y/亿元	145	152	168	187	190	198	215	236	257
职工人数 x_1/万人	413	432	441	457	472	493	523	557	586
平均工资 x_2/元	5215	5304	5502	5648	5832	5980	6179	6354	6587
储蓄存款 x_3/亿元	115	125	136	157	163	187	198	216	235

（1）建立 y 对 x_1、x_2、x_3 的多元线性回归方程。

（2）假设 2024 年职工人数为 600 万人，平均工资为 6700 元，储蓄存款达 250 亿元，试预测相应的居民消费总额。

（3）编写 MATLAB 程序实现上述问题。

3. 临近年末，某公司准备制订下一年的生产经营计划，要求销售经理拟订公司各项销售计划指标。销售经理把近几年公司的销售资料做了整理，得到如表 6-16 所示数据。

表6-16　近几年公司的销售资料

销 售 指 标		本年预计	前一年	前二年	前三年	前四年	前五年	前六年
销售数量/万件	A产品	4.2	3.8	3.5	3.2	3	2.8	2.5
	B产品	1.12	1.14	1.12	1.13	1.1	1.02	0.95
	C产品	24.5	22.1	20.8	20.1	19.5	20.2	21.2
销售收入/万元	A产品	212.1	194.56	180.25	165.12	155.4	145.6	130
	B产品	168.2	170.72	167.55	168.95	165	153	142.5
	C产品	649.2	595.7	580.4	564.2	582.5	605	639
	合计	1029.5	960.98	928.2	898.27	902.9	903.6	911.5
销售费用/万元		43.8	38.5	35.4	31.4	30.2	29.5	25.6
销售利润/万元		985.7	922.48	892.8	866.87	872.7	874.1	885.9

操作流程：

（1）仔细分析表6-16中数据，确定几组因变量和自变量。

（2）建立每组指标的回归模型，确定模型中的系数。

（3）选择合适的几组模型，对该公司下一年部分销售指标进行预测。

（4）根据预测结果，拟订该公司下一年各项销售计划指标。

4. 对大学生的生活费进行预测：现在有一位家长的子女考上了你所在的学校，请你告诉他每月该给予子女多少生活费比较合适。

要求：① 给予子女的生活费与其家庭经济收入每月20000元相适应；② 家庭收入按年计算，按月平均；③ 生活费是指个人生活开支，包括购买学习用品，但不包括向学校缴纳的各项费用。

操作流程：

（1）调查本班同学的家庭收入和生活费用情况。

（2）用散点图显示家庭收入与生活费二者之间的关系，然后进行回归分析，找出二者之间的模拟函数关系。

（3）利用模型做预测，进而给这位家长提出建议。

第7章

时间序列预测法

本章要点

- 移动平均值预测法
- 指数平滑预测法
- 季节指数预测法
- ARMA 模型预测法

时间序列预测法是指将预测目标的历史数据按照时间顺序排列成时间序列，然后分析它随时间的变化趋势，并建立数学模型进行外推的定量预测方法。

7.1 移动平均值预测法

7.1.1 一次移动平均法

一次移动平均法是指收集一组观察值，计算这组观察值的均值，并利用这一均值作为下一期的预测值的预测方法。其模型为

$$M_t^{(1)} = \frac{X_t + X_{t-1} + \cdots + X_{t-N+1}}{N}$$

$$\hat{X}_{t+1} = M_t^{(1)}$$

式中，X_t 为 t 期的实际值；N 为所选数据个数；$\hat{X}_{t+1}$ 为下一期（$t+1$）的预测值。

【例 7-1】 我国2005 年—2020 年房地产开发投资额如表 7-1 所示，试用一次移动平均法预测 2021 年我国房地产开发投资额（取 $N=3$）。

表 7-1 我国 2005 年—2020 年房地产开发投资额

年　　份	2005	2006	2007	2008	2009	2010	2011	2012
投资额/万亿元	1.59	1.94	2.53	3.12	3.62	4.83	6.18	7.18
年　　份	2013	2014	2015	2016	2017	2018	2019	2020
投资额/万亿元	8.60	9.50	9.60	10.26	10.98	12.02	13.22	14.14

MATLAB 程序如下：

```
clear
X = [1.59  1.94  2.53  3.12  3.62  4.83  6.18  7.18 …
     8.60  9.50  9.60  10.26  10.98  12.02  13.22  14.14];
N = 3;
for t = 3：length(X)
    M1(t) = (X(t) + X(t - 1) + X(t - 2))/N;          %一次移动平均值
    X1(t + 1) = M1(t);                               %下一期预测值
end
M1,X1
t1 = 1：length(X);
t2 = 4：length(X) + 1
plot(t1,X,' - + ',t2,X1(4：end),' - O')
xlabel('时间/年')
ylabel('投资额/万亿元')
legend('原始数据','预测值')
```

运行结果如下：

X1 =

0	0	0	2.0200	2.5300	3.0900	3.8567	4.8767	6.0633	7.3200
8.4267	9.2333	9.7867	10.2800	11.0867	12.0733	13.1267			

投资额一次移动平均法预测拟合图如图 7-1 所示。

故当 $N = 3$ 时，2021 年房地产开发投资额的预测值为 13.1267 万亿元。

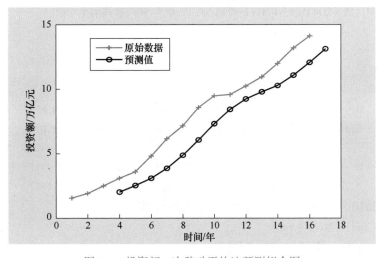

图 7-1　投资额一次移动平均法预测拟合图

7.1.2　二次移动平均法

二次移动平均法的线性模型为

$$\hat{X}_{t+T} = a_t + b_t T$$

$$M_t^{(1)} = \frac{X_t + X_{t-1} + \cdots + X_{t-N+1}}{N}$$

$$M_t^{(2)} = \frac{M_t^{(1)} + M_{t-1}^{(1)} + \cdots + M_{t-N+1}^{(1)}}{N}$$

$$a_t = 2M_t^{(1)} - M_t^{(2)}$$

$$b_t = \frac{2(M_t^{(1)} - M_t^{(2)})}{N-1}$$

式中，X_t 为 t 期的实际值；$\hat{X}_{t+T}$ 为 $t+T$ 期的预测值；t 为当前的时期数；T 为由 t 至预测期的时期数。

【例 7-2】（续【例 7-1】） 利用二次移动平均法预测 2021 年我国房地产开发投资额（取 $N=3$）。

MATLAB 程序如下：

（1）先计算一次、二次移动平均值。

```
clear
X = [1.59    1.94    2.53    3.12    3.62    4.83    6.18    7.18…
     8.60    9.50    9.60    10.26   10.98   12.02   13.22   14.14];
N = 3;
for t = 3：length(X)                        %t 从 3 开始,前两项用 0 占位置
    M1(t) = (X(t) + X(t-1) + X(t-2))/N;      %一次移动平均值
end
M1
for t = 5：length(M1)                       % t 从 5 开始是因为 M1 的前 2 项为 0
    M2(t) = (M1(t) + M1(t-1) + M1(t-2))/N;   %二次移动平均值
end
M2
```

运行结果如下：

```
M1 =
    0         0         2.0200    2.5300    3.0900    3.8567    4.8767    6.0633
    7.3200    8.4267    9.2333    9.7867    10.2800   11.0867   12.0733   13.1267
M2 =
    0         0         0         0         2.5467    3.1589    3.9411    4.9322
    6.0867    7.2700    8.3267    9.1489    9.7667    10.3844   11.1467   12.0956
```

（2）给出 2010 年—2021 年的预测值，并绘出预测图。

```
a = 2 * M1(5：end) - M2(5：end);
b = 2 * (M1(5：end) - M2(5：end))/(N-1);
T = 1;
y = a + b * T
t1 = 1：length(X);
t2 = 6：length(X) + 1;
plot(t1,X,'-+',t2,y,'-O')
xlabel('时间/年')
ylabel('投资额/万亿元')
legend('原始数据','预测值')
```

运行结果如下：

y =

  4.1767 5.2522 6.7478 8.3256 9.7867 10.7400 11.0467 11.0622

  11.3067 12.4911 13.9267 15.1889

投资额二次移动平均法预测拟合图如图 7-2 所示。

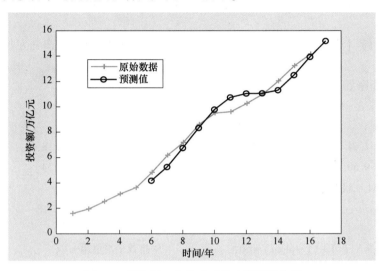

图 7-2　投资额二次移动平均法预测拟合图

从图 7-1 和图 7-2 可知，二次移动平均法比一次移动平均预测效果要好，且 2021 年房地产开发投资额的预测值为 15.1889 万亿元。

（3）以最后一项为基期可以进行多期预测，例如，以 2020 年作为当期数，预测未来五年的预测值，则 MATLAB 程序如下：

```
a1 = 2 * M1(end) - M2(end)            %2020 年为基期
b1 = 2 * (M1(end) - M2(end))/(N - 1)  %2020 年为基期
T1 = 1 : 5;                           %未来五年
y1 = a1 + b1 * T1                     %2021 年—2025 年的预测值
```

运行结果如下：

y1 =

  15.1889 16.2200 17.2511 18.2822 19.3133

故 2021 年—2025 年房地产开发投资额的预测值分别为 15.1889 万亿元、16.2200 万亿元、17.2511 万亿元、18.2822 万亿元和 19.3133 万亿元。

7.2　指数平滑预测法

7.2.1　一次指数平滑法

一次指数平滑法的基本模型为

$$S_t^{(1)} = \alpha X_t + (1 - \alpha) S_{t-1}^{(1)}$$

或

$$S_t^{(1)} = \alpha X_t + \alpha(1-\alpha)X_{t-1} + \cdots + \alpha(1-\alpha)^{t-1}X_1 + (1-\alpha)^t S_0^{(1)}$$

下一期的预测值为

$$\hat{X}_{t+1} = S_t^{(1)}$$

式中，X_t 为时间序列第 t 期的观测值；$S_t^{(1)}$ 为观测值的一次指数平滑值；α 为平滑系数，$0 < \alpha < 1$。

【例 7-3】（续【例 7-1】） 利用一次指数平滑法预测 2021 年房地产开发投资额（取 $\alpha = 0.7$、0.8、0.9）。

MATLAB 程序如下：

（1）先计算 $\alpha = 0.9$ 的情况。

```
clear
X = [1.59    1.94    2.53    3.12    3.62    4.83    6.18    7.18 …
     8.60    9.50    9.60    10.26   10.98   12.02   13.22   14.14];
X0 = X(1); X1 = X(2:end);
alpha = 0.9;
S0 = X0;                                  % 初始值
S1(1) = alpha * X1(1) + (1 - alpha) * S0;       % 指数平滑值第一项
for t = 1:length(X1) - 1
    S1(t + 1) = alpha * X1(t + 1) + (1 - alpha) * S1(t);
end
S1                                       % 指数平滑值全部项
S = [S0 S1];
MSE = sum((X1 - S(1:length(X1))).^2)./length(X1)  % 均方误差
```

运行结果如下：

```
S1 =
    1.9050    2.4675    3.0548    3.5635    4.7033    6.0323    7.0652    8.4465
    9.3947    9.5795   10.1919   10.9012   11.9081   13.0888   14.0349
MSE =
    1.0020
```

故当 $\alpha = 0.9$ 时，2021 年房地产开发投资额的预测值为 14.0349 万亿元，均方误差为 1.0020。

（2）将 $\alpha = 0.7$、0.8，代入上述程序即得结果如下：

当 $\alpha = 0.7$ 时，2021 年房地产开发投资额的预测值为 13.7201 万亿元，均方误差为 1.5482。

当 $\alpha = 0.8$ 时，2021 年房地产开发投资额的预测值为 13.8983 万亿元，均方误差为 1.2294。

所以，三者比较后应选 $\alpha = 0.9$，绘制其预测值对应的拟合图的 MATLAB 程序如下：

```
t1 = 1:length(X);
t2 = 2:length(X) + 1
```

```
plot(t1,X,' - + ',t2,S,' - O')
xlabel('时间/年')
ylabel('投资额/万亿元')
legend('原始数据','预测值')
```

投资额一次指数平滑法预测拟合图如图 7-3 所示。

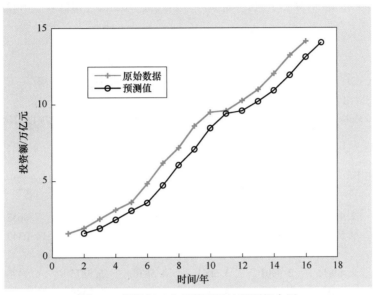

图 7-3 投资额一次指数平滑法预测拟合图

一次指数平滑法比较简单，但必须设法找到最佳的 α 值，以使均方差最小，这需要通过反复试验确定。

7.2.2 二次指数平滑法

二次指数平滑法的线性模型为

$$\hat{X}_{t+T} = a_t + b_t T$$

其中，

$$a_t = 2S_t^{(1)} - S_t^{(2)}$$

$$b_t = \frac{\alpha}{1-\alpha}(S_t^{(1)} - S_t^{(2)})$$

$$S_t^{(1)} = \alpha X_t + (1-\alpha)S_{t-1}^{(1)}$$

$$S_t^{(2)} = \alpha S_t^{(1)} + (1-\alpha)S_{t-1}^{(2)}$$

式中，$S_t^{(1)}$ 和 $S_t^{(2)}$ 分别是一次指数平滑值和二次指数平滑值；X_t 为 t 期的实际值；$\hat{X}_{t+T}$ 为 $t+T$ 期的预测值；α 为平滑系数，$0 < \alpha < 1$。

【例 7-4】（续【例 7-1】） 试用二次指数平滑法预测 2021 年房地产开发投资额（$\alpha = 0.9$）。

（1）先计算一次、二次指数平滑值。

```
clear
X = [1.59    1.94    2.53    3.12    3.62    4.83    6.18    7.18 …
     8.60    9.50    9.60    10.26   10.98   12.02   13.22   14.14];
```

```
X0 = X(1); X1 = X(2:end);
alpha = 0.9;
S10 = X0;                                    %S1 的初始值
S1(1) = alpha * X1(1) + (1 - alpha) * S10;        %一次指数平滑值第一项
for t = 1:length(X1) - 1
    S1(t + 1) = alpha * X1(t + 1) + (1 - alpha) * S1(t);%一次指数平滑值第二项以后项
end
S1
S20 = X0;                                    %S2 的初始值
S2(1) = alpha * S1(1) + (1 - alpha) * S20;        %二次指数平滑值第一项
for t = 1:length(S1) - 1
    S2(t + 1) = alpha * S1(t + 1) + (1 - alpha) * S2(t);%二次指数平滑值第二项以后项
end
S2
```

运行结果如下：

```
S1 =
    1.9050    2.4675    3.0548    3.5635    4.7033    6.0323    7.0652    8.4465
    9.3947    9.5795   10.1919   10.9012   11.9081   13.0888   14.0349
S2 =
    1.8735    2.4081    2.9901    3.5061    4.5836    5.8875    6.9475    8.2966
    9.2848    9.5500   10.1278   10.8239   11.7997   12.9599   13.9274
```

（2）预测 2021 年及以前的全部预测值。

```
a = 2 * S1(1:end) - S2(1:end);
b = alpha/(1 - alpha) * (S1(1:end) - S2(1:end));
T = 1;
y = a + b * T
Y = [X0,y];
MSE = sum((X(2:end) - Y(1:end - 1)).^2)./(length(X) - 1)    %均方误差
t1 = 1:length(X);
t2 = 2:length(X) + 1;
plot(t1,X,' - + ',t2,Y,' - O ')
xlabel('时间/年')
ylabel('投资额/万亿元')
legend('原始数据','预测值')
```

运行结果如下：

```
y =
    2.2200    3.0615    3.7014    4.1369    5.9006    7.4810    8.2430    9.9456
   10.4927    9.8741   10.8339   11.6746   12.9924   14.3779   15.1099
MSE =
    0.1599
```

投资额二次指数平滑法预测拟合图如图 7-4 所示。

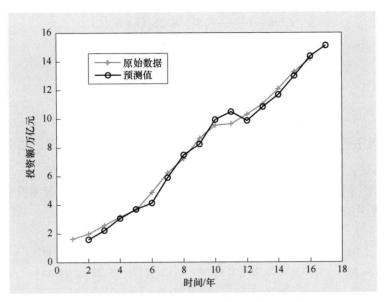

图 7-4 投资额二次指数平滑法预测拟合图

从图 7-4 可知，当 $\alpha = 0.9$ 时，2021 年房地产开发投资额的预测值为 15.1099 万亿元，均方误差为 0.1599。

（3）以最后一项为基期可以进行多期预测。例如，以 2020 年作为当期数，预测未来五年的预测值，则 MATLAB 程序如下：

```
a1 = 2 * S1(end) - S2(end)                      %2020 年为基期
b1 = alpha/(1 - alpha) * (S1(end) - S2(end))    %2020 年为基期
T1 = 1：5；                                      %未来五年
y1 = a1 + b1 * T1                               %2021 年—2025 年的预测值
```

运行结果如下：
```
y1 =
    15.1099   16.0773   17.0448   18.0123   18.9798
```

故 2021 年—2025 年房地产开发投资额的预测值分别为 15.1099 万亿元、16.0773 万亿元、17.0448 万亿元、18.0123 万亿元和 18.9798 万亿元。

7.2.3 三次指数平滑法

三次指数平滑法是对二次指数平滑值再进行一次平滑，并以此估计二次多项式参数的一种平滑方法。其非线性模型为

$$\hat{X}_{t+T} = a_t + b_t T + \frac{1}{2} c_t T^2$$

其中

$$a_t = 3S_t^{(1)} - 3S_t^{(2)} + S_t^{(3)}$$

$$b_t = \frac{\alpha}{2(1-\alpha)^2} \left[(6 - 5\alpha)S_t^{(1)} - (10 - 8\alpha)S_t^{(2)} + (4 - 3\alpha)S_t^{(3)} \right]$$

$$c_t = \frac{\alpha^2}{(1-\alpha)^2}(S_t^{(1)} - 2S_t^{(2)} + S_t^{(3)})$$

$$S_0^{(1)} = S_0^{(2)} = S_0^{(3)} = X_0$$

$$S_t^{(1)} = \alpha X_t + (1-\alpha)S_{t-1}^{(1)}$$

$$S_t^{(2)} = \alpha S_t^{(1)} + (1-\alpha)S_{t-1}^{(2)}$$

$$S_t^{(3)} = \alpha S_t^{(2)} + (1-\alpha)S_{t-1}^{(3)}$$

式中，X_t 为时间序列第 t 期观测值；$S_t^{(1)}$、$S_t^{(2)}$ 和 $S_t^{(3)}$ 分别是一次平滑、二次平滑和三次平滑；α 为平滑系数；T 为预测期距当前期长度；$\hat{X}_{t+T}$ 为第 $t+T$ 期预测值。

【例7-5】（续【例7-1】） 试用三次指数平滑法预测2021年房地产开发投资额（$\alpha = 0.9$）。

MATLAB 程序如下：

```
clear
X = [1.59    1.94    2.53    3.12    3.62    4.83    6.18    7.18…
     8.60    9.50    9.60    10.26    10.98    12.02    13.22    14.14];
alpha = 0.9;
% 一次指数平滑值
X0 = X(1);X1 = X(2:end);
S10 = X0;
S1(1) = alpha * X1(1) + (1 - alpha) * S10;
for t = 1:length(X1) - 1
    S1(t+1) = alpha * X1(t+1) + (1 - alpha) * S1(t);
end
% 二次指数平滑值
S20 = X0;
S2(1) = alpha * S1(1) + (1 - alpha) * S20;
for t = 1:length(S1) - 1
    S2(t+1) = alpha * S1(t+1) + (1 - alpha) * S2(t);
end
% 三次指数平滑值
S30 = X0;
S3(1) = alpha * S2(1) + (1 - alpha) * S30;
for t = 1:length(S2) - 1
    S3(t+1) = alpha * S2(t+1) + (1 - alpha) * S3(t);
end
a = 3 * S1(1:end) - 3 * S2(1:end) + S3(1:end);
b = 0.5 * alpha/(1 - alpha)^2 * ((6 - 5 * alpha) * S1(1:end)…
    - (10 - 8 * alpha) * S2(1:end) + (4 - 3 * alpha) * S3(1:end));
c = (alpha/(1 - alpha))^2 * (S1(1:end) - 2 * S2(1:end) + S3(1:end));
T = 1;
y = a + b * T + 0.5 * c * T^2                    % 三次指数平滑法预测值
Y = [X0,y];
```

$$MSE = sum((X(2:end) - Y(1:end - 1)).^2)./(length(X) - 1) \quad \% 均方误差$$

$t1 = 1:length(X);$

$t2 = 2:length(X) + 1;$

$plot(t1,X,'-+',t2,Y,'-o')$

$xlabel('时间/年')$

$ylabel('投资额/万亿元')$

$legend('原始数据','预测值')$

运行结果如下：

y =

2.5350	3.3720	3.7851	4.0720	6.5179	7.7943	8.0034	10.2429
10.1214	9.0335	11.0972	11.8325	13.3190	14.6154	14.9195	

MSE =

0.2832

故当 $\alpha = 0.9$ 时，2021 年房地产开发投资额的预测值为 14.9195 万亿元，均方误差为 0.2832。

投资额三次指数平滑法预测拟合图如图 7-5 所示。

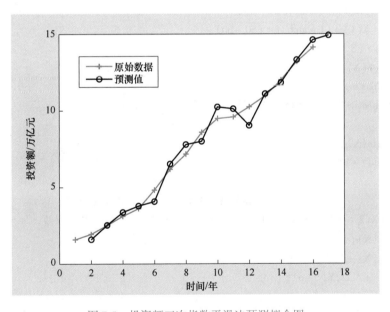

图 7-5 投资额三次指数平滑法预测拟合图

7.2.4 霍尔特双参数线性指数平滑法

霍尔特双参数线性指数平滑法的基本原理与二次指数平滑法相似，只不过它并不是进行二次指数平滑，而是对序列的趋势直接进行平滑。

霍尔特双参数线性指数平滑法的模型为

$$\hat{X}_{t+T} = S_t + b_t T$$

$$\begin{cases} S_0 = X_0 \\ b_0 = \dfrac{(X_n - S_0)}{n-1} \\ S_t = \alpha X_t + (1-\alpha)(S_{t-1} + b_{t-1}) \\ b_t = \gamma(S_t - S_{t-1}) + (1-\gamma)b_{t-1} \end{cases}$$

式中，$X_t(t=1,2,\cdots,n)$ 为时间序列第 t 期的观测值；α 和 γ 为两个平滑参数，取值范围都在 $(0,1)$ 区间；S_t 为第 t 期平滑值；b_t 为第 t 期趋势值；T 为预测期到当期的长度；$\hat{X}_{t+T}$ 为第 $t+T$ 期的预测值。

【例 7-6】（续【例 7-1】） 试用霍尔特双参数线性指数平滑法预测 2021 年我国房地产开发投资额（取 $\alpha = 0.9$，$\gamma = 0.9$）。

MATLAB 程序如下：

```
clear
X = [1.59    1.94    2.53    3.12    3.62    4.83    6.18    7.18…
     8.60    9.50    9.60    10.26    10.98    12.02    13.22    14.14];
alpha = 0.9; gamma = 0.9;
S0 = X(1);
b0 = (X(end) - X(1))/(length(X) - 1);
S(1) = alpha * X(1) + (1 - alpha) * (S0 + b0);
b(1) = gamma * (S(1) - S0) + (1 - gamma) * b0;
for t = 2 : length(X)
    S(t) = alpha * X(t) + (1 - alpha) * (S(t-1) + b(t-1));
    b(t) = gamma * (S(t) - S(t-1)) + (1 - gamma) * b(t-1);
end
for t = 1 : length(X)
    Y(t) = S(t) + b(t);
end
Y                                 %霍尔特双参数线性指数平滑法预测值
MSE = sum(((X(2 : end) - Y(1 : end-1)).^2)./(length(X) - 1)   %均方误差
t1 = 1 : length(X);
t2 = 2 : length(X) + 1;
plot(t1, X, '- +', t2, Y, '- o')
xlabel('时间/年')
ylabel('投资额/万亿元')
legend('原始数据', '预测值')
```

运行结果如下：

```
Y =
    1.8326    2.1752    3.0278    3.7188    4.1579    5.8352    7.4972    8.3065
    9.9032    10.5463    9.9341    10.7309    11.6603    12.9806    14.3865    15.1554
MSE =
    0.1591
```

故当 $\alpha = 0.9$、$\gamma = 0.9$ 时，2021 年房地产开发投资额的预测值为 15.1554 万亿元，均方

误差为 0.1591。

投资额霍尔特双参数线性指数平滑法预测拟合图如图 7-6 所示。

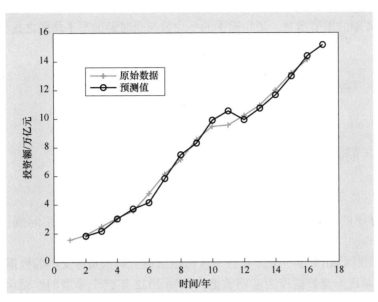

图 7-6　投资额霍尔特双参数线性指数平滑法预测拟合图

7.3　季节指数预测法

季节指数预测法是指经济变量在一年内以季（月）的循环为周期特征，通过计算季节指数达到预测目的的一种方法。使用这种方法首先要分析判断时间序列数据是否呈现季节性波动：一般将 3~5 年的资料按季（月）展开，绘制历史曲线图，观察其在一年内有无周期性波动来做判断。在下面的讨论中，设时间序列数据为 $X_1, X_2, \cdots, X_{4n}$，n 为年数，每年取四个季度。

7.3.1　季节性水平模型

如果时间序列没有明显的趋势变动，就主要受季节变化和不规则变动影响，则可用季节性水平模型进行预测。预测模型的方法如下：

（1）计算历年同季的平均数。

$$\begin{cases} r_1 = \dfrac{1}{n}(X_1 + X_5 + \cdots + X_{4n-3}) \\[2mm] r_2 = \dfrac{1}{n}(X_2 + X_6 + \cdots + X_{4n-2}) \\[2mm] r_3 = \dfrac{1}{n}(X_3 + X_7 + \cdots + X_{4n-1}) \\[2mm] r_4 = \dfrac{1}{n}(X_4 + X_8 + \cdots + X_{4n}) \end{cases}$$

（2）计算全部季度的总平均数。

$$y = \frac{1}{4n} \sum_{i=1}^{4n} X_i$$

（3）计算各季的季节指数。历年同季的平均数与全时期的季平均数之比，即

$$\alpha_i = \frac{r_i}{y} \qquad (i = 1,2,3,4)$$

若各季的季节指数之和不为 4，季节指数需要调整为

$$F_i = \frac{4}{\sum \alpha_i} \alpha_i \qquad (i = 1,2,3,4)$$

（4）利用季节指数法进行预测。

$$\hat{X}_t = X_i \frac{\alpha_t}{\alpha_i}$$

式中，$\hat{X}_t$ 为第 t 季的预测值；α_t 为第 t 季的季节指数；X_i 为第 i 季的实际值；α_i 为第 i 季的季节指数。

【例 7-7】 我国 2015 年—2021 年各季度城镇居民人均消费性支出的数据如表 7-2 所示，试利用 2021 年第四季度数据作为基期数据，预测 2022 年四个季度的城镇居民人均消费性支出。

表 7-2　2015 年—2021 年各季度城镇居民人均消费性支出　　　　　（单位：元）

年　　份	季　　度			
	1	2	3	4
2015	5534	4867	5235	5756
2016	5970	5215	5612	6282
2017	6387	5544	5915	6599
2018	6749	5996	6269	7098
2019	7160	6405	6814	7684
2020	6478	6007	6762	7760
2021	7495	7071	7415	8326

MATLAB 程序如下：

（1）根据所给数据，绘制历史曲线图，观察数据的季节性波动。

```
clear
X = [5534    4867    5235    5756
     5970    5215    5612    6282
     6387    5544    5915    6599
     6749    5996    6269    7098
     7160    6405    6814    7684
     6478    6007    6762    7760
     7495    7071    7415    8326];
Y = X';                          % 将年度数据转化为按列、季度数据转化为按行排列
```

```
Z = Y( : ) ;                          % 矩阵转换为一列向量
t = 1 : length( Z ) ;
plot( t, Z, ' - o ')
xlabel( '时间/季度')
ylabel( '人均消费支出/元')
```

运行结果如图 7-7 所示。

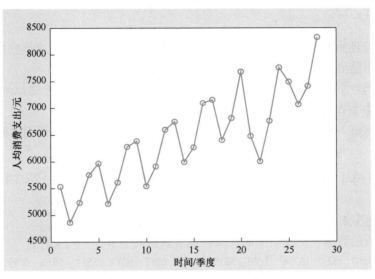

图 7-7　2015 年—2021 年城镇居民人均消费支出历史曲线

（2）计算季节指数并预测。

```
r = mean( X )                         % 历年同季平均数
R = mean( X( : ) )                    % 全部季度总平均数
b = r. /R                             % 各季季节指数
F = 4/sum( b ) * b                    % 调整各季季节指数
% 以 2021 年第四季度作为基期
I = X( end ) * ( F. /F( 4 ) )         % 2022 年第一至四季度预测值
```

运行结果如下：

```
r =
    1.0e + 03  *
    6. 5390    5. 8721    6. 2889    7. 0721
R =
    6. 4430e + 03
b =
    1. 0149    0. 9114    0. 9761    1. 0976
F =
    1. 0149    0. 9114    0. 9761    1. 0976
I =
    1.0e + 03  *
    7. 6983    6. 9132    7. 4038    8. 3260
```

故 2022 年第一至四季度城镇居民人均消费性支出的预测值分别为 7698.3 元、6913.2 元、7403.8 元和 8326.0 元。

7.3.2 季节性趋势模型

当时间序列既有季节性变动又有趋势性变动时，先建立季节性趋势预测模型，在此基础上求得季节指数，再建立预测模型。其过程如下：

（1）计算历年同季平均数 r。

（2）建立趋势预测模型求趋势值 $\hat{X}_t$，直接用原始数据时间序列建立线性回归模型即可。

（3）计算出趋势值后，再计算趋势值历年同季的平均数 R。

（4）计算趋势季节指数 k，用同季平均数 r 与趋势值同季平均数 R 之比来计算。

（5）对趋势季节指数进行修正。

（6）求预测值。将预测期的趋势值乘以该期的趋势季节指数，即预测模型为

$$\hat{X}'_t = k \hat{X}_t$$

【例 7-8】（续【例 7-7】）　试用季节性趋势模型预测 2022 年第一至四季度城镇居民人均消费性支出。

MATLAB 程序如下：

（1）根据所给数据，绘制历史曲线图，观察数据的季节性和趋势性。

```
X = [5534  4867  5235  5756  5970  5215  5612  6282  6387  5544  5915  6599  6749  5996 …
     6269  7098  7160  6405  6814  7684  6478  6007  6762  7760  7495  7071  7415  8326];
t = 1:length(X);
plot(t,X,'-o')                          % 显示结果见图 7-7
xlabel('时间/季度');ylabel('人均消费支出/元')
```

（2）计算历年同季平均数。

```
r1 = mean(X(1:4:length(X)));
r2 = mean(X(2:4:length(X)));
r3 = mean(X(3:4:length(X)));
r4 = mean(X(4:4:length(X)));
r = [r1 r2 r3 r4]                       % 历年同季平均数
```

（3）计算趋势预测值。

```
p = polyfit(t,X,1);                     % 拟合得到长期趋势参数
T = polyval(p,t);                       % 计算长期趋势预测值
```

（4）计算趋势值各年同季平均数。

```
R1 = mean(T(1:4:length(T)));
R2 = mean(T(2:4:length(T)));
R3 = mean(T(3:4:length(T)));
R4 = mean(T(4:4:length(T)));
R = [R1 R2 R3 R4]                       % 趋势值各年同季平均数
```

（5）计算并调整趋势季节指数。

```
k = r./R                                % 趋势季节指数
K = 4/sum(k)*k                          % 调整趋势季节指数
```

（6）预测 2022 年第一至四季度城镇居民人均消费性支出。

```
t1 = length(X) + 1 : length(X) + 4;          %2022 年第一至四季度时间
T1 = polyval(p,t1)                           %计算 2022 年趋势预测值
Y = K. * T1                                  %计算 2022 年最终预测值
plot(t,X,' - o',t1,Y,' - * ',[t,t1],[T,T1],' - ')
xlabel('时间/季度')
ylabel('人均消费支出/元')
```

运行结果如下：

```
r =
   1.0e +03 *
    6.5390    5.8721    6.2889    7.0721
p =
   1.0e +03 *
    0.0875    5.1737
R =
   1.0e +03 *
    6.3117    6.3993    6.4868    6.5743
k =
    1.0360    0.9176    0.9695    1.0757
K =
    1.0363    0.9179    0.9698    1.0760
Y =
   1.0e +03 *
    7.9924    7.1595    7.6490    8.5813
```

显示结果的预测图如图 7-8 所示。

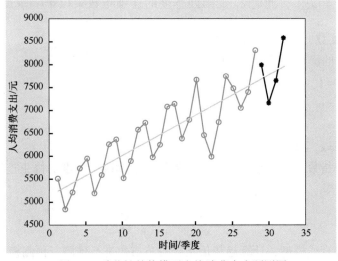

图 7-8　季节性趋势模型人均消费支出预测图

从结果来看，建立的线性趋势模型为

$$T = 87.5t + 5173.7$$

且四个季度的调整趋势季节指数分别 1.0363、0.9179、0.9698 和 1.0760。故 2022 年第一至四季度城镇居民人均消费性支出的预测值分别为 7992.4 元、7159.5 元、7649.0 元和 8581.3 元。

7.3.3 季节性环比法模型

季节性趋势模型易于消除季节变动计算季节指数，但难以消除周期变动因素。

季节性环比法是指积累历年（至少三年）各月或各季的历史资料，逐期计算环比，加以平均，求出季节指数的季节预测方法。下面以一年四个季度为例说明其方法的使用。

（1）求逐期环比。将本期实际值和前期实际值相比，即

$$h_t = \frac{X_t}{X_{t-1}} \quad (t = 1, 2, \cdots, 4n)$$

注意：第一期的环比不能计算。

（2）计算同季环比平均数。

$$\bar{h}_1 = \frac{1}{n-1} \sum_{i=2}^{n} h_{t_i}$$

$$\bar{h}_i = \frac{1}{n} \sum_{i=1}^{n} h_{t_i} \quad (i = 2, 3, 4)$$

（3）计算各季连锁指数。以第一季度为固定基准期，其连锁指数为 $c_1 = 1$，后面各季平均环比逐期连乘，得各季连锁指数。

$$c_i = c_{i-1} \bar{h}_i \quad (i = 2, 3, 4)$$

（4）根据趋势变动修正连锁指数。如果没有趋势变动，基准期的连锁指数 c_1 应为 1；若求出来的基准期（第一季度）的连锁指数 c_1 不为 1，则存在趋势变动的影响，应加以修正。其修正值为 $d = \frac{c_1 - 1}{N}$，此时 c_1 是第四季度的连锁指数乘以第一季度的平均环比，即 $c_1 = c_4 \bar{h}_1$，N 为季度数，此时 $N = 4$。

各季扣除 d 后的修正连锁指数 c_i' 应为

第一季度：$c_1' = 1$

第二季度：$c_2' = c_2 - d$

第三季度：$c_3' = c_3 - 2d$

第四季度：$c_4' = c_4 - 3d$

（5）计算季节指数。用各季修正连锁指数除以全部四个季度的修正连锁指数的平均数，得各季季节指数，即

$$F_i = \frac{c_i'}{\bar{c}_i'}, \quad \bar{c}_i' = \frac{1}{4} \sum_{i=1}^{4} c_i'$$

（6）配合趋势直线模型，计算趋势值结合季节指数进行预测。预测模型为

$$\hat{y}_i = (a + bt) F_i$$

【例 7-9】（续【例 7-7】）　试用季节性环比法预测 2022 年第一至四季度居民人均消费性支出。

MATLAB 程序如下:

（1）根据所给数据，绘制历史曲线。

$X = [5534 \quad 4867 \quad 5235 \quad 5756 \quad 5970 \quad 5215 \quad 5612 \quad 6282 \quad 6387 \quad 5544 \quad 5915 \quad 6599 \quad 6749 \quad 5996 \cdots$
$\quad 6269 \quad 7098 \quad 7160 \quad 6405 \quad 6814 \quad 7684 \quad 6478 \quad 6007 \quad 6762 \quad 7760 \quad 7495 \quad 7071 \quad 7415 \quad 8326];$

$t = 1 : \text{length}(X);$

$\text{plot}(t, X, '-o')$ %显示结果见图7-7

$\text{xlabel}('时间/季度');\text{ylabel}('人均消费支出/元')$

（2）计算季节指数。

$h = X(2:\text{end})./X(1:\text{end}-1)$	%各期环比
$h1 = \text{mean}(h(4:4:\text{end}))$	%第一季度同季环比平均数
$h2 = \text{mean}(h(1:4:\text{end}))$	%第二季度同季环比平均数
$h3 = \text{mean}(h(2:4:\text{end}))$	%第三季度同季环比平均数
$h4 = \text{mean}(h(3:4:\text{end}))$	%第四季度同季环比平均数
$H1 = [h1 \; h2 \; h3 \; h4]$	%四个季度同季环比平均数
$H2 = [1 \; h2 \; h3 \; h4]$	%第一季度基准期为1的四个季度同季环比平均数
$c = \text{cumprod}(H2)$	%四个季度连锁指数
$c1 = c(4) * H1(1)$	%第一季度连锁指数
$d = (c1-1)/4$	%修正值
$C1 = 1$	%第一季度修正连锁指数
$C2 = c(2) - d$	%第二季度修正连锁指数
$C3 = c(3) - 2*d$	%第三季度修正连锁指数
$C4 = c(4) - 3*d$	%第四季度修正连锁指数
$C = [C1 \; C2 \; C3 \; C4]$	%汇总修正连锁指数
$F = C./\text{mean}(C)$	%季节指数

运行结果如表7-3所示。

表7-3 环比法季节指数计算过程

项 目	季 度			
	1	2	3	4
2015 年环比		0.8795	1.0756	1.0995
2016 年环比	1.0372	0.8735	1.0761	1.1194
2017 年环比	1.0167	0.8680	1.0669	1.1156
2018 年环比	1.0227	0.8884	1.0455	1.1322
2019 年环比	1.0087	0.8946	1.0639	1.1277
2020 年环比	0.8431	0.9273	1.1257	1.1476
2021 年环比	0.9659	0.9434	1.0486	1.1229
同季环比平均数 H1	0.9824	0.8964	1.0718	1.1236
连锁指数 c	1.0000 1.0604	0.8984	0.9607	1.0794
修正值 d	0.0151			
修正连锁指数 C	1	0.8813	0.9305	1.0341
季节指数 F	1.0401	0.9166	0.9678	1.0756

（3）计算趋势值与预测值。

```
p = polyfit(t,X,1)
T = polyval(p,t)
t1 = length(X) + 1∶length(X) + 4;
T1 = polyval(p,t1)
Y = F. * T1                    % 2022 年预测值
plot(t,X,' - o',t1,Y,' - + ',[t,t1],[T,T1],' - k')
xlabel('时间/季度');
ylabel('人均消费支出/元')
```

运行结果如下：

```
Y =
   1.0e + 03  *
    8.0213    7.1493    7.6334    8.5775
```

显示结果的预测图如图 7-9 所示。

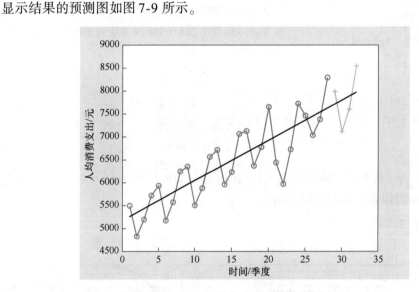

图 7-9　环比法人均消费支出预测图

　　故 2022 年第一至四季度城镇居民人均消费性支出的预测值分别为 8021.3 元、7149.3 元、7633.4 元和 8577.5 元。

7.4　时间序列分解法

　　时间序列分解法是把时间序列按影响因素不同进行分离，分析并预测每一因素随时间变化的结果，并把各因素的预测值按一定模型组合的方法。

　　1. 时间序列数据的影响因素

　　时间序列数据通常受到各种因素的影响，主要有长期趋势、季节变动、周期变动和不规则变动。

　　（1）长期趋势因素（T）。它反映了经济现象在一个较长时间内的发展方向，它可以在一段相当长的时间内表现为一种近似直线的持续向上或持续向下或平稳的趋势。

（2）季节变动因素（S）。它是经济现象受季节变动影响所形成的一种长度和幅度固定的周期波动。

（3）周期变动因素（C）。周期变动因素也称循环变动因素，它是受各种经济因素影响形成的上下起伏不定的波动。

（4）不规则变动因素（I）。它是受各种偶然性因素影响所引起的变动，包括突变和随机变动。

2. 乘法分解模型

乘法模型的形式为

$$X_t = T_t S_t C_t I_t$$

式中，X_t 为时间序列的全变动；T_t 为长期趋势；S_t 为季节变动；C_t 为循环变动；I_t 为不规则变动。

（1）X_t 与 T_t 用绝对数表示，S_t、C_t 与 I_t 用相对数（百分数）表示。

（2）$\sum\limits_{t=1}^{k} S_t = k$。

（3）I_t 为独立服从正态分布的随机变量。

3. 确定上述各个因素的步骤

（1）用一次移动平均值 $MA = TC$ 分析长期趋势 T 与循环变动 C。

（2）用时间序列观察值除以一次移动平均值，即 $X/MA = SI$ 分析季节性 S 与随机性 I。

（3）用季节性 S 与随机性 I 之积的平均值 $\overline{SI} = S$ 分析季节性。

（4）用趋势外推法分析长期趋势 T。

（5）用一次移动平均值除以长期趋势，即 $MA/T = C$ 分析循环变动 C。

（6）将时间序列的 T、S、C 分离出来后，剩余的即为不规则变动，即 $I = X/(TSC)$。

在实际运算时，可以不考虑随机因素，而直接用前三种因素来处理，即

$$X_t = T_t S_t C_t$$

【例 7-10】（续【例 7-7】） 试用序列分解模型预测 2022 年第一至四季度城镇居民人均消费性支出。

MATLAB 程序如下：

（1）计算一次移动平均值 MA，分析长期趋势与循环变动。

```
X = [5534  4867  5235  5756  5970  5215  5612  6282  6387  5544  5915  6599  6749  5996 …
     6269  7098  7160  6405  6814  7684  6478  6007  6762  7760  7495  7071  7415  8326];
for t = 1：length(X) − 3
    MA1(t) = (X(t) + X(t + 1) + X(t + 2) + X(t + 3))/4;
end
% 四项移动平均值所得出的结果应放在第 2.5 季度的位置，若将其放在第三季度的位置，
% 需将一次移动平均值 MA1 的前后两项再取平均数
MA = (MA1(1：end − 1) + MA1(2：end))/2
```

（2）分析季节性与随机性 SI，即计算 X 与 MA 的比率。

```
SI = 100 ∗ X(3：end − 2)./MA
```

（3）用各年同季平均，去掉 SI 中的随机性，得到季节指数 r，并计算修正季节指数 R。

$r1 = mean(SI(3:4:end));$

$r2 = mean(SI(4:4:end));$

$r3 = mean(SI(1:4:end));$

$r4 = mean(SI(2:4:end));$

$r = [r1 \ r2 \ r3 \ r4];$

$R = r./mean(r)$

（4）用趋势外推法分析长期趋势 T。

$m = 1:length(X);$

$p = polyfit(m,X,1)$

$T = polyval(p,m);$

（5）计算循环变动 C。

$C = MA./T(3:end-2);$

（6）预测 2022 年第一至四季度城镇居民人均消费性支出。

$n = length(X)+1:length(X)+4$	%2022 年第一至四季度时间
$T1 = polyval(p,n)$	%2022 年第一至四季度趋势项
$C1 = mean(C)$	%取循环变动 C 的均值
$X1 = T1.*C1.*R$	%2022 年第一至四季度预测值

运行结果如下：

```
R =
    1.0382    0.9186    0.9690    1.0741
p =
    1.0e+03 *
    0.0875    5.1737
C1 =
    0.9986
X1 =
    1.0e+03 *
    7.9961    7.1551    7.6325    8.5539
```

其他运行结果和格式如表 7-4 所示。

表 7-4　运行结果汇总表

季 度 序 号	观察值 X	移动平均值 $MA = TC$	比率 $X/MA = SI$	长期趋势 T	循环变动 C
1	5534	—	—	5261.27	—
2	4867	—	—	5348.81	—
3	5235	5402.50	96.90	5436.35	0.9938
4	5756	5500.50	104.65	5523.88	0.9958
5	5970	5591.13	106.78	5611.42	0.9964
6	5215	5704.00	91.43	5698.96	1.0009
7	5612	5821.88	96.40	5786.50	1.0061
8	6282	5915.13	106.20	5874.04	1.0070
9	6387	5994.13	106.55	5961.57	1.0055

（续）

季度序号	观察值 X	移动平均值 MA = TC	比率 X/MA = SI	长期趋势 T	循环变动 C
10	5544	6071.63	91.31	6049.11	1.0037
11	5915	6156.50	96.08	6136.65	1.0032
12	6599	6258.25	105.44	6224.19	1.0055
13	6749	6359.00	106.13	6311.73	1.0075
14	5996	6465.63	92.74	6399.27	1.0104
15	6269	6579.38	95.28	6486.80	1.0143
16	7098	6681.88	106.23	6574.34	1.0164
17	7160	6801.13	105.28	6661.88	1.0209
18	6405	6942.50	92.26	6749.42	1.0286
19	6814	6930.50	98.32	6836.96	1.0137
20	7684	6795.50	113.07	6924.50	0.9814
21	6478	6739.25	96.12	7012.03	0.9611
22	6007	6742.25	89.09	7099.57	0.9497
23	6762	6878.88	98.30	7187.11	0.9571
24	7760	7139.00	108.70	7274.65	0.9814
25	7495	7353.63	101.92	7362.19	0.9988
26	7071	7506.00	94.20	7449.73	1.0076
27	7415	—	—	7537.26	—
28	8326	—	—	7624.80	—

故 2022 年第一至四季度城镇居民人均消费性支出的预测值分别为 7996.1 元、7155.1 元、7632.5 元和 8553.9 元。

7.5　ARMA 模型预测法

7.5.1　ARMA 模型的基本形式

1. ARMA（p，q）模型的三种基本形式

（1）自回归模型 AR(p）。如果时间序列 $\{X_n\}$ 满足

$$X_n = \phi_1 X_{n-1} + \cdots + \phi_p X_{n-p} + \varepsilon_n$$

式中，ε_n 是独立同分布的随机变量序列，且满足 $E(\varepsilon_n) = 0$，$\mathrm{Var}(\varepsilon_n) = \sigma_\varepsilon^2 > 0$，则称时间序列 $\{X_n\}$ 服从 p 阶自回归模型 AR(p），ϕ_1，$\cdots$，ϕ_p 为自回归系数。

（2）移动平均模型 MA(q）。如果时间序列 $\{X_n\}$ 满足

$$X_n = \varepsilon_n - \theta_1 \varepsilon_{n-1} - \cdots - \theta_q \varepsilon_{n-q}$$

则称时间序列 $\{X_n\}$ 服从 q 阶移动平均模型 MA(q），θ_1，$\cdots$，θ_q 为移动平均系数。

（3）自回归移动平均模型 ARMA(p，q）。如果时间序列 $\{X_n\}$ 满足

$$X_n - \phi_1 X_{n-1} - \cdots - \phi_p X_{n-p} = \varepsilon_n - \theta_1 \varepsilon_{n-1} - \cdots - \theta_q \varepsilon_{n-q}$$

则称时间序列 $\{X_n\}$ 服从 (p,q) 阶自回归移动平均模型 $\mathrm{ARMA}(p,q)$。其中，$\phi_1, \cdots, \phi_p$ 为自回归系数；$\theta_1, \cdots, \theta_q$ 为移动平均系数。

2. 模型建立的条件及判定法

随机性时间序列模型的特点是明确考虑时间序列的平稳性。平稳性是指随着时间的变化期望不变，且自相关函数只与时间间隔有关，而与起点无关。如果时间序列非平稳，则需要对原序列进行调整，把它变换成平稳的时间序列，再运用 ARMA 模型进行建模。

自相关分析法是进行时间序列分析的有效方法，简单易行，较为直观。它可以判定时间序列的随机性、平稳性和季节性。

（1）随机性判定。随机性是指时间序列各项之间没有相关关系的特征。因此，若时间序列的自相关函数基本上都落入置信区间，则该时间序列具有随机性；若较多自相关函数落在置信区间之外，则该时间序列不具有随机性。

（2）平稳性判定。若时间序列的自相关函数衰减得很快，在 $k > 3$ 时都落入置信区间，且逐渐趋于 0，则该时间序列具有平稳性；若时间序列的自相关函数非常缓慢地衰减，更多地落在置信区间外面，则该时间序列具有非平稳性。也可以直接利用时序图观察时间序列是否在均值上下波动，以此来判定平稳性。

（3）季节性判定。若某一时间序列在 $k > 2$ 或 $k > 3$ 以后的自相关函数值存在显著不为 0 的值，则该时间序列具有季节性。

7.5.2　ARMA 模型的相关性分析及识别

根据绘制的自相关分析图和偏相关分析图，可以初步识别平稳序列的模型类型和模型阶数。

1. $\mathrm{AR}(p)$ 模型

（1）$\mathrm{AR}(p)$ 的自相关函数。

$$\rho_k = \phi_1 \rho_{k-1} + \cdots + \phi_p \rho_{k-p}$$

其解满足

$$|\rho_k| < g_1 \mathrm{e}^{-g_2 k} \quad (k \geqslant 0 \ g_1, g_2 \ 正常数)$$

表明 ρ_k 随 k 的增加按指数形式衰减，呈"拖尾"状。如：

$\mathrm{AR}(1)$ 模型

$$\rho_k = \phi_1^k \quad (k \geqslant 0)$$

$\mathrm{AR}(2)$ 模型

$$\rho_k = \begin{cases} 1, & k = 0 \\[2mm] \dfrac{\phi_1}{1 - \phi_2}, & k = 1 \\[2mm] \phi_1 \rho_{k-1} + \phi_2 \rho_{k-2}, & k \geqslant 2 \end{cases}$$

（2）$\mathrm{AR}(p)$ 的偏相关函数。

$$\varphi_{kk} = \begin{cases} \rho_1, & k = 1 \\ \dfrac{\rho_k - \sum\limits_{j=1}^{k-1} \varphi_{k-1,j}\rho_{k-j}}{1 - \sum\limits_{j=1}^{k-1} \varphi_{k-1,j}\rho_j}, & k = 2,3,\cdots,p \\ 0, & k > p \end{cases}$$

$$\varphi_{kj} = \varphi_{k-1,j} - \varphi_{kk}\varphi_{k-1,k-j}$$

式中，φ_{kk} 是 AR(p) 模型的偏相关函数，由此可知偏相关函数呈"截尾"状。

2. MA(q) 模型

（1）MA(q) 的自相关函数。

$$\rho_k = \begin{cases} 1, & k = 0 \\ \dfrac{-\theta_k + \theta_1\theta_{k+1} + \theta_2\theta_{k+2} + \cdots + \theta_{q-k}\theta_q}{1 + \theta_1^2 + \theta_2^2 + \cdots + \theta_q^2}, & 1 \le k \le q \\ 0, & k > q \end{cases}$$

式中，ρ_k 是 MA(q) 模型的自相关函数。由此可知，自相关函数呈"截尾"状。

（2）MA(q) 的偏相关函数。由于任何一个可逆的 MA 过程都可以转化为一个无限阶的系数按几何递减的 AR 过程，所以 MA 过程的偏相关函数同 AR 模型的自相关函数一样，呈缓慢衰减特征。

3. ARMA(p,q) 模型

根据 AR 模型和 MA 模型可知，ARMA 模型的自相关函数和偏相关函数也是无限延长的，其过程也是呈缓慢衰减，呈"拖尾"状的。

归纳以上，可得三个基本模型的相关性特征，如表 7-5 所示。

表 7-5 三个基本模型的相关性特征

模　型	自相关函数	偏相关函数
AR(p)	拖尾	p 阶截尾
MA(q)	q 阶截尾	拖尾
ARMA(p, q)	拖尾	拖尾

根据相关性特征，可利用自相关函数与偏相关函数的截尾性来识别模型类型，并利用偏相关函数（PACF）确定 AR 模型的滞后阶数，利用自相关函数（ACF）确定 MA 模型的滞后阶数。

4. 自相关函数与偏相关函数的命令

（1）计算时间序列的相关系数。

格式：r = corrcoef(x1,x2)

说明：计算两时间序列 x1、x2 的相关系数 r，其值在 [0,1] 之间。

（2）计算并描绘时间序列的自相关函数。

格式：autocorr(series,nLags,M,nSTDs)　　　　　　　　% 绘出自相关函数图

　　　[ACF,Lags,Bounds] = autocorr(series,nLags,M,nSTDs)　　% 计算 ACF 的值

说明：series：时间序列。

　　　nLags：延迟，默认时计算在延迟点 $0,1,\cdots$，$T(T = \min([20,\text{length}(\text{series}) - 1]))$ 的 ACF。

　　　M：Lags 的非负整数，当 M = [ ] 或默认时，且 autocorr 假设为 MA（M）过程。

　　　nSTDs：计算出的自相关函数 ACF 估计误差的标准差。

　　　ACF：自相关函数。

　　　Lags：对应于 ACF 的延迟。

　　　Bounds：置信区间的近似上下限，假设序列是 MA(M)模型。

【例 7-11】　产生一个正态分布随机数，绘出自相关函数图。

x = randn(1000,1);　　　　　　　　　　　% 生成 1000 点的高斯白噪声

y = filter([1 −1 1],1,x);　　　　　　　　　% 生成 MA(2)过程

autocorr(y,[ ],2)　　　　　　　　　　　　% 绘出自相关函数图，如图 7-10 所示

[ACF,Lags,Bounds] = autocorr(y,[ ],2)　　　% 计算 95%置信度下的自相关系数

运行结果如图 7-10 所示。

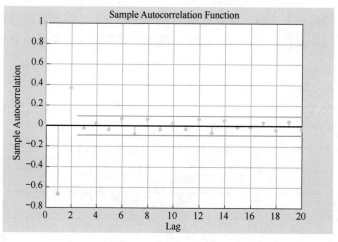

图 7-10　自相关函数图

（3）计算并描绘时间序列的偏相关函数。

格式：parcorr(series)　　　　　　　　　　　　　　% 绘出偏相关函数图

　　　[PACF,Lags,Bounds] = parcorr(series,nLags,R, nSTDs)　　% 计算 PACF 的值

说明：series：时间序列。

　　　nLags：延迟，默认时计算在延迟点 $0,1,\cdots$，$T(T = \min([20,\text{length}(\text{series}) - 1]))$ 的 PACF。

　　　R：Lags 的非负整数，当 R = [ ] 或默认时，且 parcorr 假设为 AR(R)过程。

　　　nSTDs：计算出的偏相关函数 PACF 估计误差的标准差。

PACF：偏相关函数。

Lags：对应于 PACF 的延迟。

Bounds：置信区间的近似上下限，假设序列是 AR(R) 过程。

【例 7-12】　产生一个正态分布随机数，绘出偏相关函数图。

```
x = randn(1000,1);                        % 生成 1000 点的高斯白噪声
y = filter(1,[1 -0.6 0.08],x);            % 生成 AR(2)过程
parcorr(y,[ ],2)                          % 绘出偏相关函数图,如图 7-11 所示
[PACF,Lags,Bounds] = parcorr(y,[ ],2)     % 计算 95% 置信度下的偏相关系数
```

运行结果如图 7-11 所示。

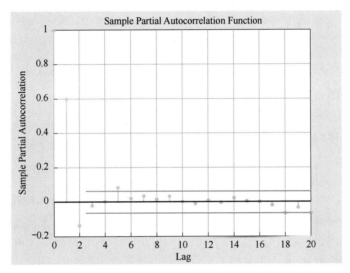

图 7-11　偏相关函数图

5. 评价时间序列模型的准则

FPE（Final Prediction Error）准则：最终预报误差的定阶准则，主要用于确定 AR 模型、ARMA 模型的阶。其方法是以选用模型的一步误差达到最小的相应阶作为模型的阶，用其预报效果的优劣来确定该模型的阶数。具体定阶的步骤如下：

（1）任意选取正整数 P：$P \in [N/10, N/5]$，N 是样本的个数，P 作为模型最大的阶。

（2）依次计算 $FPE(h)$：$h = 1, 2, \cdots, P$，使得 FPE 最大的正整数 P 即为模型的阶。

AIC 准则：既考虑拟合模型对数据的接近程度，又考虑模型中所含待定参数的个数。

BIC 准则：是对 AIC 准则的改进，克服了大样本情况下 AIC 准则在选择阶数时收敛性不好的缺点。

MATLAB 中 AIC 与 BIC 准则的计算公式为

$$\text{AIC} = (-2 \times \text{LLF}) + 2 \times \text{NumParams}$$

$$\text{BIC} = (-2 \times \text{LLF}) + \text{NumParams} \times \log(\text{NumObs})$$

式中，LLF 为极大似然比；NumParams 为待估参数的个数；NumObs 为样本数。

一般而言，AIC 与 BIC 越小，说明模型越好。

7.5.3 ARMA 模型的参数估计

经过 ARMA 模型的识别,确定了以时间序列分析模型的模型结构和阶数,接着就可以对模型进行参数估计。模型参数估计的方法较多,大体上分为三类:最小二乘估计、矩估计和利用自相关函数的直接估计。

1. AR(p) 模型参数的矩估计

Yule-Walker 方程组

$$\begin{cases} \rho_1 = \phi_1 + \phi_2\rho_1 + \cdots + \phi_p\rho_{p-1} \\ \rho_2 = \phi_1\rho_1 + \phi_2 + \cdots + \phi_p\rho_{p-2} \\ \qquad\qquad\vdots \\ \rho_p = \phi_1\rho_{p-1} + \phi_2\rho_{p-2} + \cdots + \phi_p \end{cases}$$

利用实际时间序列数据,求得自相关函数 ρ_k 的估计值 $\hat{\rho}_k$,代入 Yule-Walker 方程组,求得模型参数的估计值 $\hat{\phi}_1, \hat{\phi}_2, \cdots, \hat{\phi}_p$。

2. MA(q) 模型的参数估计

利用实际时间序列数据,求得自协方差函数 r_k 的估计值 $\hat{r}_k$,代入

$$r_k = \begin{cases} \sigma_\varepsilon^2(1 + \theta_1^2 + \theta_2^2 + \cdots + \theta_q^2), & k = 0 \\ \sigma_\varepsilon^2(-\theta_k + \theta_1\theta_{k+1} + \theta_2\theta_{k+2} + \cdots + \theta_{q-k}\theta_q), & 1 \leq k \leq q \\ 0, & k > q \end{cases}$$

求得模型参数的估计值 $\hat{\theta}_1, \hat{\theta}_2, \cdots, \hat{\theta}_p$。

3. ARMA(p, q) 模型的参数估计

(1) 利用自相关函数 ρ_k 的估计值 $\hat{\rho}_k$,代入 Yule-Walker 方程组,求得模型参数的估计 $\hat{\phi}_1, \hat{\phi}_2, \cdots, \hat{\phi}_p$。

(2) 改写 ARMA 模型,求解估计值 $\hat{\theta}_1, \hat{\theta}_2, \cdots, \hat{\theta}_p$。

$$X_n - \phi_1 X_{n-1} - \cdots - \phi_p X_{n-p} = \varepsilon_n - \theta_1\varepsilon_{n-1} - \cdots - \theta_q\varepsilon_{n-q}$$

令

$$y_n = X_n - \hat{\phi}_1 X_{n-1} - \cdots - \hat{\phi}_p X_{n-p}$$

则

$$y_n = \varepsilon_n - \theta_1\varepsilon_{n-1} - \cdots - \theta_q\varepsilon_{n-q}$$

即构成 MA 模型,进而可求出估计值 $\hat{\theta}_1, \hat{\theta}_2, \cdots, \hat{\theta}_p$。

4. 模型参数的 MATLAB 命令

(1) AR 模型的参数估计。

格式:m = ar(y,n)

　　　 m = ar(y,n,approach,window)

说明:y 是数据结构,由 iddata 函数得到:y = iddata(y),后面 y 是给定的时间序列;n 是 AR 阶次。

approach：估计时采用的方法。approach = 'fb'：前向后；'ls'：最小二乘法；'yw'：
Yule-Walker 方法；'burg'：基于 Burg 谱估计方法。

window：处理 y 中缺失值的方法。window = 'now'：观察值 y 中没有缺失值；window =
'yw'：Yule-Walker 方法处理缺失值。

m：AR 模型的文字形式。

（2）ARMAX 模型的参数估计。

自回归移动平均各态历经 ARMAX（AutoRegressive Moving Average eXogenous）模型，是
考虑外部解释变量 X 的模型。

ARMAX 模型为

$$A(q)y(t) = B(q)u(t-nk) + C(q)\varepsilon(t)$$

其中

$$A(q) = 1 + a_1 q^{-1} + a_2 q^{-2} + \cdots + a_{na} q^{-na}$$
$$B(q) = b_1 + b_2 q^{-1} + b_3 q^{-2} + \cdots + b_{nb} q^{-nb+1}$$
$$C(q) = 1 + c_1 q^{-1} + c_2 q^{-2} + \cdots + c_{nc} q^{-nc}$$

式中，na、nb、nc 为滞后多项式的阶数；nk 为延迟。

格式：Z = iddata（y）

m = armax（Z,[na nb nc nk]）

m = armax（Z,'na',na,'nb',nb,'nc',nc,'nk',nk）

说明：y 为原始序列；Z 为 y 的数据结构；na、nb、nc 为滞后多项式的阶数；nk 为
延迟。

（3）MA 模型的参数估计。用 ARMAX 模型可对 MA 模型进行估计，只需在模型

$$A(q)y(t) = B(q)u(t-nk) + C(q)\varepsilon(t)$$

中令 $A(q) = 1$，$B(q) = 0$，即可得到 MA 模型。

格式：z = iddata（y）

m = armax（z,'nc',5）

（4）ARMA 模型的参数估计。用 ARMAX 模型可对 ARMA 模型进行估计，只需在模型

$$A(q)y(t) = B(q)u(t-nk) + C(q)\varepsilon(t)$$

中令 $B(q) = 0$，即可得 ARMA 模型。

格式：z = iddata（y）

m = armax（z,[na nc]）

（5）ARX 模型的参数估计。

$$A(q)y(t) = B(q)u(t-nk) + \varepsilon(t)$$

格式：m = arx（data,[na nb nk]）

m = arx（data,'na',na,'nb',nb,'nk',nk）

7.5.4　ARMA 模型的预测

1. AR(p) 模型的预测公式

$$\hat{X}_k(1) = \phi_1 X_k + \phi_2 X_{k-1} + \cdots + \phi_p X_{k-p+1}$$

$$\hat{X}_k(2) = \phi_1 \hat{X}_k(1) + \phi_2 X_k + \cdots + \phi_p X_{k-p+2}$$
$$\vdots$$

$$\hat{X}_k(p) = \phi_1 \hat{X}_k(p-1) + \phi_2 \hat{X}_k(p-2) + \cdots + \phi_p X_k$$

$$\hat{X}_k(l) = \phi_1 \hat{X}_k(l-1) + \phi_2 \hat{X}_k(l-2) + \cdots + \phi_p \hat{X}_k(l-p) \quad l > p$$

将 $X_k, X_{k-1}, \cdots$ 换成样本值 $x_k, x_{k-1}, \cdots$ 即可求出预测值 $\hat{X}_k(l)$。

预测方差

$$\mathrm{Var}[e_k(l)] = (1 + G_1^2 + \cdots + G_{l-1}^2) \sigma_\varepsilon^2$$

其中，GREEN 函数为

$$G_0 = 1$$
$$G_1 = \phi_1 G_0$$
$$G_2 = \phi_1 G_1 + \phi_2 G_0$$

2. MA(q) 模型的预测公式

$$\hat{X}_k(l) = \begin{cases} -\sum_{i=l}^{q} \theta_i \varepsilon_{k+l-i}, & l \leqslant p \\ 0, & l > p \end{cases}$$

预测方差

$$\mathrm{Var}[e_k(l)] = \begin{cases} (1 + \theta_1^2 + \cdots + \theta_{l-1}^2) \sigma_\varepsilon^2 & l \leqslant q \\ (1 + \theta_1^2 + \cdots + \theta_q^2) \sigma_\varepsilon^2 & l > q \end{cases}$$

若已知 $\hat{X}_k(l)$ 和新获得的数据 x_{k+1}，则得 $\hat{X}_{k+1}(l)$ 的递推公式为

$$\hat{X}_{k+1} = \begin{pmatrix} \theta_1 & 1 & 0 & \cdots & 0 \\ \theta_2 & 0 & 1 & \cdots & 0 \\ \vdots & \vdots & \vdots & & \vdots \\ \theta_{q-1} & 0 & 0 & \cdots & 1 \\ \theta_q & 0 & 0 & \cdots & 0 \end{pmatrix} \hat{X}_k + \begin{pmatrix} \theta_1 \\ \theta_2 \\ \vdots \\ \theta_q \end{pmatrix} x_{k+1}$$

式中，$\hat{X}_k = (\hat{X}_k(1), \hat{X}_k(2), \cdots, \hat{X}_k(l))^{\mathrm{T}}$；$l = 1, 2, \cdots, q$。

初始值可取某个时刻 k_0 的 $\hat{X}_{k_0}$。当 k_0 较小时，可取 $\hat{X}_{k_0} = 0$；当 k_0 较大时，对模型的影响较小。

这样就可得到 MA(q) 的预测向量 $\hat{X}_k$，连同 $\hat{X}_k(l) = 0$（$l > q$），就可全面表示在 k 时刻对未来全部预测的结果。

3. ARMA(p, q) 模型的预测公式

$$\hat{X}_k(l) = \begin{cases} \hat{X}_k(l), & l \geqslant 1 \\ X_{k+l}, & l \leqslant 0 \end{cases}$$

预测方差

$$\mathrm{Var}[e_k(l)] = (1 + G_1^2 + \cdots + G_{l-1}^2) \sigma_\varepsilon^2$$

其中，GREEN 函数为

$$G_0 = 1$$

$$G_l = \sum_{j=1}^{l} \phi_j^* G_{l-j} - \theta_l^* \qquad (l = 1, 2, \cdots, q)$$

$$\phi_j^* = \begin{cases} 0, & j > p \\ \phi_j, & j \leqslant p \end{cases}, \quad \theta_j^* = \begin{cases} 0, & j > p \\ \theta_j, & j = 1, \cdots, q \end{cases}$$

预测向量 $\hat{X}_k = (\hat{X}_k(1), \hat{X}_k(2), \cdots, \hat{X}_k(l))^{\mathrm{T}}$，$l = 1, 2, \cdots, q$ 的递推公式为

$$\hat{X}_{k+1} = \begin{pmatrix} -G_1 & 1 & 0 & \cdots & 0 \\ -G_2 & 0 & 1 & \cdots & 0 \\ \vdots & \vdots & \vdots & & \vdots \\ -G_{q-1} & 0 & 0 & \cdots & 1 \\ -G_q + \phi_q^* & \phi_{q-1}^* & \phi_{q-2}^* & \cdots & \phi_1^* \end{pmatrix} \hat{X}_k + \begin{pmatrix} G_1 \\ G_2 \\ \vdots \\ G_{q-1} \\ G_q \end{pmatrix} x_{k+1} + \begin{pmatrix} 0 \\ 0 \\ \vdots \\ 0 \\ \sum_{j=q+1}^{p} \phi_j^* x_{k+q-j+1} \end{pmatrix} \qquad (7\text{-}1)$$

$$\hat{X}_{k+1} = \phi_1 \hat{X}_{k+1}(l-1) + \phi_2 \hat{X}_{k+1}(l-2) + \cdots + \phi_p \hat{X}_{k+1}(l-p) \qquad (l > p)$$

当 $p \leqslant q$ 时，式（7-1）的最后一项为 0；若 $t \leqslant 0$，则 $\hat{X}_{k+1}(t) = x_{k+1+t}$。

4. 模型预测及误差的 MATLAB 命令

格式：yp = predict(m, y, k)

说明：m 表示预测模型，y 为实际输出，k 为预测区间；yp 为预测输出。

当 k < inf 时，yp(t) 为模型 m 与 y(1, 2, ···, t−k) 的预测值。

当 k = inf 时，yp(t) 为模型 m 的纯仿真值，默认 k = 1。

在计算 AR 模型预测时，k 应取 1。

格式：[yh, fit, x0] = compare(m, y, k)

说明：compare 的预测原理与 predict 相同，但 compare 命令可以对预测进行比较，并可绘出比较图。

$$\text{fit} = 100 \times \left(1 - \frac{|y - yh|}{|y - \mu|} \right)$$

格式：e = pe(m, data)

说明：pe 误差计算，采用 yh = predict(m, data, 1) 进行预测，然后计算误差 e = data − yh。使用 pe 误差计算在无输出情况下绘出误差图，误差曲线应足够小，黄色区域为 99% 的置信区间，误差曲线在该区域内表明通过检验。

格式：[e, r] = resid(m, data, mode, lags)
　　　　resid(r) 计算并检验误差。

7.6　案例分析

7.6.1　利用指数平滑法预测 GDP

【例 7-13】　我国 2008 年—2021 年的国内生产总值（GDP）数据如表 7-6 所示，试用指数平滑法预测 2022 年的国内生产总值。

表 7-6　我国 2008 年—2021 年的国内生产总值（GDP）　　　（单位：万亿元）

年　份	2008	2009	2010	2011	2012	2013	2014
GDP	31. 92	34. 85	41. 21	48. 79	53. 86	59. 3	64. 36
年　份	2015	2016	2017	2018	2019	2020	2021
GDP	68. 89	74. 64	83. 2	91. 93	98. 65	101. 36	113. 35

（1）利用二次指数平滑法预测。

第一步，先编程查找二次指数平滑系数 α。

```
clear
X = [31. 92  34. 85  41. 21  48. 79  53. 86  59. 3  64. 36 …
     68. 89  74. 64  83. 2  91. 93  98. 65  101. 36  113. 35];
X0 = X(1);X1 = X(2：end);
U = [ ];
for alpha = 0. 1：0. 1：0. 9                        % 在 0. 1 ~ 0. 9 查找 α
    S0 = X0;
    S1(1) = alpha * X1(1) + (1 - alpha) * S0;
    for t = 1：length(X1) - 1
        S1(t + 1) = alpha * X1(t + 1) + (1 - alpha) * S1(t);
    end
    S20 = X0;
    S2(1) = alpha * S1(1) + (1 - alpha) * S20;
    for t = 1：length(S1) - 1
        S2(t + 1) = alpha * S1(t + 1) + (1 - alpha) * S2(t);
    end
    a = 2 * S1(1：end) - S2(1：end);
    b = alpha/(1 - alpha) * (S1(1：end) - S2(1：end));
    T = 1;
    y = a + b * T;
    Y = [X0,y];
    MSE = sum((X(2：end) - Y(1：end - 1)). ^2). /(length(X) - 1);
    U = [U,MSE];
end
R = find(U == min(U));                            % 获得均方误差最小的最佳位置
alpha = 0. 1：0. 1：0. 9;
ALPHA = alpha(R)                                   % 获得二次指数平滑系数 α
```

运行结果如下：

```
ALPHA =
    0. 8000
```

第二步，对获取的二次指数平滑系数 $\alpha = 0. 8$ 进行预测。

```
clear
X = [31. 92  34. 85  41. 21  48. 79  53. 86  59. 3  64. 36 …
     68. 89  74. 64  83. 2  91. 93  98. 65  101. 36  113. 35];
X0 = X(1);X1 = X(2：end);
```

```
alpha = 0.9;
S10 = X0;                                              %S1 的初始值
S1(1) = alpha * X1(1) + (1 - alpha) * S10;             %一次指数平滑值第一项
for t = 1 : length(X1) - 1
    S1(t + 1) = alpha * X1(t + 1) + (1 - alpha) * S1(t);   %一次指数平滑值第二项以后项
end
S1
S20 = X0;                                              %S2 的初始值
S2(1) = alpha * S1(1) + (1 - alpha) * S20;             %二次指数平滑值第一项
for t = 1 : length(S1) - 1
    S2(t + 1) = alpha * S1(t + 1) + (1 - alpha) * S2(t);   %二次指数平滑值第二项以后项
end
S2
a = 2 * S1(1 : end) - S2(1 : end)
b = alpha/(1 - alpha) * (S1(1 : end) - S2(1 : end))
T = 1;
y = a + b * T
Y = [X0, y]
t1 = 1 : length(X);
t2 = 2 : length(X) + 1;
plot(t1, X, ' - + ', t2, Y, ' - O ')
xlabel('时间/年')
ylabel('GDP/万亿元')
legend('原始数据', '预测值')
```

运行结果如下：

Y =

　31.9200　36.6080　45.8464　55.3766　59.6544　64.8211　69.5903　73.6817

　79.9787　90.5098　100.2208　106.0551　105.8852　122.1663

故当 $\alpha = 0.8$ 时，2022 年的 GDP 预测值为 122.1663 万亿元。

结果显示的预测拟合图如图 7-12 所示。

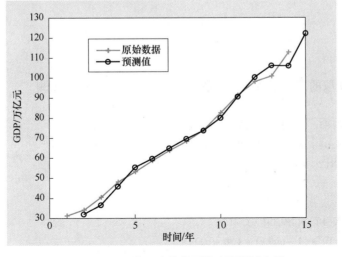

图 7-12　GDP 的二次指数平滑法预测拟合图

（2）利用霍尔特双参数线性指数平滑法预测。

第一步，先编程查找双参数线性指数平滑系数 α 和 γ。

```
clear
X = [31. 92    34. 85    41. 21    48. 79    53. 86    59. 3    64. 36 …
        68. 89    74. 64    83. 2    91. 93    98. 65    101. 36    113. 35];
X0 = X(1);X1 = X(2：end);
U = [ ];
for gamma = 0. 1：0. 1：0. 9
    for alpha = 0. 1：0. 1：0. 9
        S0 = X(1);
        b0 = (X(end) − X(1))/(length(X) − 1);
        S(1) = alpha * X(1) + (1 − alpha) * (S0 + b0);
        b(1) = gamma * (S(1) − S0) + (1 − gamma) * b0;
            for t = 2：length(X)
            S(t) = alpha * X(t) + (1 − alpha) * (S(t − 1) + b(t − 1));
            b(t) = gamma * (S(t) − S(t − 1)) + (1 − gamma) * b(t − 1);
            end
            for t = 1：length(X)
             Y(t) = S(t) + b(t);
            end
        MSE = sum((X(2：end) − Y(1：end − 1)).^2)./(length(X) − 1);
        U = [U,MSE];
    end
 end
V = reshape(U,9,9);                    %将 U 向量重新排成矩阵
[m,n] = find(V == min(min(V)))        %矩阵查找最小的位置
ALPHA = 0. 1 * m                        %矩阵最小的位置对应的平滑系数 α
GAMMA = 0. 1 * n                        %矩阵最小的位置对应的平滑系数 γ
```

运行结果如下：

```
ALPHA =
    0. 9000
GAMMA =
    0. 1000
```

第二步，对获取的二次指数平滑系数 $\alpha = 0. 9$ 和 $\gamma = 0. 1$ 进行预测。

```
clear
X = [31. 92    34. 85    41. 21    48. 79    53. 86    59. 3    64. 36 …
        68. 89    74. 64    83. 2    91. 93    98. 65    101. 36    113. 35];
X0 = X(1);X1 = X(2：end);
alpha = 0. 9;gamma = 0. 7;
S0 = X(1);
b0 = (X(end) − X(1))/(length(X) − 1);
S(1) = alpha * X(1) + (1 − alpha) * (S0 + b0);
```

```
b(1) = gamma * (S(1) - S0) + (1 - gamma) * b0;
for t = 2 : length(X)
    S(t) = alpha * X(t) + (1 - alpha) * (S(t - 1) + b(t - 1));
    b(t) = gamma * (S(t) - S(t - 1)) + (1 - gamma) * b(t - 1);
end
for t = 1 : length(X)
    Y(t) = S(t) + b(t);          %霍尔特双参数线性指数平滑法预测值
End
Y
MSE = sum((X(2 : end) - Y(1 : end - 1)).^2)./(length(X) - 1)     %误差平方均值
t1 = 1 : length(X);
t2 = 2 : length(X) + 1;
plot(t1, X, ' - + ', t2, Y, ' - o ')
xlabel('时间/年')
ylabel('GDP/万亿元')
legend('原始数据', '预测值')
```

运行结果如下：
```
Y =
    38.2465   40.5841   46.5982   54.2188   59.5116   64.9178   69.9623   74.4472
    80.0880   88.6362   97.6445   104.6838   107.5276   119.1270
MSE =
    6.5305
```

故当 $\alpha = 0.9$、$\gamma = 0.1$ 时，2022 年的 GDP 预测值为 119.1270 万亿元。

结果显示的预测拟合图如图 7-13 所示。

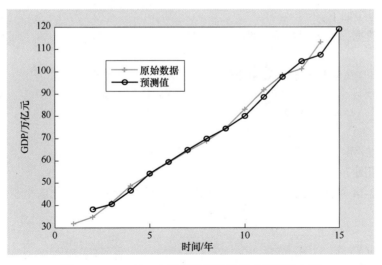

图 7-13　GDP 的双参数线性指数平滑法预测拟合图

这一预测值与我国 2022 年实际 GDP120.4724 万亿元很接近。

7.6.2　利用 ARMA 模型预测股票价格

【例 7-14】　平安银行 2021 年 10 月 11 日至 12 月 31 日的交易日的收盘价数据如表 7-7 所示，试用 ARMA 模型预测未来五个交易日的股票价格。

表 7-7　平安银行 2021 年 10 月 11 日至 12 月 31 日收盘价　　　（单位：元）

日　　期	收　盘　价	日　　期	收　盘　价	日　　期	收　盘　价	日　　期	收　盘　价
10 月 11 日	19.40	11 月 1 日	19.39	11 月 22 日	18.12	12 月 13 日	18.27
10 月 12 日	19.35	11 月 2 日	18.18	11 月 23 日	17.88	12 月 14 日	17.58
10 月 13 日	19.58	11 月 3 日	18.03	11 月 24 日	17.87	12 月 15 日	17.55
10 月 14 日	19.21	11 月 4 日	17.87	11 月 25 日	17.68	12 月 16 日	17.72
10 月 15 日	19.66	11 月 5 日	17.64	11 月 26 日	17.58	12 月 17 日	17.57
10 月 18 日	19.29	11 月 8 日	17.42	11 月 29 日	17.51	12 月 20 日	17.52
10 月 19 日	19.57	11 月 9 日	17.53	11 月 30 日	17.44	12 月 21 日	17.59
10 月 20 日	19.24	11 月 10 日	17.40	12 月 1 日	17.64	12 月 22 日	17.39
10 月 21 日	20.00	11 月 11 日	18.35	12 月 2 日	17.59	12 月 23 日	17.32
10 月 22 日	20.04	11 月 12 日	18.27	12 月 3 日	17.65	12 月 24 日	17.31
10 月 25 日	20.12	11 月 15 日	18.43	12 月 6 日	18.10	12 月 27 日	17.22
10 月 26 日	20.05	11 月 16 日	18.22	12 月 7 日	18.46	12 月 28 日	17.17
10 月 27 日	19.92	11 月 17 日	18.11	12 月 8 日	18.47	12 月 29 日	16.75
10 月 28 日	19.72	11 月 18 日	17.80	12 月 9 日	18.70	12 月 30 日	16.82
10 月 29 日	19.50	11 月 19 日	18.15	12 月 10 日	18.38	12 月 31 日	16.48

MATLAB 程序如下：

（1）输入数据，绘图观察平稳性。

```
clear
X = [···];          % 将表 7-7 给定的 60 个收盘价数据用列向量 X 表示
t = 1 : length(X);
plot(t,X)           % 绘制时序图
xlabel('时间/天')
ylabel('收盘价/元')
```

运行结果如图 7-14 所示。

（2）从图 7-14 可知，数据非平稳，所以需要对其做差分处理，化成平稳序列。

```
Y = diff(X)         % 差分
figure(2)
plot(1 : length(Y),Y)
xlabel('时间/天')
ylabel('差分值')
```

运行结果如图 7-15 所示。

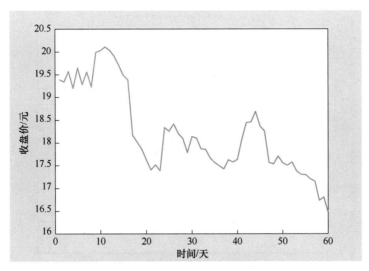

图 7-14　平安银行股票价格时序图

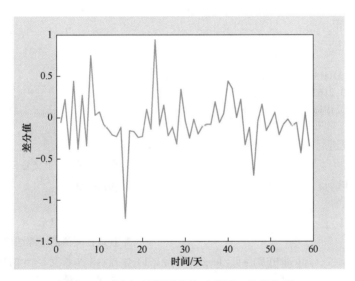

图 7-15　平安银行股票价格时序图（差分处理）

（3）利用自相关函数图与偏相关函数图判断模型的类型与阶次。

figure(3)

subplot(2,1,1)

autocorr(Y)

subplot(2,1,2)

parcorr(Y)

运行结果如图 7-16 所示。

（4）根据图 7-16，可确定为 ARMA(2,2) 模型。

Z = iddata(Y)

m = armax(Z,[2,2])

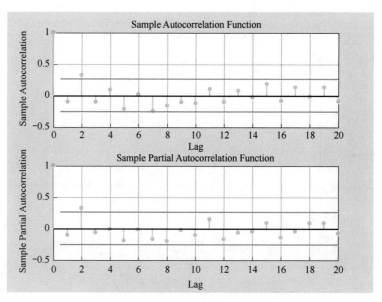

图 7-16　自相关函数与偏相关函数图

运行结果如下：

m =
　Discrete – time ARMA model：A(z)y(t) ＝ C(z)e(t)
　A(z) ＝ 1 ＋ 0. 2163 z^ – 1 － 0. 4049 z^ – 2
　C(z) ＝ 1 ＋ 0. 1918 z^ – 1 － 0. 08528 z^ – 2
　FPE：0. 09892, MSE：0. 08636

（5）利用模型进行预测。

L＝5	% 预测长度,五个交易日
y＝[Y;zeros(L,1)];	% 加初始窗
Q＝iddata(y);	
P＝predict(m,Q,L);	% 预测但没有显示
G＝get(P);	% 获取预测值的全部结构内容
PT＝G. OutputData{1,1}(length(Y) ＋ 1：length(Y) ＋ L,1)	% 显示未来长度 L ＝5 的预测值
D＝[Y;PT];	% 全部差分值
X1＝cumsum([X(1);D]);	% 全部差分值的还原值
X2＝X1(length(X) ＋ 1：end)	% 未来长度 L ＝5 预测值的还原值
figure(4)	
compare(m,Z,L)	% 显示预测值与原始数据比较图

运行结果如下：

PT ＝
　　0. 0042
　－0. 0030
　　0. 0251
　－0. 0349
　　0. 0350

X2 ＝

16. 4842

16. 4812

16. 5063

16. 4714

16. 5064

显示的预测值与原始数据比较图如图 7-17 所示。

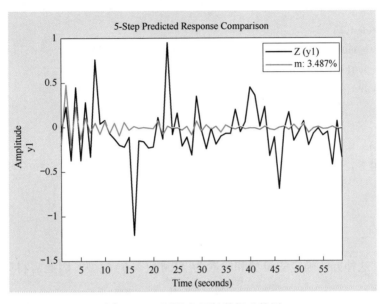

图 7-17　预测值与原始数据比较图

故 2021 年 12 月 31 日之后的五个交易日，平安银行股票收盘价预测值分别为 16.48 元、16.48 元、16.51 元、16.47 元和 16.51 元。

在上述求解过程中，第（1）步和第（2）步在讨论数据是否为平稳序列时，采用的是观察法，也可以使用平稳性单位根（ADF）检验的函数命令：

h1 = adftest(X)　　　% X 原始序列

h2 = adftest(Y)　　　% 一次差分后的序列

运行结果如下：

h1 =

　　0

h2 =

　　1

其中，h1 = 0 表示 X 为非平稳序列，h2 = 1 表示 Y 为平稳序列。

求解过程中的第（3）步确定模型类型和阶次，是通过观察自相关函数图和偏相关函数图进行判断的，也可以使用 AIC 准则，具体编程如下：

% 利用 AIC 准则求出阶数

% 确定模型滞后长度上限 p 和 q，因数据长度 T = 60，取 T/10 为 6

Z = iddata(Y);　　　　　　　　　　　　% 将 Y 转化为 MATLAB 接受的格式

test = [ ];

```
for p = 1：6
    for q = 1：6
        m = armax(Z,[p,q]);
        AIC = aic(m);                    % armax(p,q),选择对应 FPE 最小、AIC 值最小的模型
        test = [test;p q AIC];
    end
end
for k = 1：size(test,1)
if test(k,3) == min(test(：,3))          % 选择 AIC 值最小的模型
    p_test = test(k,1);
    q_test = test(k,2);
    end
end
    p_test,q_test
```

运行结果如下：

```
p_test =
    4
q_test =
    6
```

由此可知,这种方法确定的模型和阶次为 ARMA(4,6)模型,因此需将第（4）步求解模型的程序改为

```
m = armax(Z,[p_test q_test])
```

并运行得出模型为

```
m =
    Discrete – time ARMA model：A(z)y(t) = C(z)e(t)
    A(z) = 1 + 0.6106 z^ – 1 + 0.5318 z^ – 2 + 0.8426 z^ – 3 + 0.3145 z^ – 4
    C(z) = 1 + 0.7873 z^ – 1 + 1.316 z^ – 2 + 1.886 z^ – 3 + 1.24 z^ – 4 + 0.6859 z^ – 5 + 0.8289 z^ – 6
    FPE：0.0902, MSE：0.05171
```

第（5）步预测程序与之前的完全一样,只是其运行结果变为

```
X2 =
    16.5178
    16.5171
    16.5525
    16.5034
    16.5873
```

故 2021 年 12 月 31 日之后的五个交易日,收盘价的预测值分别为 16.52 元、16.52 元、16.55 元、16.50 元和 16.59 元。

练习与提高

1. 2014 年—2022 年,某银行同业拆借年平均利率如表 7-8 所示。

表 7-8　2014 年—2022 年某银行同业拆借年平均利率

年　份	2014	2015	2016	2017	2018	2019	2020	2021	2022
利　率	2.41	2.47	2.14	2.26	2.26	1.73	2.22	3.04	3.39

（1）利用一次移动平均法和二次移动平均法分别预测 2023 年的平均利率（取 $N=3$）。

（2）利用一次指数平滑法和二次指数平滑法分别预测 2023 年的平均利率（取 $\alpha=0.3$，$\alpha=0.7$），进一步说明 α 取何值时预测误差较小。

（3）编写 MATLAB 程序实现上述问题。

2. 熊猫公司 2012 年—2021 年的季度利润额如表 7-9 所示。

表 7-9　熊猫公司 2012 年—2021 年的季度利润额　　　（单位：百万美元）

| 季　度 | 年　份 | | | | | | | | | |
	2012	2013	2014	2015	2016	2017	2018	2019	2020	2021
1	203	224	240	274	359	385	500	600	600	610
2	239	244	270	360	414	438	580	710	671	774
3	288	314	368	434	534	599	727	858	759	890
4	298	313	386	456	526	618	780	970	880	1000

（1）利用季节性趋势模型预测该公司 2022 年第一至四季度的利润额。

（2）利用季节性环比法模型预测该公司 2022 年第一至四季度的利润额。

（3）利用分解法乘法模型预测该公司 2022 年第一至四季度的利润额。

（4）编写 MATLAB 程序实现上述过程。

3. 招商银行股票 2021 年 9 月 1 日至 12 月 30 日交易日的收盘价数据如表 1-3 所示（见第 1 章）。试求：

（1）选取 9 月和 10 月两个月的数据，建立 ARMA (p,q) 模型，预测未来五个交易日的股票收盘价。

要求：利用【例 7-14】的方法来预测。

操作流程：

1）利用自相关函数图（autocorr）与偏相关函数图（parcorr）判断模型的类型与阶次。

2）用 AIC 准则求出模型的类型与阶次。

3）利用 ARMAX（或 ARX）命令求模型 ARMA (p,q) 的参数。

4）利用函数 predict 进行预测。

（2）选取 11 月和 12 月两个月的数据，建立适当的 ARMA (p,q) 模型，预测未来股票收盘价。

要求：利用 ARMA (p,q) 模型的预测公式来预测。

操作流程：

1）~3）步同上。

4）利用求出的参数，计算 GREEN 函数。

5）利用预报向量的递推公式即式（7-1），求出预测值。

例如：假设模型为 ARMA $(6,3)$，求出的参数为 phi 和 theta。其预测 MATLAB 程序为

```
% 计算格林函数
G0 = 1;
G1 = phi(1) * G0 - theta(1);
G2 = phi(1) * G1 + phi(2) * G0 - theta(2);
G3 = phi(1) * G2 + phi(2) * G1 + phi(3) * G0 - theta(3);
```

```
G4 = phi(1) * G3 + phi(2) * G2 + phi(3) * G1 + phi(4) * G0;
G5 = phi(1) * G4 + phi(2) * G3 + phi(3) * G2 + phi(4) * G1 + phi(5) * G0;
G6 = phi(1) * G5 + phi(2) * G4 + phi(3) * G3 + phi(4) * G2 + phi(5) * G1 + phi(6) * G0;
% 构造递推公式中的矩阵
A = [ - G1  - G2  - G3  - G4  - G5 ]';
B = eye(5);
C = - G6 + phi(6);
D = [phi(5) phi(4)  phi(3)  phi(2)  phi(1)];
E = [A B; C D];
F = [G1  G2  G3  G4  G5  G6]';
for k = 3 : m                          % m 取样本长度
H = [0 0 0 0 0 phi(4) * x(k) + phi(5) * x(k - 1) + phi(6) * x(k - 2)]';
X = [0 0 0 0 0 0]';                     % 初始值
X = E * X + F * x(k + 1) + H;           % 预测收盘价递推公式
end
```

第8章

干预分析模型预测法

本章要点

- 干预分析模型的基本形式
- 干预分析模型的预测过程

8.1 干预分析模型的基本形式

干预分析模型是由美国威斯康星大学统计系教授博克斯（Box）和刁锦寰于 1975 年提出的。此模型主要从定量角度评估干预事件（如突发事件等）对经济环境和经济过程的影响。具体而言，干预分析是研究特别的外部事件对给定的时间序列的影响，这类外部事件被称为干预，它包括自然灾害、经济危机和政策变化等。

8.1.1 干预分析模型的基本变量

干预分析模型的基本变量是干预变量。有两种常见的干预变量：

（1）持续性干预变量。它是指当某一突发事件在 T 时刻发生以后，一直对所研究的问题有影响。这时可用阶跃函数表示，其形式为

$$S_t^T = \begin{cases} 0, & t < T \\ 1, & t \geq T \end{cases}$$

（2）短暂性干预变量。它是指当某一突发事件在 T 时刻发生，仅对该时刻有影响。这时可用脉冲函数表示，其形式为

$$P_t^T = \begin{cases} 1, & t = T \\ 0, & t \neq T \end{cases}$$

这两类变量之间的内在关系为

$$(1 - B)S_t^T = P_t^T$$

式中，B 为后移算子。

8.1.2 干预事件的形式

把两种干预变量加入时间序列模型中，可以刻画许多种干预事件，归纳起来基本有四种

类型：

（1）干预事件的影响突然开始，并长期持续下去。设干预事件对因变量的影响是固定的，从某一时刻 T 开始，但影响程度是未知的，即因变量的大小是未知的。此类干预模型为

$$z_t = \omega S_t^T$$

式中，ω 表示干预影响程度的未知参数。

在许多情况下，干预事件发生后需延迟 b 个时期才能产生影响，此类情况可表示为

$$z_t = \omega B^b S_t^T$$

若 X_t 非平稳，可先将其差分化为平稳，则干预模型调整为

$$(1 - B)z_t = \omega S_t^T$$

（2）干预事件的影响逐渐开始，并长期持续下去。其最简单的模型为

$$z_t = \frac{\omega B}{1 - \delta B} S_t^T, \quad 0 < \delta < 1$$

更一般地表示为

$$z_t = \frac{\omega B^b}{1 - \delta_1 B - \cdots - \delta_r B^r} S_t^T$$

（3）干预事件突然开始，但只产生暂时的影响。这类干预模型可表示为

$$z_t = \frac{\omega B^b}{1 - \delta B} P_t^T, \quad 0 < \delta < 1$$

例如，广告对销售的影响就可以用这种模型描述。如果干预影响降低到某一水平之后，仍期望保持长期影响，则干预模型可以表示为

$$z_t = \left(\frac{\omega_1 B}{1 - \delta B} + \frac{\omega_2 B}{1 - B} \right) P_t^T$$

（4）干预事件逐渐开始，且只产生暂时的影响。这类干预模型可表示为

$$z_t = \frac{\omega_0}{1 - \delta_1 B - \cdots - \delta_r B^r} P_t^T, \quad r \geqslant 2$$

8.1.3 干预分析模型的预测过程

设 y_t 为经济过程的某个指标值，x_t 为无干预影响时的经济过程值，z_t 为干预影响过程值，则在干预影响下的经济过程值可表示为

$$y_t = x_t + z_t$$

式中，x_t 可用回归法、季节指数预测法以及 ARMA 模型预测法等方法确定；z_t 由上述干预事件确定。

下面以 ARMA 模型预测法为例，说明建立干预模型的步骤。

（1）利用无干预影响的序列（即 y_t 的前半部分），建立的 ARMA 模型为

$$x_t = \frac{\theta(B)}{\varphi(B)} \varepsilon_t$$

然后利用此模型进行外推预测，得到的预测值作为不受干预影响的数值 $\hat{x}_t$。

（2）用干预事件影响后的实际值（即 y_t 的后半部分）减去预测值 $\hat{x}_t$，得到受干预影响的效用值，即

$$z_t = y_t - \hat{x}_t$$

利用这些结果估计干预影响部分 $z_t = \dfrac{\omega(B)}{\delta(B)} I_t^T$ 中的参数 ω 和 δ，其中 I_t^T 取阶跃函数 S_t^T，或者取脉冲函数 P_t^T。若干预影响部分 z_t 的形式为

$$z_t = \frac{\omega}{1 - \delta B}$$

则就是估计自回归方程 $z_t = \delta z_{t-1} + \omega$ 的参数。

（3）计算净化序列。净化序列是指消除了干预影响的序列，它由实际的观察值减去干预影响值得到，即

$$X_t = y_t - \frac{\hat{\omega}}{1 - \hat{\delta} B} S_t^T$$

其中，当 $t \leqslant T$ 时，$X_t = y_t$。

当 $t > T$ 时，$S_t^T = 1$，故 $X_t = y_t - \dfrac{\hat{\omega}}{1 - \hat{\delta} B}$，即

$$X_t = y_t + \hat{\delta}(X_{t-1} - y_{t-1}) - \hat{\omega}$$

（4）利用净化序列 X_t，建立一个改进的 ARMA 模型

$$X_t = \frac{\theta(B)}{\varphi(B)} \varepsilon_t$$

（5）将第（4）步的 X_t 与第（2）步的 z_t 结合，就得到总的干预分析模型

$$y_t = X_t + z_t$$

（6）利用模型进行预测。

当 $t \leqslant T$ 时，$y_t = X_t$。

当 $t > T$ 时，$S_t^T = 1$，故 $y_t = X_t + \dfrac{\hat{\omega}}{1 - \hat{\delta} B}$，即

$$y_t = X_t + \hat{\delta}(y_{t-1} - X_{t-1}) + \hat{\omega}$$

8.2　案例分析

我国进出口总额预测

2008 年全球金融危机爆发的时间，以 2008 年 9 月 14 日美国银行放弃收购雷曼兄弟公司，雷曼兄弟随后宣布准备提交法律文件申请破产保护为标志比较合适。由于我国政府为应对这次危机采用了适度宽松的货币政策，效果明显。至 2009 年 3 月，金融危机的影响开始渐渐消失，进出口业务到 2009 年 9 月以后达到了正常水平。

【例 8-1】　现给出我国从 2007 年 1 月至 2009 年 2 月的海关进出口总额数据，如表 8-1 所示，试建立干预分析模型，对我国进出口额进行分析和预测。

选取 2008 年 9 月金融危机爆发作为干预事件，因此将时间序列数据分为两个时期：第一时期为 2007 年 1 月至 2008 年 9 月；第二时期为 2008 年 10 月至 2009 年 2 月。由于金融危机爆发并不是立刻产生完全的影响，而是随着时间的推移而逐渐产生影响，因此，可选用干预分析模型，即

$$Z_t = \frac{\omega}{1 - \delta B} S_t^T$$

其中

$$S_t^T = \begin{cases} 0, & 2008 \text{ 年 } 10 \text{ 月以前} \\ 1, & 2008 \text{ 年 } 10 \text{ 月及以后} \end{cases}$$

表 8-1 海关进出口总额 （单位：亿美元）

序　号	日　　期	进 出 口 额	调整额 （30 天）	序　　号	日　　期	进 出 口 额	调整额 （30 天）
1	2007 年 1 月	1573.6	1522.8	14	2008 年 2 月	1661	1779.6
2	2007 年 2 月	1404.5	1504.8	15	2008 年 3 月	2044.5	1978.5
3	2007 年 3 月	1599.3	1547.7	16	2008 年 4 月	2207.63	2207.6
4	2007 年 4 月	1779.9	1779.9	17	2008 年 5 月	2209.4	2138.1
5	2007 年 5 月	1656.1	1602.7	18	2008 年 6 月	2220.88	2220.9
6	2007 年 6 月	1795.9	1795.9	19	2008 年 7 月	2479.41	2399.4
7	2007 年 7 月	1910.7	1849.1	20	2008 年 8 月	2412.65	2334.8
8	2007 年 8 月	1977.13	1913.4	21	2008 年 9 月	2437.53	2437.5
9	2007 年 9 月	2009.17	2009.2	22	2008 年 10 月	2215.39	2143.9
10	2007 年 10 月	1881.9	1821.2	23	2008 年 11 月	1897.03	1897.0
11	2007 年 11 月	2088.7	2088.7	24	2008 年 12 月	1832.6	1773.5
12	2007 年 12 月	2061.44	1994.9	25	2009 年 1 月	1418	1372.3
13	2008 年 1 月	1998.3	1933.8	26	2009 年 2 月	1249.7	1339.0

MATLAB 程序如下：

（1）由于给出的数据是月数据，考虑每月的天数不一致，所以将每个月都化为标准的 30 天，调整后的数据如表 8-1 所示，并用 y 表示这 26 个数据组成的列向量。

```
clear
y = [1522.8 1504.8 1547.7 1779.9 1602.7 1795.9 1849.1 1913.4 …
    2009.2 1821.2 2088.7 1994.9 1933.8 1779.6 1978.5 2207.6 2138.1 …
    2220.9 2399.4 2334.8 2437.5 2143.9 1897.0 1773.5 1372.3 1339.0]';
```

（2）根据 2007 年 1 月至 2008 年 9 月，即前 21 个数据，建立趋势外推预测模型。

```
x1 = y(1:21)
t1 = 1:21;
T1 = [ones(21,1),t1'];
format long
[b1,bint1,r1,rint1,stats1] = regress(x1,T1)
```

运行结果如下：

```
b1 =
    1.0e +003 *
    1.48962952380952
    0.04146441558442
```

stats1 =

1.0e + 004 　*

0.00008479441292　0.01059540704859　0.00000000000033　1.24946523426749

即得线性模型为

$$x = 1489.6 + 41.5t$$

其中，$R^2 = 0.848$，$F = 106$，$p = 0$，模型拟合效果较好。

（3）分离出干预影响的具体数据，估计干预模型的参数。

利用所得模型，对 2008 年 10 月以后的数据进行预测，然后用实际值减去预测值，得到的差值就是金融危机产生的效应值 z。

t2 = 22 : 26；

x2 = b1(1) + b1(2). * t2'；

z = y(22 : end) – x2(1 : end)

利用 z 的数据，可估计出干预模型

$$Z_t = \frac{\omega}{1 - \delta B}$$

其中，参数 ω 和 δ 实际上是自回归方程 $Z_t = \delta Z_{t-1} + \omega$ 的参数。

u = z(2 : end)

v = z(1 : end – 1)

T2 = [ones(length(v),1),v]；

[b2,bint2,r2,rint2,stats2] = regress(u,T2)

运行结果如下：

b2 =

1.0e + 002 　*

– 3.73033944929492

0.00804688758382

stats2 =

1.0e + 004 　*

0.00008189580983　0.00090471663230　0.00000950369630　3.01290090406693

其中，$R^2 = 0.819$，模型拟合效果较好。故参数估计值为

$$\hat{\omega} = -373.0339, \quad \hat{\delta} = 0.8047$$

自回归方程为

$$Z_t = 0.8047 Z_{t-1} - 373.0339$$

（4）计算净化序列。

$$X_t = y_t - \frac{\hat{\omega}}{1 - \hat{\delta} B} S_t^T, \quad T = 21 \qquad (t = 1,2,\cdots,26)$$

其中，当 $t \leqslant 21$ 时，$X_t = y_t$。

当 $t > 21$ 时，$X_t = y_t + \hat{\delta}(X_{t-1} - y_{t-1}) - \hat{\omega}$。

X(1 : 21) = y(1 : 21)；

for t = 22 : 26

　　X(t) = y(t) + b2(2) * (X(t – 1) – y(t – 1)) – b2(1)；

```
end
X
```

（5）对净化序列建立拟合模型。

```
t3 = 1∶26;
T3 = [ones(26,1),t3'];
[b3,bint3,r3,rint3,stats3] = regress(X',T3)
```

运行结果如下：

```
b3 =
    1.0e +003  *
    1.46708266758989
    0.04438097313363
stats3 =
    1.0e +004  *
    0.00009080447930   0.02369966393907   0.00000000000000   1.21547863198680
```

其中，$R^2 = 0.908$，$F = 237$，$p = 0$，模型拟合效果很好。且模型为

$$X_t = 1467.08 + 44.38t$$

（6）组建干预分析模型。将第（3）步和第（5）步组合，即得干预分析模型

$$y_t = X_t + \frac{\hat{\omega}}{1 - \hat{\delta}B}S_t^T$$

即

$$y_t = 1467.08 + 44.38t - \frac{373.03}{1 - 0.8B}S_t^T$$

其中

$$S_t^T = \begin{cases} 0, & 2008\ 年\ 10\ 月以前(t < 22) \\ 1, & 2008\ 年\ 10\ 月及以后(t \geqslant 22) \end{cases}$$

（7）运用模型进行预测。

当 $t \leqslant 21$ 时，$y_t = 1467.08 + 44.38t$。

当 $t > 21$ 时，$S_t^T = 1$，故 $y_t = X_t + \dfrac{\hat{\omega}}{1 - \hat{\delta}B}$，即

$$y_t = X_t + \hat{\delta}(y_{t-1} - X_{t-1}) + \hat{\omega}$$

```
for t = 1∶21
    X0(t) = b3(1) + b3(2) * t;
    y0 = X0;                                              %2008 年 9 月及以前的预测值
end
for t = 22∶26
    X0(t) = b3(1) + b3(2) * t;
    y0(t) = X0(t) + b2(2) * (y0(t-1) - X0(t-1)) + b2(1);   %2008 年 10 月以后的预测值
end
format
y0
```

（8）画图比较。

plot(t3,y,'+',t3,y0,'o')

运行结果如图 8-1 所示。

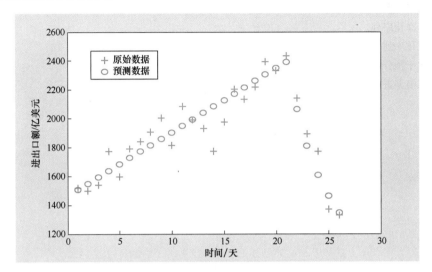

图 8-1　预测值散点图

练习与提高

中国农业经济体制改革成效的干预分析

1978 年以后，中国农村经历了一次伟大的历史性变革，农村经济取得了突破性的进展。1952 年—1983 年我国农业总产值指数数据如表 8-2 所示。

表 8-2　1952 年—1983 年我国农业总产值指数数据

序　号	0	1	2	3	4	5	6	7	8	9	10
年　份	1952	1953	1954	1955	1956	1957	1958	1959	1960	1961	1962
产值指数	100	103.1	106.6	114.7	120.5	124.8	127.8	110.4	96.4	94.1	99.9
增长率（%）		3.05	3.34	7.32	4.93	3.51	2.38	-14.64	-13.56	-2.41	5.98
序　号	11	12	13	14	15	16	17	18	19	20	21
年　份	1963	1964	1965	1966	1967	1968	1969	1970	1971	1972	1973
产值指数	111.6	126.7	137.1	149.0	151.2	147.5	149.2	166.3	171.4	171.1	185.6
增长率（%）	11.08	12.62	7.89	8.32	1.47	-2.48	1.15	10.85	3.02	0.18	8.13
序　号	22	23	24	25	26	27	28	29	30	31	
年　份	1974	1975	1976	1977	1978	1979	1980	1981	1982	1983	
产值指数	193.2	202.1	207.1	210.6	229.6	249.4	259.1	276.2	306.8	336.2	
增长率（%）	4.01	4.50	2.44	1.68	8.64	8.27	3.82	6.39	10.51	9.15	

从农业总产值指数的增长情况看，第一个时期（1953 年—1977 年）平均每年的指数增长率为 2.98%；第二个时期（1978 年—1983 年）平均每年的指数增长率为 7.8%。这表明农业的经济体制改革是成功的。试运用增长率数据建立干预分析模型进行分析和预测。

操作流程：

（1）找出干预事件，将时间序列数据分为两个时期。

（2）根据第一时期建立时间序列模型。

（3）分离出干预影响的具体数据，估计干预模型的参数。

（4）计算净化序列。

（5）对净化序列建立拟合模型。

（6）组建干预分析模型。

（7）运用模型进行预测。

第9章

马尔可夫链预测法

本章要点

- 转移概率矩阵
- 马尔可夫链预测原理
- 市场占有率预测
- 加权马氏链预测方法

9.1 马尔可夫链的基本理论

9.1.1 马尔可夫链的基本概念

（1）马尔可夫链。设随机过程 $\{X(t)，t \in T\}$，其中时间 $T = \{0,1,2,\cdots\}$，状态空间 $I = \{0,1,2,\cdots\}$，若对任一时刻 n，以及任意状态 $i_0,i_1,\cdots,i_{n-1},i,j$，有

$$P\{X(n+1)=j|X(n)=i,X(n-1)=i_{n-1},\cdots,X(1)=i_1,X(0)=i_0\}$$
$$=P\{X(n+1)=j|X(n)=i\}$$

则称 $\{X(t)，t \in T\}$ 为一个马尔可夫链（马氏链），简记为 $\{X_n,n \geqslant 0\}$。

（2）转移概率。马氏链在时刻 n 处于状态 i 的条件下，到时刻 $n+1$ 转移到状态 j 的条件概率为

$$p_{ij}(n) = P\{X_{n+1}=j|X_n=i\}$$

称为一步转移概率。

状态 i 经过 n 步转移后，处于状态 j 的概率为

$$p_{ij}^{(n)} = P\{X_{m+n}=j|X_m=i\}$$

称为 n 步转移概率。如果马氏链的一步转移概率 $p_{ij}(n)$ 与 n 无关，即为齐次马氏链。

（3）转移矩阵。由一步转移概率为元素构成的矩阵 $\boldsymbol{P}_1$ 为一步转移矩阵

$$\boldsymbol{P}_1 = (p_{ij})$$

由 n 步转移概率 $p_{ij}^{(n)}$ 为元素组成的矩阵 $\boldsymbol{P}_n = (p_{ij}^{(n)})$ 为 n 步转移矩阵。

（4）初始分布。设 $\{X_n，n \geqslant 0\}$ 为一个马氏链，若

$$p_i(0) = P\{X_0=i\}，\quad i \in I$$

满足

$$p_i(0) \geq 0, \qquad \sum_{i \in I} p_i(0) = 1$$

则称 $\{p_i(0), i \in I\}$ 为该马氏链的初始分布。

马氏链在初始时刻有可能处于 I 中的任意状态，初始分布就是马氏链在初始时刻的概率分布。

（5）绝对分布。设 $\{X_n, n \geq 0\}$ 为一个马氏链，若

$$p_i(n) = P\{X_n = i\}, \quad i \in I, n \geq 0$$

满足

$$p_i(n) \geq 0, \qquad \sum_{i \in I} p_i(n) = 1$$

则称 $\{p_i(n), i \in I\}$ 为该马氏链的绝对分布。

若绝对分布 $p_i(n)$ 与 n 无关，即

$$p_i = P\{X_n = i\}, \quad i \in I, n \geq 0$$

则称 $\{p_i(n), i \in I\}$ 为马氏链 $\{X_n, n \geq 0\}$ 的定态分布。

（6）平稳分布。设马氏链有转移矩阵 $\boldsymbol{P} = (p_{ij})$，若存在一个概率分布 $\{\pi(i), i \in I\}$，满足

$$\pi(i) = \sum_{j \in I} \pi(j) p_{ij}$$

则称 $\{\pi(i), i \in I\}$ 为马氏链 $\{X_n, n \geq 0\}$ 的平稳分布。

（7）遍历性。设马氏链 $\{X_n, n \geq 0\}$ 的状态空间为 I，若对一切 $i, j \in I$，存在不依赖于 i 的常数 $\pi(j)$，使得 $\lim_{n \to \infty} p_{ij}^{(n)} = \pi(j)$，则称此马氏链具有遍历性。

9.1.2 马尔可夫链的预测原理

1. 马氏链近期预测原理

若状态空间 $I = \{1, 2, \cdots, N\}$，则以绝对概率 $p_j(n) = P\{X_n = j\}$ 为元素组成的行矩阵——绝对概率分布，用 $\boldsymbol{P}(n)$ 表示，即

$$\boldsymbol{P}(n) = (p_1(n), p_2(n), \cdots, p_N(n))$$

定理 1 设 $\{X_n, n \geq 0\}$ 为一个齐次马氏链，其状态空间为 I，绝对概率为 $p_j(n)$，n 步转移概率为 $p_{ij}^{(n)}$，$i, j \in I$，则有

$$p_j(n+1) = \sum_{i \in I} p_i(n) p_{ij}$$

$$p_j(n) = \sum_{i \in I} p_i(0) p_{ij}^{(n)}, \quad n \geq 1$$

即表明马氏链的绝对概率由其初始分布和 n 步转移概率完全确定。其矩阵形式为

$$\boldsymbol{P}(n+1) = \boldsymbol{P}(n)\boldsymbol{P}_1$$

$$\boldsymbol{P}(n) = \boldsymbol{P}(0)\boldsymbol{P}_n$$

定理 2 C-K 方程（Chapman-Kolmogorov 方程）。设 $\{X_n, n \geq 0\}$ 为一个齐次马氏链，其状态空间为 I，n 步转移概率为 $p_{ij}^{(n)}$，$i, j \in I$，则

$$p_{ij}^{(n+m)} = \sum_{k \in I} p_{ik}^{(n)} p_{kj}^{(m)}$$

注：（1） C-K 方程的矩阵形式为

$$P_{m+n} = P_m P_n$$

（2） n 步转移矩阵 P_n 与一步转移矩阵 P_1 之间的关系为

$$P_n = P_1^n$$

（3） 定理 1 与定理 2 的结合即为马氏链预测模型，即

$$P(n) = P(0)P_n = P(0)\begin{pmatrix} p_{11} & p_{12} & \cdots & p_{1N} \\ p_{21} & p_{22} & \cdots & p_{2N} \\ \vdots & \vdots & & \vdots \\ p_{N1} & p_{N2} & \cdots & p_{NN} \end{pmatrix}^n$$

2. 马氏链稳态概率分布预测原理

经过较长一段时期后，马氏链将逐渐趋于这样一种状态：它与初始状态无关，并且前后两期的状态概率相等，即称为马氏链的稳定状态，此时的分布即为平稳分布。

遍历性定理　设有限马氏链 $\{X_n，n \geq 0\}$ 的状态空间为 $I = \{1,2,\cdots,N\}$，如果存在正整数 n_0，使对一切 $i，j \in I$ 都有 $p_{ij}^{(n_0)} > 0$，则此马氏链是遍历的，且平稳分布 $\pi(j)$ （$j = 1，2，\cdots，N$） 是方程组

$$\begin{cases} p_{11}\pi_1 + p_{21}\pi_2 + \cdots + p_{N1}\pi_N = \pi_1 \\ p_{12}\pi_1 + p_{22}\pi_2 + \cdots + p_{N2}\pi_N = \pi_2 \\ \qquad\qquad\vdots \\ p_{1N}\pi_1 + p_{2N}\pi_2 + \cdots + p_{NN}\pi_N = \pi_N \\ \pi_1 + \pi_2 + \cdots + \pi_N = 1 \end{cases}$$

的唯一解。

3. 马氏链预测基本步骤

（1） 划分状态区间，确定状态空间 $I = \{1,2,\cdots,m\}$；划分预测对象状态可以根据预测对象明显的状态界限直接进行，也可以根据实际情况人为判断，划分时要考虑预测目的和状态的全面性。

（2） 按步骤（1）划分的状态区间，确定资料序列中各时段指标值所对应的状态。

（3） 对步骤（2）所得的结果进行统计计算，可得马氏链的一步转移频数 f_{ij} 的矩阵 N 和一步转移概率 p_{ij} 的矩阵 P_1，它们决定指标值状态转移过程的概率法则。

（4） 进行"马氏性"检验。在步骤（3）求得 f_{ij} 和 p_{ij} 的基础上，求边际概率

$$p_{*j} = \sum_{i=1}^m f_{ij} \bigg/ \sum_{i=1}^m \sum_{j=1}^m f_{ij}$$

作统计量

$$\chi^2 = \sum_{i=1}^m \sum_{j=1}^m f_{ij} \left| \ln \frac{p_{ij}}{p_{*j}} \right|$$

并查找分位点 $\chi_\alpha^2((m-1)^2)$。若 $\chi^2 > \chi_\alpha^2((m-1)^2)$，则符合马氏性，否则不符合马氏性。

（5） 确定初始分布 $P(0)$，利用 $P(n) = P(0)P_n = P(0)P_1^n$，分别求得 $n = 1,2,3,\cdots$ 各期的绝对分布：$P(n) = [p_n(1) \quad p_n(2) \quad \cdots \quad p_n(m)]$，从而所预测的状态 j 满足

$$p_n(j) = \max\{p_n(i), i \in I\}$$

（6）进一步讨论遍历性，确定平稳分布，计算长期稳态时的分布律情况。

9.2 案例分析

9.2.1 市场占有率预测

在市场占有率预测中，马氏链的稳定状态的经济含义就是当经过较长一段时间后，各家的市场占有率相对变化比较小，市场处于一种均衡的状态。

1. 市场占有率预测分析

【例 9-1】 设有甲、乙、丙三家企业生产同一种生活必需品，供应同一地区的 2440 户居民使用，每户可自由选择此三家企业的产品。经市场调查，某年 1 月，甲、乙、丙三家企业拥有的用户数分别为 760 户、580 户和 1100 户，2 月用户可能的流动情况如表 9-1 所示。试求：

（1）2 月市场占有率的分布。

（2）5 月市场占有率的分布。

（3）当用户流如此长期稳定下去市场占有率的分布。

表 9-1　2 月用户可能的流动情况　　　　　　　　　　　（单位：户）

从	到		
	甲	乙	丙
甲	480	120	160
乙	90	360	130
丙	120	180	800

MATLAB 程序如下：

（1）根据市场调查，确定 1 月的初始概率分布为 $P(0) = (p_1 \quad p_2 \quad p_3)$。

A = [760 580 1100];

P0 = A. / sum(A)　　　　　　　　　　　　　% 初始分布

运行结果如下：

P0 =

　　　0.3115　　0.2377　　0.4508

（2）根据 2 月的流动情况求一步转移概率矩阵 P。

N1 = [480 120 160];

N2 = [90 360 130];

N3 = [120 180 800];

P = [N1. / sum(N1); N2. / sum(N2); N3. / sum(N3)]　　% 一步转移概率矩阵

运行结果即得一步转移概率矩阵为

$$P = \begin{pmatrix} 0.6316 & 0.1579 & 0.2105 \\ 0.1552 & 0.6207 & 0.2241 \\ 0.1091 & 0.1636 & 0.7273 \end{pmatrix}$$

（3）2 月市场占有率分布为 $\boldsymbol{P}(1) = \boldsymbol{P}(0)\boldsymbol{P}$。

P1 = P0 * P

运行结果如下：

P1 =

　　　0.2828　　　0.2705　　　0.4467

即 2 月三家企业的市场占有率分别为 28.28%、27.05% 和 44.67%。

（4）5 月市场占有率分布为 $\boldsymbol{P}(4) = \boldsymbol{P}(0)\boldsymbol{P}^4$。

P4 = P0 * P^4

运行结果如下：

P4 =

　　　0.2600　　　0.2959　　　0.4441

即 5 月三家企业的市场占有率分别为 26%、29.59% 和 44.41%。

（5）判断遍历性，解方程组 $\boldsymbol{\pi} = \boldsymbol{\pi}\boldsymbol{P}$，求出平稳分布，即为长期稳态市场占有率。

```
syms x1 x2 x3
eq1 = x1 - [x1　x2　x3] * P(:,1)
eq2 = x2 - [x1　x2　x3] * P(:,2)
eq3 = x3 - [x1　x2　x3] * P(:,3)
eq4 = x1 + x2 + x3 - 1
[x1 x2 x3] = solve(eq1, eq2, eq3, eq4)
```

运行结果如下：

x1 =

　　　4047/15730

x2 =

　　　2349/7865

x3 =

　　　127/286

此方程组的求解程序，可使用矩阵解方程组进行优化：

```
A = [P' - eye(3); ones(1,3)];
B = [zeros(3,1); 1];
Z = A \ B        %方程组的解
```

运行结果如下：

Z =

　　　0.2573

　　　0.2987

　　　0.4441

即

$$(x_1 \quad x_2 \quad x_3) = (0.2573 \quad 0.2987 \quad 0.4441)$$

故在市场稳定状态下，甲、乙、丙企业的市场占有率分别为 25.73%、29.87% 和 44.41%。

2. 销售策略对市场占有率的影响

由上述结果可知，甲企业的市场占有率从 31.15% 降至最终的 25.73%，这是假定以状态转移概率保持不变为前提的。如果该企业的经营决策者看到了这种不利趋势，并制定某种策略（如销售策略）来扭转这种不利趋势，则会使企业在市场上保持较有利的地位。

（1）保留策略。保留策略是指尽力保留企业原有用户的各种经营方针与对策，如提供优质服务或对连续两期购货的用户实行折价优惠等。

假设甲企业采用保留策略后，减少了其原有用户向乙、丙两家企业的流失，使保留率由原来的 63.16% 提高到 80%，同时向乙、丙两家企业的转移概率分别为 9% 和 11%，此时【例 9-1】中 MATLAB 程序第（2）步的一步转移概率矩阵变为

$$P = \begin{pmatrix} 0.8 & 0.09 & 0.11 \\ 0.1552 & 0.6207 & 0.2241 \\ 0.1091 & 0.1636 & 0.7273 \end{pmatrix}$$

利用上述程序的第（5）步，即可计算出在此转移概率矩阵情况、市场稳定状态下，甲、乙、丙企业的市场占有率分别为 39%、24.85 和 36.15%。显然，甲企业通过采用保留策略，使市场占有率由 25.73% 提高到 39%，取得了明显的效果。

（2）争取策略。争取策略是指从竞争者拥有的用户中争取用户的各种经营方针与对策，如投放广告等。

假设甲企业采用争取策略后，能从上一期内向另外两家企业购货的用户中分别争取 20% 与 15%，此时【例 9-1】中 MATLAB 程序第（2）步的一步转移概率矩阵又变为

$$P = \begin{pmatrix} 0.6316 & 0.1579 & 0.2105 \\ 0.2 & 0.5759 & 0.2241 \\ 0.15 & 0.1636 & 0.6864 \end{pmatrix}$$

同样利用上述程序的第（5）步，可计算出在此转移概率矩阵情况、市场稳定状态下，甲、乙、丙企业的市场占有率分别为 31.59%、27.53% 和 40.88%。显然，甲企业通过采用争取策略，使市场占有率由 25.73% 提高到 31.59%，取得了一定的效果。

9.2.2 股票价格走势预测

【例 9-2】（续【例 1-12】）招商银行 2021 年 9 月 1 日至 12 月 30 日的交易日收盘价数据如表 1-3 所示，试用马氏链预测 2021 年 12 月 31 日及 2022 年 1 月 4 日至 6 日的收盘价区间。

先划分预测对象（收盘价）区间，确定状态。将收盘价按从低到高划分为五个状态区间：低于 50 元的为状态 a，50 元（含）至 51 元的为状态 b，51 元（含）至 52 元的为状态 c，52 元（含）至 53 元的为状态 d，53 元（含）以上的为状态 e，进而找出各个状态区间所包含的数据个数及所在的位置。

MATLAB 程序如下：

（1）输入数据。

```
X = [50.79   51.60   52.00   51.20   52.81   52.41   52.10   54.12   53.92   52.10 …
     51.40   50.70   51.25   49.41   48.84   48.77   49.09   50.42   51.56   50.45 …
     50.93   53.00   53.09   53.03   52.36   53.31   51.86   52.88   52.40   53.75 …
     54.29   54.59   55.30   54.52   54.22   53.97   54.12   52.25   51.70   51.75 …
     51.56   51.30   51.06   50.63   52.82   52.40   52.93   52.50   51.84   51.41 …
```

$$52.33 \quad 51.69 \quad 51.75 \quad 51.74 \quad 51.42 \quad 50.10 \quad 49.82 \quad 49.49 \quad 49.99 \quad 50.89 \cdots$$
$$51.25 \quad 51.82 \quad 51.84 \quad 52.04 \quad 53.13 \quad 53.49 \quad 52.42 \quad 51.15 \quad 51.00 \quad 51.20 \cdots$$
$$50.77 \quad 50.69 \quad 50.63 \quad 50.01 \quad 50.22 \quad 49.86 \quad 49.33 \quad 49.63 \quad 47.62 \quad 48.50];$$

sort(X) 　 % 从低到高排序,以便划分区间

（2） 找出各个状态区间所包含的数据个数及所在的位置。

a = find(X < 50)

b = find(50 < = X&X < 51)

c = find(51 < = X&X < 52)

d = find(52 < = X&X < 53)

e = find(X > = 53)

（3） 计算一步转移频数矩阵 **N**。

% X 最后一个数据在状态 a,无法转移,因此不能取到

N11 = length(find(X(a(1∶end − 1) + 1) < 50))

N12 = length(find(X(a(1∶end − 1) + 1) > = 50&X(a(1∶end − 1) + 1) < 51))

N13 = length(find(X(a(1∶end − 1) + 1) > = 51&X(a(1∶end − 1) + 1) < 52))

N14 = length(find(X(a(1∶end − 1) + 1) > = 52&X(a(1∶end − 1) + 1) < 53))

N15 = length(find(X(a(1∶end − 1) + 1) > = 53))

N21 = length(find(X(b + 1) < 50))

N22 = length(find(X(b + 1) > = 50&X(b + 1) < 51))

N23 = length(find(X(b + 1) > = 51&X(b + 1) < 52))

N24 = length(find(X(b + 1) > = 52&X(b + 1) < 53))

N25 = length(find(X(b + 1) > = 53))

N31 = length(find(X(c + 1) < 50))

N32 = length(find(X(c + 1) > = 50&X(c + 1) < 51))

N33 = length(find(X(c + 1) > = 51&X(c + 1) < 52))

N34 = length(find(X(c + 1) > = 52&X(c + 1) < 53))

N35 = length(find(X(c + 1) > = 53))

N41 = length(find(X(d + 1) < 50))

N42 = length(find(X(d + 1) > = 50&X(d + 1) < 51))

N43 = length(find(X(d + 1) > = 51&X(d + 1) < 52))

N44 = length(find(X(d + 1) > = 52&X(d + 1) < 53))

N45 = length(find(X(d + 1) > = 53))

N51 = length(find(X(e + 1) < 50))

N52 = length(find(X(e + 1) > = 50&X(e + 1) < 51))

N53 = length(find(X(e + 1) > = 51&X(e + 1) < 52))

N54 = length(find(X(e + 1) > = 52&X(e + 1) < 53))

N55 = length(find(X(e + 1) > = 53))

N = [N11 N12 N13 N14 N15;N21 N22 N23 N24 N25;N31 N32 N33 N34 N35;⋯

　　 N41 N42 N43 N44 N45;N51 N52 N53 N54 N55]

（4） 计算一步转移概率矩阵 **P**。

P = [N(1,∶) ./sum(N(1,∶));N(2,∶) ./sum(N(2,∶));N(3,∶) ./sum(N(3,∶));⋯

　　 N(4,∶) ./sum(N(4,∶));N(5,∶) ./sum(N(5,∶))]

（5）马氏性检验。

```
%求边际概率
pj = sum(N)./sum(sum(N))
%求卡方统计量
for i = 1 : 5
    for j = 1 : 5
        cf(i,j) = N(i,j) * abs(log(P(i,j)/pj(j)))
    end
end
CF = 2 * nansum(nansum(cf))          %卡方统计量值
CF0 = chi2inv(0.95,16)               %卡方统计量分位数点
```

（6）自 2021 年 12 月 30 日开始，分别预测其后交易日收盘价的分布律情况。

```
P0 = [1 0 0 0 0];          %以 2021 年 12 月 30 日最后一个数据所在的状态作为初始分布
P1 = P0 * P                %下一个交易日 2021 年 12 月 31 日收盘价的分布律
P2 = P0 * P^2              %第二个交易日 2022 年 1 月 4 日收盘价的分布律
P3 = P0 * P^3              %第三个交易日 2022 年 1 月 5 日收盘价的分布律
P4 = P0 * P^4              %第四个交易日 2022 年 1 月 6 日收盘价的分布律
```

运行结果如下：

```
N =
    9     2     0     0     0
    2     5     4     1     1
    1     5    12     5     0
    0     0     6     6     4
    0     0     1     4    11
P =
    0.8182    0.1818         0         0         0
    0.1538    0.3846    0.3077    0.0769    0.0769
    0.0435    0.2174    0.5217    0.2174         0
         0         0    0.3750    0.3750    0.2500
         0         0    0.0625    0.2500    0.6875
CF =
  109.2442
CF0 =
   26.2962
P1 =
    0.8182    0.1818         0         0         0
P2 =
    0.6974    0.2187    0.0559    0.0140    0.0140
P3 =
    0.6067    0.2231    0.1026    0.0377    0.0299
P4 =
    0.5351    0.2184    0.1382    0.0611    0.0472
```

由于四个分布律中最大值都在状态 a，说明未来四日的收盘价都在状态 a，即在 50 元以下的区间。

上述程序是按照转移概率的原理进行编写的，易于掌握马氏链的理论，但程序较烦琐。为便于使用，将其优化，只需将上述程序中的第（3）步求频数矩阵和第（4）步求转移概率矩阵的程序，用下面的程序替换即可：

```
% 将 a、b、c、d、e 五组数值分别用状态 1、2、3、4、5 代替
X(a) = 1;X(b) = 2;X(c) = 3;X(d) = 4;X(e) = 5;
% 求频数矩阵 N
for i = 1 : 5
    for j = 1 : 5
        N(i,j) = length(findstr(X,[i,j]));
    end
end
N
% 求概率矩阵 P
S = sum(N,2);
for i = 1 : 5
    P(i,:) = N(i,:)/S(i);
end
P
```

其他程序不变，运行结果与前面结果完全一致。

9.2.3　加权马氏链法预测股票走势

加权马氏链法预测步骤如下：

（1）将证券价格指数序列由小到大排列，划分区间，产生状态空间 I。

（2）确定各时段证券价格指数所处的状态。

（3）马氏性检验。

（4）计算各阶自相关系数 r_k，公式为

$$r_k = \frac{\sum_{l=1}^{n-k}(x_l - \bar{x})(x_{l+k} - \bar{x})}{\sum_{l=1}^{n}(x_l - \bar{x})^2} \quad (k \in I)$$

式中，r_k 为第 k 阶（滞时为 k 个时期）的自相关系数；x_l 为第 l 时段证券价格指数；$\bar{x}$ 为证券价格指数均值；n 为证券价格指数序列的长度。

（5）对各阶自相关系数规范化，公式为

$$w_k = \frac{|r_k|}{\sum_{k=1}^{m}|r_k|} \quad (m \text{ 为按预测需要计算到的最大阶数})$$

并将其作为各种滞时（步长）的马氏链的权重。

（6）对第（5）步所得的结果进行统计，可得不同滞时（步长）的马氏链的转移概率

矩阵。

（7）分别以前面若干时段的证券价格指数为初始状态，结合其相应的转移概率矩阵，即可预测出该时段证券价格指数的状态概率 $p_i^{(k)}$（$i \in I$，k 为滞时，$k = 1, 2, \cdots, m$）。

（8）将同一状态的各预测概率加权和作为证券价格指数处于该状态的预测概率，即

$$p_i = \sum_{k=1}^m w_k p_i^{(k)} \quad (i \in I)$$

$\max(p_i, i \in I)$ 所对应的 i 即为该时段证券价格状态的预测。

【例9-3】（续【例9-2】）　根据招商银行 2021 年 9 月 1 日至 12 月 30 日的交易日收盘价数据，试用加权马氏链法预测下一个交易日收盘价区间。

（1）先划分区间，确定状态：划分结果同【例9-2】一致。

```
X = [...];              % 表 1-3 数据（行向量），在此省略
a = find(X < 50)
b = find(50 < = X&X < 51)
c = find(51 < = X&X < 52)
d = find(52 < = X&X < 53)
e = find(X > = 53)
```

（2）计算各阶自相关系数 r_k。

```
rk = autocorr(X,8)
```

运行结果如下：

```
rk =
  1.0000  0.8186  0.6493  0.5136  0.3616  0.2135  0.0806  −0.0468  −0.0938
```

所以取滞后五期，即 $k = 1,2,3,4,5$ 的自相关系数（见表9-2）。

表9-2　各阶自相关系数

自相关系数	$k = 1$	$k = 2$	$k = 3$	$k = 4$	$k = 5$
r_k	0.8186	0.6493	0.5136	0.3616	0.2135

（3）将各阶自相关系数规范化可以得到各阶滞时的马氏链的权重。

```
wk = rk(2:6)./sum(rk(2:6))
```

运行结果如下：

```
wk =
  0.3202  0.2540  0.2009  0.1414  0.0835
```

即各阶滞时的马氏链的权重如表9-3所示。

表9-3　各阶滞时马氏链的权重

权重	$k = 1$	$k = 2$	$k = 3$	$k = 4$	$k = 5$
w_k	0.3202	0.2540	0.2009	0.1414	0.0835

（4）计算不同滞时的马氏链的转移概率矩阵。

```
% 将 a、b、c、d、e 五组数值分别用状态 1、2、3、4、5 代替
X(a) = 1;X(b) = 2;X(c) = 3;X(d) = 4;X(e) = 5;
% 计算滞后一步转移频数矩阵
```

```
for i = 1：5
    for j = 1：5
        N1(i,j) = length(findstr(X,[i,j]));
    end
end
% 计算滞后一步转移概率矩阵
S1 = sum(N1,2);
for i = 1：5
    P1(i,：) = N1(i,：)/S1(i);
end
P1
% 计算滞后两步转移频数矩阵
G2 = zeros(5);
for k = 1：2
    Y2 = X(k：2：end);
    for i = 1：5
        for j = 1：5
            N2(i,j) = length(findstr(Y2,[i,j]));
        end
    end
    G2 = G2 + N2;
end
% 计算滞后两步转移概率矩阵
S2 = sum(G2,2);
for i = 1：5
    P2(i,：) = G2(i,：)/S2(i);
end
P2
% 计算滞后三步转移频数矩阵
G3 = zeros(5);
for k = 1：3
    Y3 = X(k：3：end);
    for i = 1：5
        for j = 1：5
            N3(i,j) = length(findstr(Y3,[i,j]));
        end
    end
    G3 = G3 + N3;
end
% 计算滞后三步转移概率矩阵
S3 = sum(G3,2);
for i = 1：5
    P3(i,：) = G3(i,：)/S3(i);
```

```
end
P3
% 计算滞后四步转移频数矩阵
G4 = zeros(5);
for k = 1 : 4
   Y4 = X(k : 4 : end);
   for i = 1 : 5
      for j = 1 : 5
         N4(i,j) = length(findstr(Y4,[i,j]));
      end
   end
   G4 = G4 + N4;
end
% 计算滞后四步转移概率矩阵
S4 = sum(G4,2);
for i = 1 : 5
   P4(i,:) = G4(i,:)/S4(i);
end
P4
% 计算滞后五步转移频数矩阵
G5 = zeros(5);
for k = 1 : 5
   Y5 = X(k : 5 : end);
   for i = 1 : 5
      for j = 1 : 5
         N5(i,j) = length(findstr(Y5,[i,j]));
      end
   end
   G5 = G5 + N5;
end
% 计算滞后五步转移概率矩阵
S5 = sum(G5,2);
for i = 1 : 5
   P5(i,:) = G5(i,:)/S5(i);
end
P5
```

运行结果如下:

P1 =

0.8182	0.1818	0	0	0
0.1538	0.3846	0.3077	0.0769	0.0769
0.0435	0.2174	0.5217	0.2174	0
0	0	0.3750	0.3750	0.2500
0	0	0.0625	0.2500	0.6875

P2 =

0.6000	0.2000	0.2000	0	0
0.3077	0.3077	0.0769	0.1538	0.1538
0.0870	0.2174	0.4348	0.2174	0.0435
0	0.0625	0.3750	0.2500	0.3125
0	0	0.1875	0.3125	0.5000

P3 =

0.3333	0.3333	0.3333	0	0
0.3846	0.2308	0.1538	0.0769	0.1538
0.1739	0.2174	0.2174	0.2174	0.1739
0	0	0.3750	0.3750	0.2500
0	0.0625	0.3750	0.1875	0.3750

P4 =

0.1250	0.3750	0.5000	0	0
0.3846	0.1538	0	0.3077	0.1538
0.2174	0.2174	0.1304	0.2174	0.2174
0.0625	0.0625	0.4375	0.2500	0.1875
0	0.0625	0.4375	0.1250	0.3750

P5 =

0	0.2857	0.4286	0.1429	0.1429
0.4615	0	0.1538	0.1538	0.2308
0.1739	0.2609	0.1304	0.2609	0.1739
0.0625	0.1875	0.3750	0.1250	0.2500
0.0625	0.0625	0.4375	0.1875	0.2500

（5）选定最后五个交易日为初始日（12月24日至30日，其中25日、26日是周六和周日），其所在的状态结合其相应的转移概率矩阵即可预测出该时段股票价格的状态概率（见表9-4中"状态空间概率"一栏）

表9-4　2021年12月31日股票价格预测

初　始　日	收盘价/元	状　态	滞时/天	权　重	状态空间概率				
					1	2	3	4	5
12月24日	49.86	1	5	0.0835	0	0.2857	0.4286	0.1429	0.1429
12月27日	49.33	1	4	0.1414	0.1250	0.3750	0.5000	0	0
12月28日	49.63	1	3	0.2009	0.3333	0.3333	0.3333	0	0
12月29日	47.62	1	2	0.2540	0.6000	0.2000	0.2000	0	0
12月30日	48.50	1	1	0.3202	0.8182	0.1818	0	0	0
p_i（加权和）					0.4990	0.2529	0.2243	0.0119	0.0119

（6）将同一状态的各预测概率加权和作为股票价格处于该状态的预测概率。

将表9-4中"状态空间概率"用矩阵 Q 表示，则此表格中的计算结果可用如下程序实现：

$Q = [P5(X(end-4),:); P4(X(end-3),:); P3(X(end-2),:);\cdots$　　　　　% X(end-2)表示状态

$$P2(X(end-1),:);P1(X(end),:)]$$ % 状态空间概率栏

wk = wk';   % 权重栏

p1 = sum(wk(5：-1：1).*Q(:,1));

p2 = sum(wk(5：-1：1).*Q(:,2));

p3 = sum(wk(5：-1：1).*Q(:,3));

p4 = sum(wk(5：-1：1).*Q(:,4));

p5 = sum(wk(5：-1：1).*Q(:,5));

R = [p1 p2 p3 p4 p5]   % 加权和栏

S = find(R == max(R))   % 选取对应最大概率的状态数

运行结果如下：

Q =

0	0.2857	0.4286	0.1429	0.1429
0.1250	0.3750	0.5000	0	0
0.3333	0.3333	0.3333	0	0
0.6000	0.2000	0.2000	0	0
0.8182	0.1818	0	0	0

R =

     0.4990   0.2529   0.2243   0.0119   0.0119

S =

     1

故招商银行在 2021 年 12 月 31 日的收盘价预计在 a 状态，即在 50 元以下的区间。

9.2.4 期望利润预测

已知一步转移概率矩阵 $\boldsymbol{P}$ 和其对应的一步转移利润矩阵 $\boldsymbol{R}$ 为

$$\boldsymbol{P} = \begin{pmatrix} p_{11} & p_{12} & \cdots & p_{1N} \\ p_{21} & p_{22} & \cdots & p_{2N} \\ \vdots & \vdots & & \vdots \\ p_{N1} & p_{N2} & \cdots & p_{NN} \end{pmatrix}, \quad \boldsymbol{R} = \begin{pmatrix} r_{11} & r_{12} & \cdots & r_{1N} \\ r_{21} & r_{22} & \cdots & r_{2N} \\ \vdots & \vdots & & \vdots \\ r_{N1} & r_{N2} & \cdots & r_{NN} \end{pmatrix}$$

式中，$r_{ij} > 0$ 表示盈利；$r_{ij} < 0$ 表示亏本；$r_{ij} = 0$ 表示不盈不亏。

根据两个转移矩阵 $\boldsymbol{P}$ 和 $\boldsymbol{R}$，对现在所处的状态 i（$i = 1,2,\cdots,N$）经过 n 步转移之后的利润 $v_i(n)$ 进行预测，预测过程如下：

（1）经过一步转移之后的期望利润为

$$v_i(1) = r_{i1}p_{i1} + r_{i2}p_{i2} + \cdots + r_{iN}p_{iN} = \sum_{j=1}^{N} r_{ij}p_{ij}$$

（2）经过两步转移之后的期望利润为

$$v_i(2) = (v_1(1) + r_{i1})p_{i1} + (v_2(1) + r_{i2})p_{i2} + \cdots + (v_N(1) + r_{iN})p_{iN}$$

$$= \sum_{j=1}^{N} (v_j(1) + r_{ij})p_{ij} = \sum_{j=1}^{N} v_j(1)p_{ij} + \sum_{j=1}^{N} r_{ij}p_{ij} = v_i(1) + \sum_{j=1}^{N} v_j(1)p_{ij}$$

（3）经过 n 步转移之后的期望利润递推公式为

$$v_i(n) = \sum_{j=1}^{N} (v_j(n-1) + r_{ij})p_{ij} = v_i(1) + \sum_{j=1}^{N} v_j(n-1)p_{ij}$$

当 $n=0$ 时，规定 $v_i(0)=0(i=1,2,\cdots,N)$。

上述过程的矩阵表示为

$$\boldsymbol{V}(1)=\boldsymbol{V}(1)+\boldsymbol{P}\boldsymbol{V}(0)$$
$$\boldsymbol{V}(2)=\boldsymbol{V}(1)+\boldsymbol{P}\boldsymbol{V}(1)$$
$$\vdots$$
$$\boldsymbol{V}(n)=\boldsymbol{V}(1)+\boldsymbol{P}\boldsymbol{V}(n-1)$$

即有

$$\boldsymbol{V}(n)=(\boldsymbol{I}+\boldsymbol{P}+\boldsymbol{P}^2+\cdots+\boldsymbol{P}^{n-1})\boldsymbol{V}(1)=\sum_{k=1}^{n}\boldsymbol{P}^{k-1}\boldsymbol{V}(1)$$

其中

$$\boldsymbol{V}(n)=(v_1(n)\quad v_2(n)\quad\cdots\quad v_N(n))^{\mathrm{T}}$$

$$v_i(1)=r_{i1}p_{i1}+r_{i2}p_{i2}+\cdots+r_{iN}p_{iN}=\sum_{j=1}^{N}r_{ij}p_{ij}$$

此为求经过 n 步转移之后的期望利润预测模型。

在一些问题当中，有时没有直接给出转移利润矩阵 $\boldsymbol{R}$，而是给出各状态的转移利润

$$\boldsymbol{V}(1)=(v_1(1)\quad v_2(1)\quad\cdots\quad v_N(1))^{\mathrm{T}}$$

则利用此模型来求解更简单。

【例 9-4】　某企业产品销路分为畅销、一般销售和滞销三种状态，经调查知，三种状态的转移概率如表 9-5 所示，其对应的转移利润如表 9-6 所示。如果基期（ $n=0$ ）不管处于哪种状态，预测其后 1~3 期各期总期望利润。

表 9-5　转移概率

从	到		
	畅　销	一　般	滞　销
畅销	0.50	0.30	0.20
一般	0.16	0.60	0.24
滞销	0.15	0.30	0.55

表 9-6　转移利润　　　　　　　　（单位：万元）

从	到		
	畅　销	一　般	滞　销
畅销	12	6	3
一般	6	4	2
滞销	3	2	-5

（1）先写出转移概率矩阵 $\boldsymbol{P}$ 与转移利润矩阵 $\boldsymbol{R}$。

$$\boldsymbol{P}=\begin{pmatrix}0.50&0.30&0.20\\0.16&0.60&0.24\\0.15&0.30&0.55\end{pmatrix},\ \boldsymbol{R}=\begin{pmatrix}12&6&3\\6&4&2\\3&2&-5\end{pmatrix}$$

（2）计算出 $V(1)$。

（3）利用 $V(n) = (I + P + P^2 + \cdots + P^{n-1})V(1)$，相应地计算出各期的期望利润。

MATLAB 程序如下：

```
P = [0.50 0.30 0.20;0.16 0.60 0.24;0.15 0.30 0.55];
R = [12 6 3;6 4 2;3 2  -5];
V1 = [sum(P(1,:).*R(1,:));sum(P(2,:).*R(2,:));sum(P(3,:).*R(3,:))]  %1 期后的利润
I = eye(3);
V2 = (I + P)*V1                    %2 期后的利润
V3 = (I + P + P^2)*V1              %3 期后的利润
```

运行结果如下：

```
V1 =
     8.4000
     3.8400
    -1.7000
V2 =
    13.4120
     7.0800
    -0.2230
V3 =
    17.1854
    10.1804
     2.3131
```

所以，当基期处于畅销的情况下，1 期之后获得的期望利润为 8.4 万元，2 期之后获得的期望利润为 13.412 万元，3 期之后获得的期望利润为 17.1854 万元；当基期处于一般销售情况下，1 期之后获得的期望利润为 3.84 万元，2 期之后获得的期望利润为 7.08 万元，3 期之后获得的期望利润为 10.1804 万元；当基期处于滞销的情况下，1 期之后亏损为 1.7 万元，2 期之后亏损为 0.223 万元，3 期之后获得的期望利润为 2.3131 万元。

练习与提高

1. 设有 A、B、C 三家公司生产某种日用产品，在某地区市场上销售。由于服务态度、产品质量及广告宣传等因素的不同和变化，近期客户的流动情况和保留情况分别如表 9-7 和表 9-8 所示。

表 9-7　客户流动表　　　　　　　　　　　　　　　　　　　（单位：家）

公　司	7 月客户	得　　到			失　　去			8 月客户
		自 A	自 B	自 C	于 A	于 B	于 C	
A	200	0	55	30	0	25	20	240
B	600	25	0	35	55	0	50	555
C	400	20	50	0	30	35	0	405

表 9-8　客户保留表　　　　　　　　　　　　（单位：家）

公　司	7 月客户	失　去	保　留
A	200	45	155
B	600	105	495
C	400	65	335

试求：

（1）一步转移概率矩阵。

（2）以 7 月的客户数量作为初始占有率，预测 9 月三家公司的市场占有率。

（3）以 8 月的客户数量作为初始占有率，预测 9 月三家公司的市场占有率。

（4）客户长期稳定下去三家公司的市场占有率。

（5）从结果（4）分析，市场占有率较低的公司应采取什么策略以争取占有更多的市场份额？

2. 某公司拟对 E、F、G 三家企业生产的某种电子产品在未来的市场占有情况进行预测。经市场调查，目前的市场占有情况为：在调查的购买该产品的 1000 位客户中，购买 E、F、G 三家企业产品的各有 400 位、320 位和 280 位，并且收到下一期的订货单如表 9-9 所示。

表 9-9　下一期的订货单　　　　　　　　　　（单位：家）

产 品 来 源	下期订货情况		
	E	F	G
E	200	120	80
F	90	180	40
G	45	75	160

试求：

（1）目前三家企业的市场占有率。

（2）一步转移概率矩阵。

（3）下一期三家企业的市场占有率。

（4）市场的客户转移趋向长期稳定下去，三家企业的市场占有率。

3. 招商银行 2021 年 9 月 1 日至 12 月 30 日交易日的收盘价数据如表 1-3 所示，试选取 9 月和 10 月两个月的数据，并将区间分为四个状态，利用马氏链法预测未来三个交易日的收盘价区间。

操作流程：

（1）先划分区间，确定状态。

（2）输入数据。

（3）找出各个状态所包含的数据个数及所在的位置。

（4）计算一步转移的频数矩阵。

（5）计算一步转移概率矩阵 P。

（6）以最后一个收盘价为初始状态，预测未来交易日的收盘价区间。

第10章

灰色预测法

本章要点

- 灰色预测 GM(1,1) 模型
- 灰色预测 GM(1,1) 修正模型
- 灰色预测 GM(1,n) 模型
- 灰色灾变预测

10.1 灰色预测的基本内容

10.1.1 灰色预测的基本概念

1. 灰色预测

灰色预测是指对既含有已知信息,又含有不确定信息的系统进行预测,也就是对在一定范围内变化的、与时间有关的灰色过程进行预测。灰色预测的常见类型有:

(1)灰色时间序列预测。用观察到的反映预测对象特征的时间序列来构造灰色预测模型,预测未来某一时刻的特征量,或达到某一特征量的时间。

(2)畸变预测。通过灰色模型预测异常值出现的时刻,预测异常值什么时候出现在特定时区内。

(3)系统预测。通过对系统行为特征指标建立一组相互关联的灰色预测模型,预测系统中众多变量间的相互协调关系的变化。

(4)拓扑预测。将原始数据做成曲线,在曲线上按定值寻找该定值发生的所有时点,并以该定值为框架构成时点数列,然后建立模型预测该定值所发生的时点。

2. 生成列

为了弱化原始时间序列的随机性,在建立灰色预测模型之前,需先对原始时间序列进行数据处理,经过数据处理后的时间序列称为生成列。主要有累加生成列和累减生成列两种形式。

设原始时间序列为

$$X^{(0)} = \left[X^{(0)}(1), X^{(0)}(2), \cdots, X^{(0)}(n) \right]$$

生成列为

$$X^{(1)} = [X^{(1)}(1), X^{(1)}(2), \cdots, X^{(1)}(n)]$$

其中，累加生成列公式为

$$X^{(1)}(k) = \sum_{i=1}^{k} X^{(0)}(i) = X^{(1)}(k-1) + X^{(0)}(k)$$

累减生成列公式为

$$X^{(1)}(1) = X^{(0)}(1)$$

$$X^{(1)}(k) = X^{(0)}(k) - X^{(0)}(k-1) (k = 2, 3, \cdots, n)$$

3. 关联系数

设参考序列为

$$X_0 = [x_0(1), x_0(2), \cdots, x_0(n)]$$

比较序列为

$$X_i = [x_i(1), x_i(2), \cdots, x_i(n)] (i = 1, 2, \cdots, m)$$

则关联系数

$$\eta_i(k) = \frac{\min_j \min_l |x_0(l) - x_j(l)| + \lambda \max_j \max_l |x_0(l) - x_j(l)|}{|x_0(k) - x_i(k)| + \lambda \max_j \max_l |x_0(l) - x_j(l)|}$$

式中，$|x_0(k) - x_i(k)|$ 为第 k 点 x_0 与 x_i 的绝对差；$\min_l |x_0(l) - x_j(l)|$ 为在 X_j 序列上找出各点与 X_0 的最小差，在此基础上找出所有序列中的最小差，就是两级最小差 $\min_j \min_l |x_0(l) - x_j(l)|$；同样两级最大差的含义与最小差相似；$\lambda$ 称为分辨率，$0 < \lambda < 1$，一般取 $\lambda = 0.5$。

计算关联系数前通常要先进行初始化，即将该序列所有数据分别除以第一个数据。

4. 关联度

X_i 与 X_0 的关联度为

$$r_i = \frac{1}{n} \sum_{k=1}^{n} \eta_i(k)$$

【例 10-1】 我国2015 年—2020 年汽车产量、粗钢产量、焦炭产量和发电量的年产值如表 10-1 所示，试计算粗钢产量、焦炭产量和发电量与汽车产量的关联度。

表 10-1 2015 年—2020 年汽车产量、粗钢产量、焦炭产量和发电量的年产值

年 份	汽车产量/万辆 (X_1)	粗钢产量/万 t (X_2)	焦炭产量/万 t (X_3)	发电量/亿 kW·h (X_4)
2015	2450.35	80382.5	44822.54	58145.73
2016	2811.91	80760.94	44911.48	61331.60
2017	2901.81	87074.09	43142.55	66044.47
2018	2782.74	92903.84	44834.20	71661.33
2019	2567.67	99541.89	47126.16	75034.28
2020	2532.49	106476.68	47116.12	77790.60

MATLAB 程序如下：

```
% 关联度计算
```

```
X1 = [2450.35    2811.91    2901.81    2782.74    25 67.6725    32.49];
X2 = [80382.5    80760.94    87074.09    92903.84    99541.89    106476.68];
X3 = [44822.54    44911.48    43142.55    44834.2    47126.16    47116.12];
X4 = [58145.73    61331.6    66044.47    71661.33    75034.28    77790.6];
% 初始化处理
Y1 = X1./X1(1);
Y2 = X2./X2(1);
Y3 = X3./X3(1);
Y4 = X4./X4(1);
% 绝对差
Z2 = abs(Y2 - Y1);
Z3 = abs(Y3 - Y1);
Z4 = abs(Y4 - Y1);
% 两级最小最大差
u = min(min([Z2,Z3,Z4]));
v = max(max([Z2,Z3,Z4]));
% 分辨率
r = 0.5;
% 关联系数
aita2 = (u + r * v)./(Z2 + r * v);
aita3 = (u + r * v)./(Z3 + r * v);
aita4 = (u + r * v)./(Z4 + r * v);
% 关联度
r12 = mean(aita2)
r13 = mean(aita3)
r14 = mean(aita4)
```

运行结果如下:

```
r12 =
    0.6312
r13 =
    0.7201
r14 =
    0.6183
```

所以,粗钢产量、焦炭产量和发电量与汽车产量的关联度分别为 0.6312、0.7201 和 0.6183,说明焦炭产量与汽车产量的关联度最大,粗钢产量对汽车产量的影响其次,发电量对汽车产量的影响最小。

10.1.2 灰色预测 GM(1,1) 模型

1. GM(1,1) 模型

设时间序列有 n 个观察值

$$X^{(0)} = [X^{(0)}(1), X^{(0)}(2), \cdots, X^{(0)}(n)]$$

通过累加生成新序列

$$X^{(1)} = \left[X^{(1)}(1), X^{(1)}(2), \cdots, X^{(1)}(n) \right]$$

令 $Z^{(1)}$ 为 $X^{(1)}$ 的紧邻均值生成序列

$$Z^{(1)} = \left[Z^{(1)}(2), Z^{(1)}(3), \cdots, Z^{(1)}(n) \right]$$

$$Z^{(1)}(k) = \frac{1}{2} \left(X^{(1)}(k-1) + X^{(1)}(k) \right)$$

则 GM(1,1) 的灰微分方程模型为

$$X^{(0)}(k) + aZ^{(1)}(k) = b$$

式中，a 为发展灰数；b 为内生控制灰数。

设 $\hat{\boldsymbol{\beta}}$ 为待估参数向量，$\hat{\boldsymbol{\beta}} = (a \quad b)^{\mathrm{T}}$，可利用最小二乘法求解，得

$$\hat{\boldsymbol{\beta}} = (\boldsymbol{B}^{\mathrm{T}} \boldsymbol{B})^{-1} \boldsymbol{B}^{\mathrm{T}} \boldsymbol{Y}$$

其中

$$\boldsymbol{B} = \begin{pmatrix} -Z^{(1)}(2) & 1 \\ -Z^{(1)}(3) & 1 \\ \vdots & \vdots \\ -Z^{(1)}(n) & 1 \end{pmatrix}, \quad \boldsymbol{Y} = \begin{pmatrix} X^{(0)}(2) \\ X^{(0)}(3) \\ \vdots \\ X^{(0)}(n) \end{pmatrix}$$

则微分方程

$$\frac{\mathrm{d} X^{(1)}}{\mathrm{d} t} + a X^{(1)} = b$$

为灰色微分方程 $X^{(0)}(k) + aZ^{(1)}(k) = b$ 的白化方程，也称为影子方程。

（1）白化方程的解也被称为时间响应函数，其为

$$\hat{X}^{(1)}(t) = \left(X^{(0)}(0) - \frac{b}{a} \right) \mathrm{e}^{-at} + \frac{b}{a}$$

（2）GM(1, 1) 灰色微分方程 $X^{(0)}(k) + aZ^{(1)}(k) = b$ 的时间响应序列为

$$\hat{X}^{(1)}(k+1) = \left(X^{(1)}(0) - \frac{b}{a} \right) \mathrm{e}^{-ak} + \frac{b}{a} \quad (k = 1, 2, \cdots, n)$$

（3）取 $X^{(1)}(0) = X^{(0)}(1)$，有

$$\hat{X}^{(1)}(k+1) = \left(X^{(0)}(1) - \frac{b}{a} \right) \mathrm{e}^{-ak} + \frac{b}{a}$$

（4）累减后的预测方程为

$$\hat{X}^{(0)}(k+1) = \hat{X}^{(1)}(k+1) - \hat{X}^{(1)}(k) \quad (k = 1, 2, \cdots, n)$$

2. GM(1,1) 模型检验

灰色预测检验一般分为残差检验、关联度检验和后验差检验。

（1）残差检验。它是对模型预测还原值与实际值的残差进行的逐点检验。

绝对残差序列

$$\Delta^{(0)}(i) = | X^{(0)}(i) - \hat{X}^{(0)}(i) | \quad (i = 1, 2, \cdots, n)$$

相对残差序列

$$\varphi_i = \frac{\Delta^{(0)}(i)}{X^{(0)}(i)}$$

平均相对残差

$$\overline{\Phi} = \frac{1}{n} \sum_{i=1}^{n} \varphi_i$$

给定 α，当 $\overline{\Phi} < \alpha$ 且 $\varphi_n < \alpha$ 成立时，称模型为残差合格模型。α 取 0.01、0.05、0.1 所对应的模型分别为优、合格、勉强合格。

（2）关联度检验。它通过考察模型值曲线与建模序列曲线的相似程度进行检验。

计算 X_i 与 X_0 的关联度。根据经验，当 $\lambda = 0.5$ 时，关联度大于 0.9、0.8、0.7 所对应的模型分别为优、合格、勉强合格，大于 0.6 便为满意。

（3）后验差检验。它是对残差分布的统计特性进行的检验。

1）计算原始序列标准差

$$S_1 = \sqrt{\frac{\sum (X^{(0)}(i) - \overline{X}^{(0)})^2}{n - 1}}$$

2）计算绝对误差序列的标准差

$$S_2 = \sqrt{\frac{\sum (\Delta^{(0)}(i) - \overline{\Delta}^{(0)})^2}{n - 1}}$$

3）计算方差比

$$C = \frac{S_2}{S_1}$$

4）计算小误差概率

$$p = P(|\Delta^{(0)}(i) - \overline{\Delta}^{(0)}| < 0.6745 S_1)$$

给定 C_0，当 $C < C_0$ 时，称模型为均方差比合格模型。C_0 取 0.35、0.5、0.65 所对应的模型分别为优、合格、勉强合格。给定的 $p_0 > 0$，当 $p > p_0$ 时，称模型为小残差概率合格模型。p_0 取 0.95、0.8、0.7 所对应的模型分别为优、合格、勉强合格。

3. GM(1,1) 模型群

在实际建模中，原始数据序列的数据不一定全部用来建模，从原始数据序列中取出一部分数据就可以建立一个模型。一般说来，所取数据不同，建立的模型也不一样，即使都建立同类的 GM(1,1) 模型，选择不同的数据，参数 a、b 的值也不一样。这种变化正是不同情况、不同条件对系统特征的影响在模型中的反映。

定义 1　设序列

$$X^{(0)} = [X^{(0)}(1), X^{(0)}(2), \cdots, X^{(0)}(n)]$$

将 $X^{(0)}(n)$ 取为时间轴的原点，则称 $t < n$ 为过去，$t = n$ 为现在，$t > n$ 为未来。

定义 2　设序列

$$X^{(0)} = [X^{(0)}(1), X^{(0)}(2), \cdots, X^{(0)}(n)]$$

其 GM(1，1) 时间响应式的累减还原值为

$$\hat{X}^{(0)}(k+1) = (1 - e^a)\left(X^{(0)}(1) - \frac{b}{a}\right) e^{-ak}$$

（1）当 $t \leq n$ 时，称 $\hat{X}^{(0)}(k)$ 为模型模拟值。

（2）当 $t > n$ 时，称 $\hat{X}^{(0)}(k)$ 为模型预测值。

建模的主要目的是预测。为提高预测精度，首先要保证有足够高的模拟精度，尤其是 $t = n$ 时的模拟精度。因此，建模数据一般应取包括 $X^{(0)}(n)$ 在内的一个等时距序列。

定义 3　设原始数据序列

$$X^{(0)} = [X^{(0)}(1), X^{(0)}(2), \cdots, X^{(0)}(n)]$$

（1）用 $X^{(0)} = [X^{(0)}(1), X^{(0)}(2), \cdots, X^{(0)}(n)]$ 建立的 GM(1,1) 模型称为全数据 GM(1,1)。

（2）用 $X^{(0)} = [X^{(0)}(k_0), X^{(0)}(k_0+1), \cdots, X^{(0)}(n)]$ 建立的 GM(1,1) 模型称为部分数据 GM(1, 1)。

（3）设 $X^{(0)}(n+1)$ 为最新信息，将 $X^{(0)}(n+1)$ 置入 $X^{(0)}$，称用 $X^{(0)} = [X^{(0)}(1), X^{(0)}(2), \cdots, X^{(0)}(n), X^{(0)}(n+1)]$ 建立的 GM(1,1) 模型为新信息 GM(1,1)。

（4）置入最新信息 $X^{(0)}(n+1)$，去掉最旧信息 $X^{(0)}(1)$，称用 $X^{(0)} = [X^{(0)}(2), X^{(0)}(3), \cdots, X^{(0)}(n), X^{(0)}(n+1)]$ 建立的 GM(1,1) 模型为新陈代谢 GM(1,1)。

新信息模型和新陈代谢模型的预测效果会比旧信息模型的预测效果好。事实上，在任何一个系统的发展过程中，随着时间的推移，将会不断地有一些随机扰动或驱动因素进入系统，使系统的发展相继受到影响。因此，用 GM(1,1) 模型进行预测，精度较高的仅仅是数据 $X^{(0)}(n)$ 以后的 1~2 个数据。一般说来，越往未来发展，GM(1,1) 的预测意义就越弱。在实际应用中，必须不断地考虑那些随着时间推移相继进入系统的扰动或驱动因素，随时将每一个新得到的数据置入 $X^{(0)}$ 中，建立新信息模型。

从预测角度看，新陈代谢模型是最理想的模型。它在不断补充新信息的同时，及时去掉旧数据，更能反映系统的特征。

4. 模型建立的条件

（1）光滑性检验。给定时间序列数据集 $X^{(0)}$，其累加生成列为 $X^{(1)}$，要建立 GM(1,1) 模型，通常要检验光滑性条件

$$\frac{X^{(0)}(t)}{X^{(1)}(t-1)} \leqslant e \quad (0 \leqslant e \leqslant 1)$$

若当 t 充分大时上式都成立，则说明可用 GM(1,1) 建模。

（2）发展灰数 a 的适用范围。一般地，当 $|a| < 2$ 时，GM(1,1) 模型有意义。但是，随着 a 的不同取值，预测效果也不同。

1）当 $-a \leqslant 0.3$ 时，GM(1,1) 的一步预测精度在 98% 以上，三步和五步预测精度都在 97% 以上，可用于中长期预测。

2）当 $0.3 < -a \leqslant 0.5$ 时，GM(1,1) 的一步和二步预测精度都在 90% 以上，十步预测精度都也高于 80%，可用于短期预测。

3）当 $0.5 < -a \leqslant 0.8$ 时，用于短期预测应十分慎重。

4）当 $0.8 < -a \leqslant 1$ 时，GM(1,1) 的一步预测精度已低于 70%，应采用残差修正模型。

5）当 $-a > 1$ 时，不宜采用 GM(1,1) 模型。

10.1.3　灰色预测 GM(1,1) 修正模型

1. 残差 GM(1,1) 模型

若用原始经济时间序列 $X^{(0)}$ 建立的 GM(1,1) 模型检验不合格或精度不理想，这时要对

建立的 GM(1,1) 模型进行残差修正，以提高模型的预测精度。

设原始序列 $X^{(0)}$ 建立的 GM(1, 1) 模型为

$$\hat{X}^{(1)}(k+1) = \left(X^{(0)}(1) - \frac{b}{a} \right) e^{-ak} + \frac{b}{a}$$

可获得生成列的预测值 $\hat{X}^{(1)}$。对 $\hat{X}^{(1)}$ 再进行一次累减，即得原始数据的预测值 $\hat{X}^{(0)}$。残差序列的选择有两种，其对应的修正模型如下：

（1）利用累加生成列 $X^{(1)}$ 和其预测值 $\hat{X}^{(1)}$ 之差作为残差序列，即

$$\varepsilon^{(0)}(j) = X^{(1)}(j) - \hat{X}^{(1)}(j) \quad (j = 1, 2, \cdots, n)$$

若存在 k_0，使得当 $k > k_0$ 时，$\varepsilon^{(0)}(k)$ 的符号一致，且 $n - k_0 \geqslant 4$，则称参差序列

$$E^{(0)} = \{ \varepsilon^{(0)}(k_0), \varepsilon^{(0)}(k_0+1), \cdots, \varepsilon^{(0)}(n) \}$$

为可建模残差尾部。计算此残差尾部序列 $E^{(0)}$（取绝对值）的累加生成序列 $E^{(1)}$，其 GM(1,1) 时间响应式为

$$\hat{E}^{(1)}(k+1) = \left(E^{(0)}(1) - \frac{b_{\varepsilon}}{a_{\varepsilon}} \right) e^{-a_{\varepsilon}k} + \frac{b_{\varepsilon}}{a_{\varepsilon}}$$

其导数为

$$\left(\hat{E}^{(1)}(k+1) \right)' = -a_{\varepsilon} \left(E^{(0)}(1) - \frac{b_{\varepsilon}}{a_{\varepsilon}} \right) e^{-a_{\varepsilon}k}$$

故得残差 GM(1,1) 修正模型为

$$\hat{X}^{(1)}(k+1) = \left(X^{(0)}(1) - \frac{b}{a} \right) e^{-ak} + \frac{b}{a} \pm \delta(k-k_0)(-a_{\varepsilon}) \left(E^{(0)}(1) - \frac{b_{\varepsilon}}{a_{\varepsilon}} \right) e^{-a_{\varepsilon}k}$$

式中，"±"取值与残差尾部符号一致；$\delta(k-k_0) = \begin{cases} 1, & k \geqslant k_0 \\ 0, & k < k_0 \end{cases}$。

再通过累减得出经过残差修正的原始序列预测值

$$\hat{X}^{(0)}(k+1) = \hat{X}^{(1)}(k+1) - \hat{X}^{(1)}(k) \quad (k = 1, 2, \cdots)$$

（2）利用原始数据 $X^{(0)}$ 与其预测值 $\hat{X}^{(0)}$ 之差作为残差序列，即

$$\varepsilon^{(0)}(j) = X^{(0)}(j) - \hat{X}^{(0)}(j) \quad (j = 1, 2, \cdots, n)$$

同样求出其 GM(1,1) 时间响应式为

$$\hat{E}^{(1)}(k+1) = \left(E^{(0)}(1) - \frac{b_{\varepsilon}}{a_{\varepsilon}} \right) e^{-a_{\varepsilon}k} + \frac{b_{\varepsilon}}{a_{\varepsilon}}$$

其导数为

$$\left(\hat{E}^{(1)}(k+1) \right)' = -a_{\varepsilon} \left(E^{(0)}(1) - \frac{b_{\varepsilon}}{a_{\varepsilon}} \right) e^{-a_{\varepsilon}k}$$

对原模型 GM(1,1) 的 $\hat{X}^{(1)}(k+1)$ 也求导，即有

$$\left(\hat{X}^{(1)}(k+1) \right)' = -a \left(X^{(0)}(1) - \frac{b}{a} \right) e^{-ak}$$

这时残差 GM(1,1) 修正模型可以表示为

$$\hat{X}^{(0)}(k+1) = -a\left(X^{(0)}(1) - \frac{b}{a}\right)e^{-ak} \pm \delta(k-k_0)(-a_\varepsilon)\left(E^{(0)}(1) - \frac{b_\varepsilon}{a_\varepsilon}\right)e^{-a_\varepsilon k}$$

式中，"±"取值与残差尾部符号一致；$\delta(k-k_0) = \begin{cases} 1, & k \geq k_0 \\ 0, & k < k_0 \end{cases}$。

2. 残差均值修正模型

如果原始数据建立的 GM(1,1) 模型经检验不合格，则对原模型进行修正的最简单的方法，就是对模型预测值 $\hat{X}^{(0)}(k)$ 都加上残差平均值 $\overline{E}$，即修正后的预测值为 $\hat{X}^{(0)}(k) + \overline{E}$。这种方法所得新模型称为残差均值修正模型。这样可以大大提高新模型的预测精度。

3. 尾部数列 GM(1,1) 修正模型

如果用建立的 GM(1,1) 模型进行检验时不合格，并发现自某一项之后预测值明显比实际值偏大或者偏小，这时进行修正才是有意义的。人们在实践中发现，与其应用残差 GM(1,1) 修正模型，不如直接对原始数列的后半部分（即预测值明显比实际值偏大或者偏小的部分）重新建立 GM(1,1) 模型，然后还原求得预测模型。这种方法所得新模型称为尾部数列 GM(1,1) 修正模型。其效果较好，具有明显的实践意义和较高的使用价值，更充分地体现了灰色预测模型的优越性。

10.1.4　灰色预测 GM(1,n) 模型

GM(1,n) 模型是描述多元一阶线性动态的模型，主要用于系统的动态分析。

设有 n 个变量 $X_1, X_2, \cdots, X_n$，每个变量都有 m 个相对应的时间序列观察值

$$X_i^{(0)} - [X_i^{(0)}(1), X_i^{(0)}(2), \cdots, X_i^{(0)}(m)] \quad (i = 1, 2, \cdots, n)$$

对每一个 $X_i^{(0)}$ 累加生成列为

$$X_i^{(1)} = [X_i^{(1)}(1), X_i^{(1)}(2), \cdots, X_i^{(1)}(m)] \quad (i = 1, 2, \cdots, n)$$

则可建立微分方程

$$\frac{dX_1^{(1)}}{dt} + aX_1^{(1)} = b_2 X_2^{(1)} + b_3 X_3^{(1)} + \cdots + b_n X_n^{(1)}$$

参数 $\boldsymbol{\beta} = (a \quad b_2 \quad b_3 \quad \cdots \quad b_n)^{\mathrm{T}}$，按最小二乘法估计可得

$$\hat{\boldsymbol{\beta}} = (\boldsymbol{B}^{\mathrm{T}}\boldsymbol{B})^{-1}\boldsymbol{B}^{\mathrm{T}}\boldsymbol{Y}$$

其中

$$\boldsymbol{B} = \begin{pmatrix} -\frac{1}{2}(X_1^{(1)}(1) + X_1^{(1)}(2)) & X_2^{(1)}(2) & \cdots & X_n^{(1)}(2) \\ -\frac{1}{2}(X_1^{(1)}(2) + X_1^{(1)}(3)) & X_2^{(1)}(3) & \cdots & X_n^{(1)}(3) \\ \vdots & \vdots & & \vdots \\ -\frac{1}{2}(X_1^{(1)}(m-1) + X_1^{(1)}(m)) & X_2^{(1)}(m) & \cdots & X_n^{(1)}(m) \end{pmatrix}, \quad \boldsymbol{Y} = \begin{pmatrix} X_1^{(0)}(2) \\ X_1^{(0)}(3) \\ \vdots \\ X_1^{(0)}(m) \end{pmatrix}$$

则 GM(1, n) 模型为

$$\hat{X}_1^{(1)}(k+1) = \left(X_1^{(0)}(1) - \frac{1}{a}\sum_{i=2}^{n} b_i X_i^{(1)}(k+1)\right)e^{-ak} + \frac{1}{a}\sum_{i=2}^{n} b_i X_i^{(1)}(k+1)$$
$$(k = 0, 1, 2, \cdots, m-1)$$

累减后的预测模型为

$$\hat{X}_1^{(0)}(k+1) = \hat{X}_1^{(1)}(k+1) - \hat{X}_1^{(1)}(k)$$

10.1.5　灰色灾变预测模型

灰色灾变预测是给出下一个或几个异常值出现的时刻，以及预测异常值的大小。

设原始序列为

$$X = [x(1), x(2), \cdots, x(n)]$$

给定上限异常值（阈值）ξ，则称满足 $x(q(i)) > \xi$ 的序列

$$X_\xi = [x(q(1)), x(q(2)), \cdots, x(q(m))]$$

为上灾变序列，且称 $Q^{(0)} = [q(1), q(2), \cdots, q(m)]$ 为灾变日期序列。

对灾变日期序列 $Q^{(0)}$ 利用 GM(1, 1) 模型的思路和方法进行建模预测，得到累加生成列

$$Q^{(1)} = [q^{(1)}(1), q^{(1)}(2), \cdots, q^{(1)}(m)]$$

及相应的模型解

$$\hat{q}^{(1)}(k+1) = \left(q(1) - \frac{b}{a}\right)e^{-ak} + \frac{b}{a}$$

$$\hat{q}(k+1) = \hat{q}^{(1)}(k+1) - \hat{q}^{(1)}(k) \quad (k = 1, 2, \cdots, n)$$

即预测方程为

$$\hat{q}(k+1) = (1 - e^a)\left(q(1) - \frac{b}{a}\right)e^{-ak}$$

若 $q(m)(m \leq n)$ 为最近一次灾变发生的日期，则 $\hat{q}(m+1)$ 为下一次灾变发生的预测日期，$\hat{q}(m+k)$ 为未来第 k 次灾变发生的预测日期。

10.2　案例分析

10.2.1　社会消费品零售总额预测

本节按照 GM(1, 1) 模型的方法与步骤进行案例预测。

【例 10-2】　我国 2014 年—2021 年全社会消费品零售总额数据如表 10-2 所示，试建立 GM(1, 1) 预测模型，并预测 2022 年—2024 年的全社会消费品零售总额。

表 10-2　我国 2014 年—2021 年全社会消费品零售总额　　（单位：万亿元）

年　份	2014	2015	2016	2017	2018	2019	2020	2021
消费品零售总额	25.95	28.66	31.58	34.73	37.78	40.80	39.20	44.08

MATLAB 程序如下：

（1）输入原始数据 X_0。

```
clear
```

X0 = [25. 95　28. 66　31. 58　34. 73　37. 78　40. 80　39. 20　44. 08];

（2）产生累加生成列 X_1。

X1 = cumsum(X0)

（3）构造数据矩阵 **B** 和数据向量 **Y**。

for k = 2∶length(X0)

　　z(k) = (1/2) * (X1(k) + X1(k - 1));

end

z

B = [(- z(2∶end))'　ones(length(z) - 1,1)]

Y = (X0(2∶end))'

（4）计算模型参数 $\hat{\beta} = [a\ \ b]^\mathrm{T}$。

bata = inv(B' * B) * B' * Y;

a = bata(1)

b = bata(2)

c = b/a

d = X1(1) - c

运行结果如下：

a =

　 - 0. 0647

b =

　 27. 3289

c =

　 - 422. 4752

d =

　 448. 4252

（5）写出 GM(1,1) 预测模型。

$$\hat{X}^{(1)}(k + 1) = \left(X^{(1)}(0) - \frac{b}{a}\right)\mathrm{e}^{-ak} + \frac{b}{a}$$

即

$$\hat{X}^{(1)}(k + 1) = 448.4252\mathrm{e}^{0.0647k} - 422.4752$$

（6）残差检验。

% 根据模型求出预测序列值 X2

X2(1) = X1(1);

for m = 1∶length(X0) - 1

　 X2(m + 1) = (X0(1) - b/a) * exp(- a * m) + b/a;

end

X2

% 还原累减生成列 X3

X3(1) = X2(1);

for m = 1∶length(X0) - 1

　 X3(m + 1) = X2(m + 1) - X2(m);

```
end
X3
Delta0 = abs( X0 – X3 )                              % 绝对残差序列
Phi = Delta0. /X0                                    % 相对残差序列
mPhi = mean( Phi )                                   % 平均相对残差
```

运行结果如下：

```
Phi =
    0   0.0456   0.0123   0.0180   0.0369   0.0486   0.0564   0.0022
mPhi =
    0.0275
```

因 mPhi = 0.0275 与 Phi(end) = 0.0022 都小于 0.05，所以模型是合格的。

（7）关联度检验（取 $\lambda = 0.5$）。

```
eta = ( min( Delta0) + 0.5 * max( Delta0)) . /( Delta0 + 0.5 * max( Delta0))    % 关联系数
r = mean( eta)                                       % 关联度
```

运行结果如下：

```
r =
    0.6111
```

因取 $\lambda = 0.5$，关联度 r = 0.6111 > 0.6，所以对该模型也是满意的。

（8）后验差检验。

```
mX0 = mean( X0)                                      % 原始数据均值
sX0 = std( X0)                                       % 原始数据均方差
mDelta0 = mean( Delta0)                              % 残差均值
sDelta0 = std( Delta0)                               % 残差均方差
C = sDelta0/sX0                                      % 均方差比
% 计算小残差概率
S0 = 0.6745 * sX0
e = abs( Delta0-mDelta0)
p = length( find( e < S0))/length( e)                % 小残差概率
```

运行结果如下：

```
C =
    0.1352
p =
    1
```

因小残差概率 p = 1 > 0.8，C = 0.1352 < 0.5，故模型合格。

（9）预测。

```
k = length( X0) : length( X0) + 2                    % 2022 年—2024 年
X2( k + 1) = ( X0( 1) – b/a) * exp( – a * k) + b/a;   % 预测值 X2
X3( k + 1) = X2( k + 1) – X2( k)                      % 预测值的还原值 X3
```

运行结果如下：

```
X3 =
    25.9500   29.9663   31.9689   34.1052   36.3843   38.8157   41.4096   44.1768
    47.1290   50.2784   53.6383
```

最后三项即为 2022 年—2024 年全社会消费品零售总额的预测值，分别是 47.1290 万亿元、50.2784 万亿元和 53.6383 万亿元。

（10）绘制预测图。

```
t = 1∶length(X0)
t1 = 1∶length(X0) + 3
plot(t,X0,' + ',t1,X3,' - O')
xlabel('时间/年')
ylabel('社会消费品零售总额/万亿元')
legend('原始数据','预测值')
```

运行结果显示的预测图如图 10-1 所示。

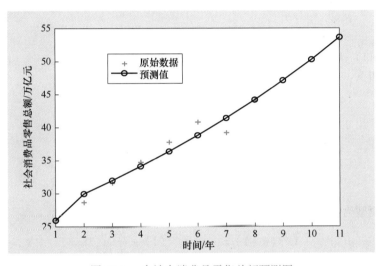

图 10-1　全社会消费品零售总额预测图

10.2.2　房地产开发投资预测

利用本案例说明残差修正模型预测的方法，并使用原始数据 $X^{(0)}$ 与其预测值 $\hat{X}^{(0)}$ 之差作为残差序列。

【例 10-3】　我国 2013 年—2021 年的房地产开发投资额数据如表 10-3 所示，试用 GM(1,1) 残差修正模型预测 2022 年—2024 年的房地产开发投资额。

表 10-3　我国 2013 年—2021 年房地产开发投资额　　（单位：万亿元）

年　　份	2013	2014	2015	2016	2017	2018	2019	2020	2021
投资额	8.60	9.50	9.60	10.26	10.98	12.02	13.22	14.14	14.76

MATLAB 程序如下：

（1）先建立 GM(1,1) 模型，并观察最后一个数据的残差和相对残差。

```
clear
X0 = [7.18    8.60    9.50    9.60    10.26    10.98    12.02    13.22    14.14    14.76];
```

% 产生累加生成列 X1

X1 = cumsum(X0)

% 构造数据矩阵 B 和数据向量 Y

for k = 2：length(X0)

   z(k) = (1/2) * (X1(k) + X1(k−1))；

end

z

B = [(−z(2：end))'　ones(length(z)−1,1)]

Y = (X0(2：end))'

% 计算模型参数

bata = inv(B' * B) * B' * Y；

a = bata(1)

b = bata(2)

c = −a * (X0(1) − b/a)

运行结果如下：

a =

   −0.0701

b =

   7.71007

c =

   8.2130

故得预测模型为

$$\hat{X}^{(0)}(k+1) = -a\left(X^{(0)}(1) - \frac{b}{a}\right)e^{-ak}$$

即

$$\hat{X}^{(0)}(k+1) = 8.2130e^{0.0701k}$$

% 根据模型求出原始数据预测序列值 X2

X2(1) = X0(1)

for k = 1：length(X0) − 1

   X2(k+1) = (−a) * (X0(1) − b/a) * exp(−a * k)；

end

X2

% 计算残差序列和相对残差序列

E = X0 − X2

F = E./X0

运行结果如下：

E =

  0　−0.2090　0.0518　−0.5338　−0.6092　−0.6779　−0.4838　−0.1912　−0.2443　−0.6681

F =

  0　−0.0243　0.0055　−0.0556　−0.0594　−0.0617　−0.0403　−0.0145　−0.0173　−0.0453

从结果可以看出，残差序列和相对残差序列的后面七项符号一致，都为负值，且误差相对较大，因此可以使用残差修正模型提高其精度。

（2）下面利用残差对上述模型进行修正。

```
% 取残差尾部 E0
E0 = - E(4 : end)
% 产生累加生成列 E1
E1 = cumsum( E0) ;
% 构造数据矩阵 B2 和数据向量 Y2
for k = 2 : length( E0)
    z2( k) = (1/2) * ( E1( k) + E1( k - 1)) ;
end
B2 = [( - z2(2 : end))'　ones( length( z2) - 1,1) ];
Y2 = ( E0(2 : end))';
% 计算模型参数 a2 和 b2
bata2 = inv( B2' * B2) * B2' * Y2;
a2 = bata2(1)
b2 = bata2(2)
c2 = - a2 * ( E0(1) - b2/a2)
```

运行结果如下：

```
a2 =
    0. 0948
b2 =
    0. 6763
c2 =
0. 6256
```

故修正模型为

$$\hat{X}^{(0)}(k+1) = -a\left(X^{(0)}(1) - \frac{b}{a}\right)e^{-ak} \pm \delta(k - k_0)(-a_\varepsilon)\left(E^{(0)}(1) - \frac{b_\varepsilon}{a_\varepsilon}\right)e^{-a_\varepsilon k}$$

即

$$\hat{X}^{(0)}(k+1) = 8.2130e^{0.0701k} - 0.6256e^{-0.0948k}$$

```
% 根据修正模型预测 X3
X3(1) = X0(1) ;
for k = 1 : length( X0) - 1
    if k < 3
        X3( k + 1) = - a * ( X0(1) - b/a) * exp( - a * k) ;                    % 修正之前模型
    else
        X3( k + 1) = - a * ( X0(1) - b/a) * exp( - a * k) - ( - a2) * ( E0(1) - b2/a2) * exp( - a2 * k) ;
                                                                               % 修正之后模型
    end
end
X3
% 计算修正之后残差序列和相对残差序列
E2 = X0 - X3
F2 = E2. /X0
```

运行结果如下：

E2 =

    0   − 0.2090   0.0518   − 0.0631   − 0.1810   − 0.2885   − 0.1297   0.1310   0.0487   − 0.4016

F2 =

    0   − 0.0243   0.0055   − 0.0066   − 0.0176   − 0.0263   − 0.0108   0.0099   0.0034   − 0.0272

从结果看，相对残差的精度 F2 比 F1 的精度有很大提高。

（3）对 2022 年—2024 年的房地产开发投资额进行预测。

$k = length(X0) : length(X0) + 2$

$X3(k+1) = -a * (X0(1) - b/a) * exp(-a*k) - (-a2) * (E0(1) - b2/a2) * exp(-a2*k)$

运行结果如下：

X3 =

    7.1800   8.8090   9.4482   9.6631   10.4410   11.2685   12.1497   13.0890

    14.0913   15.1616   16.3053   17.5280   18.8358

所以，最后三项即为 2022 年—2024 年房地产开发投资额的预测值，分别是 16.3053 万亿元、17.5280 万亿元和 18.8358 万亿元。

10.2.3 城镇居民消费支出预测

利用多变量序列灰色预测模型建立我国城镇居民人均可支配收入和人口规模对消费支出的动态模型。

【例 10-4】 我国 2014 年—2021 年城镇居民人均消费支出和人均可支配收入及城镇人口数量的调查统计数据如表 10-4 所示，试建立多变量灰色预测模型，并预测 2022 年当城镇居民人均可支配收入和人口数量分别为 5 万元和 9.2 亿人时的城镇居民人均消费支出。

表 10-4 城镇居民人均消费支出和人均可支配收入及人口数量

年 份	2014	2015	2016	2017	2018	2019	2020	2021	2022
人均消费支出/万元	2.00	2.14	2.31	2.44	2.61	2.81	2.70	3.03	
人均可支配收入/万元	2.88	3.12	3.36	3.64	3.93	4.24	4.38	4.74	5.00
人口数量/亿人	7.67	7.93	8.19	8.43	8.64	8.84	9.02	9.14	9.20

MATLAB 程序如下：

（1）建立 GM(1,3) 模型。

```
clear
X10 = [2.00 2.14 2.31 2.44 2.61 2.81 2.70 3.03];  % 人均消费支出
X20 = [2.88 3.12 3.36 3.64 3.93 4.24 4.38 4.74];  % 人均可支配收入
X30 = [7.67 7.93 8.19 8.43 8.64 8.84 9.02 9.14];  % 人口数量
% 生成列
X11 = cumsum(X10)
X21 = cumsum(X20)
X31 = cumsum(X30)
% 求参数，建立模型
for k = 2 : length(X11)
```

```
        Z1(k) = (1/2) * (X11(k) + X11(k - 1));
    end
    Z1
    B = [ - (Z1(2 : end))', (X21(2 : end))', (X31(2 : end))'];
    Y = (X10(2 : end))';
    C = inv(B' * B) * B' * Y
```

运行结果如下：

```
C =
    1.7611
    0.6766
    0.2231
```

建立的模型为

$$\hat{X}_1^{(1)}(k+1) = \left(X_1^{(0)}(1) - \frac{1}{a}\sum_{i=2}^{n} b_i X_i^{(1)}(k+1) \right) e^{-ak} + \frac{1}{a}\sum_{i=2}^{n} b_i X_i^{(1)}(k+1)$$

即

$$\hat{X}_1^{(1)}(k+1) = \left[X_1^{(0)}(1) - \frac{1}{1.7611}(0.6766 X_2^{(1)}(k+1) + 0.2231 X_3^{(1)}(k+1)) \right] e^{-1.7611k} +$$

$$\frac{1}{1.7611}(0.6766 X_2^{(1)}(k+1) + 0.2231 X_3^{(1)}(k+1))$$

（2）残差检验。

```
% 用建立的模型预测模拟值
for k = 0 : 7
    X12(k + 1) = (X10(1) - 1/C(1) * (C(2) * X21(k + 1) + C(3) * X31(k + 1))) …
        * exp( - C(1) * k) + 1/C(1) * (C(2) * X21(k + 1) + C(3) * X31(k + 1));
end
X12
% 累减还原
X13 = [X12(1), diff(X12)]
% 残差检验
Delta0 = abs(X10 - X13)                        % 绝对残差序列
Phi = Delta0 ./ X10                            % 相对残差序列
mPhi = mean(Phi)                               % 平均相对残差
```

运行结果如下：

```
Phi =
    0    0.1172    0.1187    0.0519    0.0084    0.0194    0.0470    0.0168
mPhi =
    0.0474
```

因 mPhi = 0.0474 < 0.05 与 Phi(4) = 0.0168 < 0.05，所以模型精度优。

（3）预测 2022 年人均消费支出。

```
X20(9) = 5;                % 给定 2022 年人均可支配收入
X30(9) = 9.20;             % 给定 2022 年人口数量
X21(9) = X21(8) + X20(9);
```

$X31(9) = X31(8) + X30(9);$

$k = 8;$

$X12(k+1) = (X10(1) - 1/C(1) * (C(2) * X21(k+1) + C(3) * X31(k+1))) \cdots$
$\qquad * \exp(-C(1) * k) + 1/C(1) * (C(2) * X21(k+1) + C(3) * X31(k+1));$

$X13(9) = X12(9) - X12(8)$

$X2022 = X13(9)$

运行结果如下：

X13 =

    2.0000   1.8892   2.5842   2.5666   2.6318   2.7554   2.8268   2.9792   3.0763

X2022 =

    3.0763

故当 2022 年城镇居民人均可支配收入和人口数量分别为 5 万元和 9.2 亿人时，城镇居民人均消费总支出的预测值为 3.0763 万元。

10.2.4 股票灰色灾变预测

利用灰色灾变预测模型可对股票的阴变集（今日股价比昨日股价低）和阳变集（今日股价比昨日股价高）进行预测。

【例 10-5】 中国建设银行 2022 年 1 月 10 日—25 日的股票收盘价数据如表 10-5 所示，试对阴变集（下灾变集）进行灰色预测。

表 10-5 中国建设银行 2022 年 1 月 10 日—25 日股票收盘价 （单位：元）

序号	1	2	3	4	5	6	7	8	9	10	11	12
日期	1月10日	1月11日	1月12日	1月13日	1月14日	1月17日	1月18日	1月19日	1月20日	1月21日	1月24日	1月25日
收盘价	6.12	6.14	6.08	6.11	6.02	5.98	6.07	6.05	6.13	6.07	6.08	6.00

MATLAB 程序如下：

（1）找出阴变集所在的位置。

```
clear
x = [6.12  6.14  6.08  6.11  6.02  5.98  6.07  6.05  6.13  6.07  6.08  6.00];
y = diff(x);
q = find(y < 0) + 1
```

运行结果如下：

q =

    3   5   6   8   10   12

（2）选用阴线，对阴线下灾变集日期集进行预测。

```
Q0 = q;
Q1 = cumsum(Q0);                        % 生成列
k = Q0(2:end)./Q1(1:end-1)              % 检验光滑
for n = 2:length(Q0)
z(n) = (1/2) * (Q1(n) + Q1(n-1));
```

```
end
B = [ ( - z(2 : end ) )'   ones( length( z ) - 1,1 ) ]
Y = ( Q0( 2 : end ) )'
bata = inv( B' * B ) * B' * Y;
a = bata( 1 )
b = bata( 2 )
```

运行结果如下：

```
k =
     1.6667    0.7500    0.5714    0.4545    0.3750
a =
     - 0.2209
b =
     3.8043
c =
     - 17.2222
d =
     20.2222
```

（3）得出 GM(1,1) 预测模型。

预测模型为

$$\frac{\mathrm{d}Q^{(1)}}{\mathrm{d}t} - 0.2209 Q^{(1)} = 3.8043$$

模型解的相应时间函数为

$$\hat{Q}^{(1)}(k + 1) = - 17.2222 \mathrm{e}^{0.2209k} + 20.2222$$

```
% 根据模型求出预测序列值 Q2
Q2( 1 ) = Q1( 1 );
for m = 1 : length( Q0 ) - 1
    Q2( m + 1 ) = ( Q0( 1 ) - b/a ) * exp( - a * m ) + b/a;
end
Q2
% 还原累减生成列 Q3
Q3( 1 ) = Q2( 1 );
for m = 1 : length( Q0 ) - 1
    Q3( m + 1 ) = Q2( m + 1 ) - Q2( m );
end
Q3
```

运行结果如下：

```
Q3 =
     3.0000    4.9987    6.2343    7.7754    9.6974    12.0944
```

将 Q3 与 Q0 比较，模拟值的整数完全与阴变集一致，说明仿真程度高。

```
% 残差检验
Delta0 = abs( Q0 - Q3 )                    % 绝对残差序列
Phi = Delta0. /Q0                          % 相对残差序列
```

```
mPhi = mean( Phi)                           %平均相对残差
```
运行结果如下：
```
Delta0 =
         0    0.0013    0.2343    0.2246    0.3026    0.0944
Phi =
         0    0.0003    0.0391    0.0281    0.0303    0.0079
mPhi =
    0.0176
```
因 mPhi $= 0.0176 < 0.05$ 与 Phi$(6) = 0.0079 < 0.05$，所以模型精度良好。
```
%后验差检验
mQ0 = mean( Q0)                             %原始数据均值
sQ0 = std( Q0)                              %原始数据均方差
mDelta0 = mean( Delta0)                     %残差均值
sDelta0 = std( Delta0)                      %残差均方差
C = sDelta0/sQ0                             %均方差比
%计算小残差概率
S0 = 0.6745 * sQ0
e = abs( Delta0 − mDelta0)
p = length( find( e < S0))/length( e)       %小残差概率
```
运行结果如下：
```
C =
    0.0388
p =
    1
```
小残差概率 $p = 1 > 0.95$，$C = 0.0388 < 0.35$，故模型精度优。
```
%预测阴线日的时间
m = length( Q0) : length( Q0) +2            %下三个阴线日的时间
Q2( m +1) = ( Q0(1) − b/a) * exp( − a * m) + b/a;
Q3( m +1) = Q2( m +1) − Q2( m)
```
运行结果如下：
```
Q3 =
    3.0000  4.9987  6.2343  7.7754  9.6974  12.0944  15.0841  18.8127  23.4629
```
Q3 数列中的后三位数取整数值，即得序号为 15、19、23 对应的三个日期是阴线，说明这一天的价格比上一天的价格低。

上述过程预测阴变日的日期，同样可预测阴变日所对应的股票价格。只需将本程序中的 Q0 = q 用 Q0 = x(q) 替换，其他程序都不变，即得下一个阴线的价格的预测值。

其程序运行结果如下：
```
a =
    −8.2850e −04
b =
    6.0065
Phi =
```

$$0 \quad 0.0010 \quad 0.0065 \quad 0.0043 \quad 0.0068 \quad 0.0057$$

mPhi =

　0.0040

C =

　0.4375

p =

　1

Q3 =

6.0800　6.0140　6.0190　6.0240　6.0290　6.0340　6.0390　6.0440　6.0490

所以，Q3 中最后三个数表示预测的下三个阴线日对应的股票收盘价的预测值。

10.2.5　重大风暴潮灾害预测

【例 10-6】　我国广东省时常发生重大风暴潮灾害，1996 年—2020 年由强台风、强热带风暴单次造成直接经济损失超过 50 亿元的重大风暴潮灾害（直接经济损失超过 50 亿元为下限异常值）统计数据如表 10-6 所示，其中序号是发生重大风暴潮的年份所在的时间位置，试运用灰色灾变模型预测 2020 年以后若干次风暴潮灾害发生的时间。

表 10-6　1996 年—2020 年广东省发生的重大风暴潮灾害　　（单位：亿元）

序　号	1	11	13	18	22	25
年　份	1996	2006	2008	2013	2017	2020
直接经济损失	201.25	77.06	132.74	64.93	50.69	129.03

　　MATLAB 程序如下：

（1）建立预测模型。

```
clear
Q0 = [ 1   11   13   18   22   25];
Q1 = cumsum( Q0);
k = Q0(2:end)./Q1(1:end-1)                    %检验光滑
for n = 2:length(Q0)
z(n) = (1/2) * (Q1(n) + Q1(n-1));
end
B = [ ( -z(2:end))', ones(length(z) -1,1)];
Y = (Q0(2:end))';
bata = inv(B' * B) * B' * Y;
a = bata(1)
b = bata(2)
c = (1 - exp(a)) * (Q0(1) - b/a)
```

　运行结果如下：

k =

11.0000　1.0833　0.7200　0.5116　0.3846

a =

　-0.2055

b =

  9.9700

c =

  9.1981

得出 GM(1,1) 预测模型

$$\frac{dQ^{(1)}}{dt} - 0.2055Q^{(1)} = 9.97$$

及模型解的相应时间函数

$$\hat{Q}^{(1)}(k+1) = 9.1981e^{0.2055k}$$

（2）残差检验。

```
% 根据模型求出预测序列值 Q2
Q2(1) = Q1(1);
for m = 1：length(Q0) - 1
    Q2(m + 1) = (Q0(1) - b/a) * exp( - a * m) + b/a;
end
Q2
% 还原累减生成列 Q3
Q3(1) = Q2(1);
for m = 1：length(Q0) - 1
    Q3(m + 1) = Q2(m + 1) - Q2(m);
end
Q3
Delta0 = abs(Q0 - Q3)              % 绝对残差序列
Phi = Delta0. /Q0                  % 相对残差序列
mPhi = mean(Phi)                   % 平均相对残差
```

运行结果如下：

Delta0 =

  0   0.2966   0.8740   0.9607   1.0731   0.7014

Phi =

  0   0.0270   0.0672   0.0534   0.0488   0.0281

mPhi =

  0.0374

因 mPhi = 0.0374 < 0.1 与 Phi(6) = 0.0281 < 0.05，所以模型合格。

```
% 后验差检验
mQ0 = mean(Q0)                     % 原始数据均值
sQ0 = std(Q0)                      % 原始数据均方差
mDelta0 = mean(Delta0)             % 残差均值
sDelta0 = std(Delta0)             % 残差均方差
C = sDelta0/sQ0                    % 均方差比
% 计算小残差概率
S0 = 0.6745 * sQ0
e = abs(Delta0 - mDelta0)
```

$p = \text{length}(\text{find}(e < S0)) / \text{length}(e)$　　　　　% 小残差概率

运行结果如下：

C =

　　0.0484

p =

　　1

小残差概率 $p = 1 > 0.95$，$C = 0.0484 < 0.35$，故模型精度优。

% 预测未来灾害的时间

$m = \text{length}(Q0) : \text{length}(Q0) + 2$　　　　　% 下三个灾害发生的时间

$Q2(m+1) = (Q0(1) - b/a) * \exp(-a*m) + b/a;$

$Q3(m+1) = Q2(m+1) - Q2(m)$

运行结果如下：

Q3 =

　　1.0000　11.2966　13.8740　17.0393　20.9269　25.7014　31.5652　38.7669　47.6116

从结果来看，Q3 中的后三个近似整数 32、39、48，即为下三个重大风暴潮灾害时间的序号，以 2020 年（序号为 25）作为最后一个重大灾害年，则未来三个重大风暴潮灾害对应的时间大约是

2020 年 + (32 − 25) 年 = 2027 年

2020 年 + (39 − 25) 年 = 2034 年

2020 年 + (48 − 25) 年 = 2043 年

练习与提高

1. 我国 2013 年—2020 年居民消费水平如表 10-7 所示。

表 10-7　我国 2013 年—2020 年居民消费水平　　　　（单位：万元）

年　份	2013	2014	2015	2016	2017	2018	2019	2020
居民消费水平	1.56	1.72	1.89	2.08	2.30	2.52	2.75	2.74

（1）建立 GM(1,1) 模型，预测 2021 年居民消费水平。

（2）用 GM(1,1) 残差修正模型建立预测模型，并预测 2021 年居民消费水平。

（3）用 MATLAB 程序实现上述问题。

操作流程（GM(1,1) 模型）：

（1）输入原始数据。

（2）产生累加生成列（cumsum）。

（3）构造数据矩阵 **B** 和数据向量 **Y**。

（4）计算模型参数。

（5）写出 GM(1,1) 预测模型。

（6）模型检验：①根据模型求出预测序列值；②残差检验；③关联度检验；④后验差检验。

（7）进行预测。

2. 我国 2013 年—2021 年全社会固定资产投资额与国内生产总值（GDP）数据如表 10-8 所示。

表 10-8　我国 2013 年—2021 年全社会固定资产投资额与 GDP（单位：万亿元）

年　份	2013	2014	2015	2016	2017	2018	2019	2020	2021
投资额	32.93	37.36	40.59	43.44	46.13	48.85	51.36	52.73	55.29
GDP	59.3	64.36	68.89	74.64	83.2	91.93	98.65	101.36	113.35

试建立灰色预测模型 GM(1,2)，预测当 2022 年全社会固定资产投资额为 56 万亿元时国内生产总值（GDP）的值，并编写 MATLAB 程序实现上述过程。

3. 股市行情被誉为国民经济的"晴雨表"，是每个上市公司和股民都非常关心的问题。对股市的走势进行预测，是投资者在投资前要做的一件重要事情。

股票灾变预测操作流程：

（1）选择一只股票进行观察。

（2）记录这只股票连续 20 天的交易价格。

（3）找出股票价格的阴变集（阴线）和阳变集（阳线），以及它们的对应灾变日期。

（4）以最后一个股票下跌的阴线为准，建立 GM(1,1) 模型，预测下一个阴线出现的日期，以及对应的股票价格。

（5）将预测结果与实际交易价格对比，观察其准确率。

第 11 章

景气预测法

本章要点

- 景气指标体系
- 景气循环法的预测过程

11.1 景气预测的基本理论

11.1.1 景气指标体系的基本概念

景气预测是通过正确地选择景气指标体系来实现的。

景气是对经济发展状况的一种综合性描述，用以说明经济的活跃程度。

经济景气是指总体经济呈上升的发展趋势，呈现出市场繁荣、购销两旺的状态。

经济不景气是指总体经济呈下滑的发展趋势，绝大多数经济活动处于收缩状态，具体表现为市场疲软，经济效益下降，许多企业破产倒闭。

经济的景气状态是通过一系列经济指标来描述的，这些经济指标被称为景气指标。景气指标是从众多经济指标中挑选出来的，分为先行指标、同步指标和滞后指标三类。

先行指标是指明显变化预示着总体经济将要出现变化，因此可用来预测同步指标将要发生变化的指标。

同步指标是指变化与总体经济的变化相一致或者同步的指标。它反映当前经济的基本走势，由工业生产、就业、社会需求（投资、消费、对外贸易）和社会收入（国家税收、企业利润、居民收入）四个方面组成。

滞后指标是指变化比同步指标的变化至少滞后一个时期的指标。滞后指标的变化意味着总体经济的变化已经发生，因此可用它来检验同步指标发生的变化，使总体经济发生的变化得以确认。景气循环又称经济波动，也称经济周期。一个标准的经济周期通常包括扩张和收缩两个时期，分为四个阶段：复苏、高涨、衰退和萧条。

11.1.2 景气循环法的预测过程

景气循环法的预测步骤包括：

（1）确定时差关系的参照系——基准循环，这是关键的一步。

（2）选择景气指标。

（3）划分先行指标、同步指标和滞后指标。

（4）对先行指标、同步指标和滞后指标分别编制扩散指数和合成指数。

（5）对计算结果进行分析，了解当前的经济状况，预测未来的经济波动。

1. 基准循环的确定方法

（1）以重要的经济指标（GNP、GDP、工业总产值等）的周期为基准循环。

（2）专家意见及专家评分。

（3）经济大事记和经济循环年表。

（4）初选几项重要指标并计算历史扩散指数。

（5）以同步合成指数转折点为基础。

2. 景气指标的筛选

景气指标的筛选可以用聚类分析及非参数检验来进行。

（1）聚类分析。将要分析的 m 个指标变量各自看作一类，然后计算各类指标之间的关系密切程度（相关系数或距离），并将关系最密切的两类归为一类，把另外一些彼此之间相似程度较大的指标聚合为另一类。将关系密切的聚合到一个小的分类，关系疏远的聚合到一个大的分类，直到把所有的指标都聚合完毕，从而形成一张谱系图，用来描述各指标之间的亲疏关系。

（2）非参数检验。可采用秩和（ranksum）检验法和 Kruskal-Wallis 检验法。其中，秩和检验法检验两个指标，Kruskal-Wallis 检验法检验多个指标，通过它们来检验同类指标之间是否具有显著性差异。

（3）指标筛选流程。对收集到的所有指标进行分类，分别在每一类中进行聚类分析，并将聚类结果中单独一类的指标直接纳入预警指标体系。对于指标个数大于 2 的子类，则进行显著性差异检验。两个指标的子类采用秩和检验法检验，两个指标以上的子类采用 Kruskal-Wallis 单向评秩方差分析。通过这种非参数检验，观察子类的指标之间是否具有显著性差异，从而可以作为聚类有效性的检验。

如果有显著性差异，则对此类中的指标继续进行聚类分析，直到同类指标不再有显著性差异为止。如果同类指标没有显著性差异，对于指标个数为 2 的子类，通过主观判断，从二者中选择一个纳入预警指标体系；对于指标个数大于 2 的子类，对其中的指标进行相关分析（求指标间的相关系数），并对每一指标的相关系数求和，数值最大者，就可以认为它在此子类中与同类其他指标具有较高的相关性，因此代表性较强，应纳入预警指标体系。

3. 景气指标的划分

（1）时差相关分析。时差相关分析是利用相关系数验证时间序列先行关系、同步关系或滞后关系的一种常用方法。它的计算方法是以一个重要的、能够敏感反映当前市场活动的指标作为基准指标，通常选择同步指标作为基准指标，然后使被选择指标先行或滞后若干期，计算它们的相关系数。

设 $y = \{y_1, y_2, \cdots, y_n\}$ 为基准指标，$x = \{x_1, x_2, \cdots, x_n\}$ 为被选择指标，r 为时差相关系

数，则

$$r_l = \frac{\sum_{l=1}^{n_l}(x_{t-l} - \bar{x})(y_t - \bar{y})}{\sqrt{\sum_{l=1}^{n_l}(x_{t-l} - \bar{x})^2 \sum_{l=1}^{n_l}(y_t - \bar{y})^2}} \qquad (l = 0, \pm 1, \pm 2, \cdots, \pm L)$$

式中，l 为时差或延迟数，取负数表示先行，取正数表示滞后；L 为最大延迟数；n_l 为数据取齐后的数据个数。

在选择景气指标时，取最大的时差相关系数 $r = \max\limits_{-L \leqslant l \leqslant L} r_l$ 作为反映被选指标与基准指标先行、滞后或同步的时差相关关系，相应的 l 表示先行或滞后期。

（2）K-L 信息量。K-L 信息量用以判定两个概率分布的接近程度。

设基准指标为 $y = \{y_1, y_2, \cdots, y_n\}$，做归一化处理得到的序列为 p，被选择指标为 $x = \{x_1, x_2, \cdots, x_n\}$，归一化处理得到的序列为 q，则 K-L 信息量计算公式为

$$k_l = \sum_{t=1}^{n_l} p_t \ln \frac{p_t}{q_{t+l}} \qquad (l = 0, \pm 1, \pm 2, \cdots, \pm L)$$

式中，l 为时差或延迟数，取负数表示先行，取正数表示滞后；L 为最大延迟数；n_l 为数据取齐后的数据个数。

在选择景气指标时，取最小的 K-L 信息量 $k = \min\limits_{-L \leqslant l \leqslant L} k_l$ 中相应的 l 表示先行或滞后期。

K-L 信息量越小，越接近于 0，说明指标 x 与基准指标 y 越接近。一般情况下，当 K-L 信息量明显小于 50 时，就可以认为两个指标之间的概率分布较为接近。

4. 景气指数的计算方法

国际上通用的景气指数的计算方法有扩散指数（Diffusion Index，DI）方法和合成指数（Composite Index，CI）方法。

（1）扩散指数。扩散指数是（先行、同步或滞后）指标组内在某个时期扩张（上升）指标个数占组内所采用指标个数的比率。其计算公式为

$$DI_t = \sum_{i=1}^{n} w_i I(x_{it} \geqslant x_{it-s}) \times 100\%$$

式中，I 为示性函数，$I(x_{it} \geqslant x_{it-s}) = \begin{cases} 1, & x_{it} > x_{it-s} \\ 0.5, & x_{it} = x_{it-s} \\ 0, & x_{it} < x_{it-s} \end{cases}$；$DI_t$ 为 t 时刻的扩散指数；x_{it} 为第 i 个变量指数在 t 时刻的波动测定值；w_i 为第 i 个变量指标分配的权数；n 为变量指标总数；s 为两个比较指标值的时间差。

从扩散指数的定义可知，DI_t 始终处于 0~100%：$DI_t = 50\%$ 是景气空间与不景气空间的分界线。

当 $0 < DI_t < 50\%$ 时，经济向扩张方向运动，经济系统运行于不景气空间后期。

当 $50\% < DI_t < 100\%$ 时，经济运行于景气空间，经济状况发生重大转折，随着 DI_t 向 100% 不断逼近，经济越来越热。

当 $100\% > DI_t > 50\%$ 时，经济处于景气空间后期，经济系统处于降温阶段。

当 $50\% > \mathrm{DI}_t > 0$ 时，经济运行发生重大转折，经济系统处于全面收缩阶段，进入一个新的不景气空间前期。

利用先行扩散指数、同步扩散指数和滞后扩散指数可预测与监控经济运行状况，能有效分析和预测经济波动的转折点，但并不能说明经济波动的程度。

（2）合成指数。合成指数又称景气综合指数，是由一类特征指标以各自的变化幅度为权数的加权综合平均数，即多个指标的加权平均。它除了能预测经济周期波动的转折点外，还能在某种意义上反映经济周期波动的振幅。其计算方法如下：

1）单指标的对称变化率和标准化。对称变化率就是本期比上期的增长量与两期的平均值比较得出的数值。

对称变化率的计算公式为

$$C_{it} = \frac{d_{it} - d_{it-1}}{(d_{it} + d_{it-1})/2} \times 100 = \frac{200(d_{it} - d_{it-1})}{d_{it} + d_{it-1}}$$

式中，C_{it} 表示第 i 个指标第 t 期的对称变化率，用百分数表示；d_{it} 和 d_{it-1} 分别表示第 i 个指标第 t 期和第 $t-1$ 期的原始数据。

用 A_i 表示第 i 个指标对称变化率时间序列的序时平均数，N 表示标准化的期数，则有

$$A_i = \frac{\displaystyle\sum_{t=2}^{N} |C_{it}|}{N-1}$$

用 S_{it} 表示第 i 个指标 t 期对称变化率的标准化数值，则有

$$S_{it} = \frac{C_{it}}{A_i}$$

2）多指标对称变化率标准化后的加权平均数为

$$R_t = \frac{\displaystyle\sum_{i=1}^{k} S_{it} W_i}{\displaystyle\sum_{i=1}^{k} W_i}$$

式中，R_t 表示第 t 期多指标综合的平均对称变化率；S_{it} 表示第 i 个指标第 t 期的对称变化率的标准化数值；W_i 表示第 i 个指标的权数；$i = 1, 2, \cdots, k$，表示指标项目数。

3）平均变化率以同步指标标准化。标准化因子 F 的计算公式为

$$F = \frac{\left(\displaystyle\sum_{t=2}^{N} |R_t|\right)/(N-1)}{\left(\displaystyle\sum_{t=2}^{N} |P_t|\right)/(N-1)}$$

式中，R_t 表示先行指标或滞后指标的综合平均对称变化率第 t 期的数值；P_t 表示同步指标的综合平均对称变化率时间序列的 t 期数据；N 表示期数。

平均变化率以同步指标标准化的计算公式为

$$V_t = \frac{R_t}{F}$$

式中，V_t 表示第 t 期平均变化率；R_t 表示第 t 期平均对称变化率；F 表示对应超前、同步或滞后指标的标准化因子；$t = 2, 3, \cdots, m$ 表示期数。

4）计算合成指数。首先计算初始指数的时间序列，即环比原始指数。令 $I_1 = 100$，计算公式为

$$I_t = I_{t-1} \frac{200 + V_t}{200 - V_t} \quad (t = 2, 3, \cdots, m)$$

式中，I_t 为第 t 期环比原始指数；V_t 表示第 t 期平均变化率。

用 $\bar{I}_0$ 表示所选基准期份的平均值，由此得到合成指数 CI_t 为

$$CI_t = \frac{I_t}{\bar{I}_0} \times 100\%$$

11.1.3　景气综合评分——预警系统

1. 预警系统的原理

预警系统的原理是选择一组反映经济发展状况的敏感指标，运用有关的数据处理方法，将多个指标合并为一个综合性指标，通过一组类似交通管制信号红绿灯的标志对当时的经济状况发出不同的信号，观察信号的变动情况，来判断未来经济增长的趋势。

2. 预警指标状态区域划分和临界点确定

预警指标状态区域划分就是事先将宏观经济波动状况分为几个判断区间。临界点就是判断各监测指标和综合景气状态的数量标准。状态区域的划分和临界点的确定是决定预警系统科学性强弱的一个重要因素。

（1）区域划分。将判断区域分为过热、偏热、正常、偏冷和过冷五个区域，分别以红灯、黄灯、绿灯、浅蓝灯和蓝灯表示。绿灯区居中，代表常态区或稳定区，概率一般定为50%；红灯区和蓝灯区属于极端区，经济含义分别为过热和过冷，概率各占10%；黄灯区和浅蓝灯区为相对稳定，概率各占15%。

（2）临界点的确定。先给出各种灯区的分界线检查值，再求出综合指标各时期的评分数，最后将这些综合评分数与各灯区的分界线对应。如假定参与综合的指标数为 M，每个指标的满分为5分，则总分为 $5M$ 分。按惯例取总分的85%为红灯区与黄灯区的分界线，其对应的分数为 $5M$ 分 $\times 85\% = 4.25M$ 分；总分的75%和50%为绿灯区的上、下分界线，对应的分数分别为 $5M$ 分 $\times 75\% = 3.75M$ 分和 $5M$ 分 $\times 50\% = 2.5M$ 分；总分的40%为浅蓝灯与蓝灯的分界线，对应的分数为 $5M$ 分 $\times 40\% = 2M$ 分。

3. 计算景气综合评分

将每类指标所包含的各指标所处灯区对应的分值加总，得到景气综合评分，并判断综合评分落在哪个区域，显示哪种灯色。根据综合指数的信号判断宏观经济的运行状况，根据各预警指标信号分析导致综合指数信号处于当前状态的具体原因，为宏观调控提供参考和建议。

11.2 案例分析

11.2.1 国房景气指数

1. 我国国房景气指数体系

国房景气指数是全国房地产开发景气指数的简称。其计算过程如下：

（1）确定指标体系。计算国房景气指数的指标包括：① 土地出让收入指数；② 本年完成开发土地面积指数；③ 房地产开发投资指数；④ 本年资金来源指数；⑤ 商品房销售价格指数；⑥ 新开工面积指数；⑦ 房屋竣工面积指数；⑧ 空置面积指数。

分析报告用的指标包括：① 新开工面积指数；② 房屋施工面积指数；③ 国有单位投资指数；④ 国内贷款指数；⑤ 利用外资指数；⑥ 自筹资金指数；⑦ 住宅销售价格指数；⑧ 办公楼销售价格指数；⑨ 商业营业用房销售价格指数；⑩ 个人商品房销售额指数；⑪ 竣工房屋价值指数；⑫ 住宅空置面积指数；⑬ 办公楼空置面积指数；⑭ 商业营业用房空置面积指数。

（2）建立指标数据库并调整数据。对指标体系确定的各项指标建立历史资料数据库。有些指标，如房地产销售价格指标，必须先计算后才能得到；有些指标，如资金来源、空置面积等，必须先进行推算，以保证有必要的数据长度。

（3）消除量纲影响。由于各指标的计量单位不同，不能直接相加综合平均，必须采用消除量纲影响的方法来对数据进行同度量处理，这样也满足了合成指数编制中对指标进行标准化处理的要求。采用功效系数法消除量纲的影响，比较符合国房景气指数的特点。

（4）确定权数。确定参加计算的八个指标的权数，根据我国房地产开发业的发展状况，征求部分专家意见初步确定了国家级各分类指数权数值，如表11-1所示。

表 11-1 国房指数的权重

分 类 指 数	权重代号	权重取值	性 质
房地产开发投资指数（K_1）	W_1	20~30	同步
本年资金来源指数（K_2）	W_2	<10	同步
土地出让收入指数（K_3）	W_3	<10	先行
本年完成土地开发面积指数（K_4）	W_4	10~20	先行
新开工面积指数（K_5）	W_5	<10	同步
房屋竣工面积指数（K_6）	W_6	<10	滞后
空置面积指数（K_7）	W_7	10~20	滞后
商品房销售价格指数（K_8）	W_8	10~20	同步

（5）确定基准对比时期。分析我国房地产特点，确定1995年3月份为国房指数的基准对比期。

（6）调整季节和价格因素。

调整季节因素：用X-11程序进行季节因素调整。

调整价格因素：房地产开发投资、本年资金来源、土地出让收入和商品房销售价格四个指标涉及价格调整问题。

（7）运用指数计算模型计算指数。

1）计算分类指数。分类指数（$K_1 \sim K_8$）的计算采用了环比指数的计算方法。其公式为

$$K_i = \frac{Z_i(t)}{Z_i(t-1)} \quad (i = 1,2,\cdots,8)$$

式中，$Z_i(t)$ 表示报告期 t 期各项指标数据；$Z_i(t-1)$ 表示上一年同期各项指标数据。

对空置面积指数 K_7，由于空置面积属于逆指标，其指数值越小，表明状况越景气，因此，在计算综合指数时，K_7 是以倒数形式出现的。

2）计算国房指数。在计算八个分类指数后，采用固定权重的算术加权平均法，得到综合指数。计算公式为

$$\bar{K} = \frac{\sum\limits_{i=1}^{n} K_i W_i}{\sum\limits_{i=1}^{n} W_i}$$

式中，W_i 表示分类指数的权重。

将综合指数 $\bar{K}$ 与基准综合指数 $\bar{K}_0$ 对比，得到国房指数 G

$$G = \frac{\bar{K}}{K_0} \times 100\%$$

（8）计算国房景气指数值并进行景气评价。根据上述流程和确定的权数，计算国房景气指数值，用以说明房地产业的发展状况。

2. 国房指数预警系统

国房指数以 100 为景气分界点，100 以上为景气空间，100 以下为不景气空间。为更好地发挥国房指数的景气监测作用，应设计合理的预警界限，当国房指数突破某预警界限时，系统能发出"报警"信号。

（1）景气区域的划分。根据监测理论，将国房指数分布区域划分为"过热""趋热""适度""趋冷"和"过冷"五个区域。

1）过热区：表示房地产发展已经过热，必须降温，该区为极端区。

2）趋热区：也称偏热区，表示房地产发展有过热倾向，需引起关注，该区为警告区。

3）适度区：表示房地产发展适度，该区为稳定区。

4）趋冷区：也称偏冷区，表示房地产发展有萎缩倾向，需引起关注，该区为警告区。

5）过冷区：表示房地产处于萧条状态，需要扶持，该区为极端区。

根据 3σ 原理，即假定国房指数服从正态分布

$$G \sim N(\mu, \sigma^2)$$

则

$$P(\mu - 3\sigma < G < \mu + 3\sigma) = 0.9975$$

根据我国房地产发展趋势的判断，可以认为适度区的落地点概率为 80%，趋热区和趋冷区的落地点概率为 7.5%，过热区和过冷区的落地点概率为 2.5%，这样的比例比较合理。

（2）分界线的确定。首先确定指数波动的中心线，以此作为适度区的中心。选取国房指数样本，用其平均值来估计均值 μ 和均方差 σ。

适度区的上限为：$\mu + 1.28\sigma$。

适度区的下限为：$\mu - 1.28\sigma$。

趋热区与过热区的分界线为：$\mu + 1.96\sigma$。

趋冷区与过冷区的分界线为：$\mu - 1.96\sigma$。

（3）对各序列在各时期所处的景气状态标上各色信号，分别以红灯、黄灯、绿灯、浅蓝灯和蓝灯表示。

【例 11-1】 2000 年—2015 年我国国房景气指数数据如表 11-2 所示。其中，2008 年（含）以前每年国家公布 12 个月的数据，从 2009 年开始，每年 1 月份的数据不公布，即每年公布 11 个月的数据。试划分出我国国房景气指数在这期间的"过热""趋热""适度""趋冷"和"过冷"五个区域，以及景气和不景气空间，说明我国的房地产发展状况。

表 11-2　2000 年—2015 年我国国房景气指数数据

年　份	月　份											
	1	2	3	4	5	6	7	8	9	10	11	12
2000	102.2	102.6	101.8	101.9	102.2	102.7	102.9	103.3	103.5	103.4	103.7	104.0
2001	105.2	105.0	106.2	106.9	106.5	106.0	106.4	106.4	105.9	105.6	105.1	105.3
2002	103.9	103.5	103.9	104.4	104.6	104.7	104.3	104.5	105.0	105.2	104.9	104.2
2003	108.9	109.1	107.3	106.9	106.3	107.0	107.3	106.9	106.7	106.7	106.5	106.2
2004	106.6	106.6	106.1	105.5	105.0	104.8	104.8	104.9	105.0	104.7	104.2	103.7
2005	103.1	102.7	102.4	102.3	102.2	102.1	102.0	101.8	101.4	101.0	100.7	100.6
2006	100.8	101.1	101.5	101.6	101.9	102.2	103.5	103.3	103.1	103.4	103.9	103.0
2007	102.4	101.8	101.2	102.7	103.3	103.6	104.0	104.5	105.0	105.7	106.6	106.5
2008	106.1	105.6	104.7	104.1	103.3	103.1	102.4	101.8	101.2	99.7	98.5	96.5
2009	—	94.9	94.7	94.8	95.9	96.6	98.0	100.1	101.1	102.0	102.8	103.7
2010	—	105.5	105.9	105.7	105.1	105.1	104.7	104.1	103.5	103.6	103.2	101.8
2011	—	102.9	103.0	103.2	103.2	101.8	101.5	101.1	100.4	100.3	99.9	98.9
2012	—	97.9	96.9	95.6	94.9	94.7	94.6	94.6	94.4	94.6	95.7	95.6
2013	—	97.9	97.6	97.4	97.3	97.3	97.4	97.3	97.3	96.9	96.4	97.2
2014	—	96.9	96.4	95.8	95.0	94.8	94.8	94.8	94.7	94.8	94.3	93.9
2015	—	93.8	93.1	92.6	92.4	92.6	93.0	93.5	93.4	93.3	93.4	93.3

MATLAB 程序如下：

```
X = [⋯];                          % 表 11-2 中的数据,共 185 个,按时间序列排序
plot(X)
m = mean(X)                        % 均值为适度中心线
```

```
s = std(X)                                      % 标准差
Y1 = m - 1. 96 * s                              % 趋冷区与过冷区分界线
Y2 = m - 1. 28 * s                              % 适度区下限
Y3 = m                                          % 适度区中心线
Y4 = m + 1. 28 * s                              % 适度区上限
Y5 = m + 1. 96 * s                              % 趋热区与过热区分界线
hold on
% 绘制五个区域图
x = 1: length(X);
Z1 = Y1. * ones(size(x));
Z2 = Y2. * ones(size(x));
Z3 = Y3. * ones(size(x));
Z4 = Y4. * ones(size(x));
Z5 = Y5. * ones(size(x));
plot(x,Z1,' - b',x,Z2,' - c',x,Z3,': k',x,Z4,' - k',x,Z5,' - r')
axis([0,200,88,115])
text(60,112,'过热区')
text(60,108,'趋热区')
text(60,105,'适度区')
text(60,98,'适度区')
text(60,95,'趋冷区')
text(60,91,'过冷区')
text(50,102,'适度中心线')
% 绘制景气空间和不景气空间图
Z6 = 100. * ones(size(x));
plot(x,Z6,' -. ')
text(160,100,'景气分界线')
text(160,103,'景气空间')
text(160,98,'不景气空间')
t1 = [0:8] * 12;                                % 2008 年以前每年 12 个月数据
t2 = [10:17] * 11;                              % 2009 年开始每年 11 个月数据
set(gca,'XTick',[t1,t2])
set(gca,'XTickLabel',{'2000';'2001';'2002';'2003';'2004'; '2005';'2006';'2007';…
    '2008';'2009';'2010';'2011';'2012';'2013';'2014';'2015';'2016'})
set(gca,'YTick',[93. 2 96. 1 100. 0 101. 5 106. 9 109. 8])
set(gca,'YTickLabel',{'93. 2';'96. 1';'100. 0';'101. 5';'106. 9';'109. 8'})
xlabel('年份')
ylabel('景气指数')
hold off
```

运行结果如下:

```
m =
    101. 4659
```

```
s =
   4.2709
Y1 =
   93.0950
Y2 =
   95.9992
Y3 =
   101.4659
Y4 =
   106.9327
Y5 =
   109.8369
```

显示的图形如图 11-1 所示，其中图中标注了各条分界线指数值。

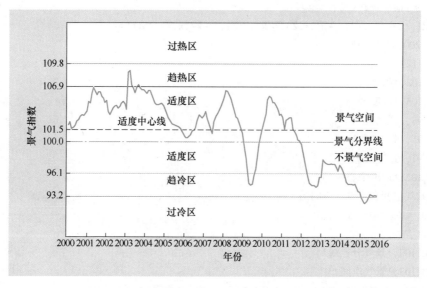

图 11-1　景气指数预警图

各区域的指数区间大体划分为：景气指数在 110 以上的为过热区；107～110 的为趋热区；96～107 的为适度区；93～96 的为趋冷区；93 以下的为过冷区。

从图 11-1 可知，我国房地产市场在 2003 年进入趋热区，2009 年前半年和 2012 年中期都进入趋冷区，2015 年进入过冷区，其他时间都处入适度区。另外，大部分时间都处于景气空间状态，只有 2008 年年底至 2009 年上半年、2012 年—2015 年处在不景气空间状态。国家根据景气状态的不同情况，应出台相应政策进行适当的调控，以保证房地产市场健康发展。

11.2.2　上海市房地产景气指数

【例 11-2】　现已收集 2010 年—2020 年上海市房地产市场有关指标数据（见表 11-3），要求：①使用聚类分析和假设检验等方法筛选景气指数；②利用时差相关性分析判断先行指标、同步指标和滞后指标；③计算先行指标、同步指标、滞后指标的扩散指数和合成指数，说明上海房地产市场的景气发展状况。

表 11-3 上海市房地产市场 21 项指标数据

项目 年份	总量指标			购买力指标					生产类指标						交易类指标				价格类指标		
	国内生产总值/百亿元 x_1	房地产业增加值/百亿元 x_2	房地产开发投资额/百亿元 x_3	建筑业总产值/百亿元 x_4	社会消费品零售总额/百亿元 x_5	居民人均可支配收入/万元 x_6	房地产贷款余额/百亿元 x_7	房地产开发企业资金/百亿元 x_8	供应土地占地面积/百万 m² x_9	房地产从业人数/万人 x_{10}	房屋竣工面积/百万 m² x_{11}	房屋新开工面积/百万 m² x_{12}	房屋施工面积/百万 m² x_{13}	房屋出租面积/百万 m² x_{14}	房地产开发企业总收入/百亿元 x_{15}	商品房销售面积/百万 m² x_{16}	住宅商品房销售额/百亿元 x_{17}	新建商品住宅销售价格指数 x_{18}	固定资产投资价格指数 x_{19}	居民消费价格指数 x_{20}	住宅房屋平均销售价格/万元 x_{21}
2010	171.66	12.42	19.81	42.98	60.37	3.04	45.46	32.29	24.85	9.14	19.41	30.31	112.95	12.62	32.66	20.61	23.95	101.30	103.80	104.50	1.43
2011	191.96	12.89	22.54	45.79	67.77	3.47	47.63	34.44	31.48	7.65	22.41	36.44	129.83	13.05	29.68	17.91	19.82	102.00	106.46	104.50	1.36
2012	201.82	15.01	23.81	45.64	73.87	3.86	51.63	39.69	22.31	7.42	23.05	27.24	132.50	13.55	31.83	18.98	22.09	100.00	99.44	102.21	1.39
2013	218.18	19.17	28.20	51.03	80.19	4.22	55.79	50.93	22.24	7.10	22.54	27.06	135.17	12.06	38.24	23.82	32.64	121.90	100.16	102.40	1.62
2014	235.68	21.21	32.06	55.00	87.19	4.60	65.64	52.70	18.62	6.85	23.13	27.82	146.90	11.42	42.48	20.85	29.23	95.60	100.47	102.60	1.64
2015	251.23	24.04	34.69	56.52	100.56	4.99	68.47	55.32	10.00	6.46	26.47	26.05	150.95	12.02	43.88	24.31	43.20	118.20	97.02	102.30	2.15
2016	281.79	31.03	37.09	60.46	109.47	5.43	62.39	64.09	8.91	6.36	25.51	28.41	151.11	13.23	65.06	27.06	52.33	131.70	99.58	103.27	2.59
2017	306.33	28.73	38.57	64.26	118.30	5.90	72.19	53.85	10.25	6.38	33.88	26.18	153.62	16.46	62.32	16.92	33.36	100.20	106.72	101.55	2.49
2018	360.12	31.85	40.33	70.72	126.69	6.42	82.50	53.30	13.08	6.46	31.16	26.87	146.72	18.68	56.12	17.67	38.64	100.40	105.64	101.18	2.90
2019	381.55	33.01	42.31	78.13	134.97	6.94	93.50	54.45	13.13	6.38	26.70	30.63	148.03	20.36	50.32	16.96	44.57	102.30	101.42	103.78	3.29
2020	387.01	33.93	46.99	82.77	159.33	7.22	103.17	55.16	22.64	5.89	28.78	34.41	157.40	20.56	56.63	17.89	52.69	104.20	102.56	100.10	3.67

（1）选取房地产统计指标并收集资料数据。经过上海市房地产市场的数据收集，建立上海市房地产市场 21 个指标的数据库（见表 11-3），指标具体分为五类：总量指标（$x_1 \sim x_4$）、购买力指标（$x_5 \sim x_7$）、生产类指标（$x_8 \sim x_{13}$）、交易类指标（$x_{14} \sim x_{18}$）和价格类指标（$x_{19} \sim x_{21}$）。

（2）筛选景气指标。下面以生产类指标：房地产开发企业资金（x_8）、供应土地占地面积（x_9）、房地产从业人数（x_{10}）、房屋竣工面积（x_{11}）、房屋新开工面积（x_{12}）、房屋施工面积（x_{13}）共六个指标为例进行分析。

在进行聚类以前，应首先对这六个指标进行无量纲处理，为了保持原有指标的变异特性，选择归一化处理方式。

MATLAB 程序如下：

```
A = [32.29    24.85    9.14    19.41    30.31    112.95
     34.44    31.48    7.65    22.41    36.44    129.83
     39.69    22.31    7.42    23.05    27.24    132.50
     50.93    22.24    7.10    22.54    27.06    135.17
     52.70    18.62    6.86    23.13    27.82    146.90
     55.32    10.00    6.46    26.47    26.05    150.95
     64.09    8.91     6.36    25.51    28.41    151.11
     53.85    10.25    6.38    33.88    26.18    153.62
     53.30    13.08    6.46    31.16    26.87    146.72
     54.45    13.13    6.38    26.70    30.63    148.03
     55.16    22.64    5.89    28.78    34.41    157.40];
%归一化处理
B = sum(A);
X = [A(:,1)/B(1), A(:,2)/B(2),A(:,3)/B(3), A(:,4)/B(4),A(:,5)/B(5), A(:,6)/B(6)];
%将 X 进行转置，进行聚类分析
Y = pdist(X')                    % 计算指标之间的距离
Z = linkage(Y)                   % 形成系统聚类树
dendrogram(Z)                    % 显示系统聚类树
T = cluster(Z,4)                 % 不同阈值的分类结果
```

运行结果如图 11-2 所示。

```
T = 3  4  1  3  2  3              % 运行显示的是列
```

对这六个指标，采用聚类法进行聚类结果如下：

六个指标可分成四类：x_{11}，x_{13}；x_8；x_{10}，x_{12}；x_9。

由于 x_8 和 x_9 处在只有一个指标的子类，因此将这两个指标直接纳入预警指标体系。对于 x_{11} 和 x_{13}，x_{10} 和 x_{12} 分别进行显著性检验——秩和检验，以判断指标之间是否具有显著性差异。

对 x_{11} 和 x_{13} 的秩和检验：

```
[p1,h1,stats1] = ranksum(X(:,4),X(:,6))
```

运行结果如下：

```
p1 =
  0.5545
```

h1 =

    0

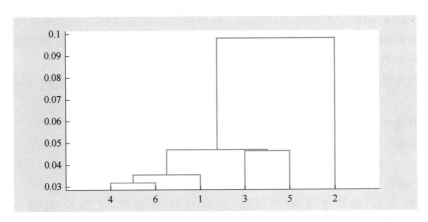

图 11-2　聚类图

　　检验结果 h1 =0 表示 x_{11} 和 x_{13} 的总体差别不显著，一定程度上房屋竣工面积比房屋施工面积更能够衡量一定时间点上的商品房供应量，故将房屋竣工面积 x_{11} 纳入预警指标体系。

　　对 x_{10} 和 x_{12} 的秩和检验：

　　$[\,p2,h2,stats2\,]\ =\ \mathrm{ranksum}(\,X(:,3)\,,X(:,5)\,)$

　　运行结果如下：

p2 =

    1

h2 =

     0

　　检验结果 h2 =0 表示 x_{10} 和 x_{12} 的总体差别不显著，房地产从业人数比房屋新开工面积更能说明市场景气现象，因此将房地产从业人数 x_{10} 纳入预警指标体系。

　　按照上述算法，将总量指标、购买力指标、交易类指标、价格类指标分别进行分类指标筛选，最终得出预警指标体系，如表 11-4 所示。

表 11-4　预警指标体系

类　　型	原始指标	预　警　指　标
总量指标	$x_1 \sim x_4$	国内生产总值 x_1、房地产业增加值 x_2、房地产开发投资额 x_3
购买力指标	$x_5 \sim x_7$	居民人均可支配收入 x_6、房地产贷款余额 x_7
生产类指标	$x_8 \sim x_{13}$	房地产开发企业资金 x_8、供应土地占地面积 x_9、房地产从业人数 x_{10}、房屋竣工面积 x_{11}
交易类指标	$x_{14} \sim x_{18}$	房屋出租面积 x_{14}、商品房销售面积 x_{16}、住宅商品房销售额 x_{17}
价格类指标	$x_{19} \sim x_{21}$	居民消费价格指数 x_{20}、住宅房屋平均销售价格 x_{21}

　　（3）确定基准指标。计算房地产景气指数的首要工作是确定基准指标。基准指标确定得合理与否将影响先行、滞后景气指标的划分，并最终影响预警的效果。商品房销售面积是房地产市场供给和需求共同作用的结果，它同房地产市场的兴衰具有直接同步性。一般说

来，在繁荣与复苏时期，商品房销售面积会提高；在萧条和危机时期，商品房销售面积会随之缩减。因此，本例将它作为基准指标。

（4）利用时差相关分析划分先行指标、同步指标、滞后指标。选定基准指标与比较指标后，可以直接用原始数据计算先行或滞后若干期的相关系数，也可以先求原始数据的变化率，利用变化率数据再计算先行或滞后若干期的相关系数。

下面计算商品房销售面积与其他景气指标的变化率数据，并以最大的时差相关系数为两年来分析。

MATLAB 程序如下：

```
% 以商品房销售面积为基准指标
y = [20.61  17.91  18.98  23.82  20.85  24.31  27.06  16.92  17.67  16.96  17.89]';
% 其他景气指标矩阵
D = [171.66  12.42  19.81  3.04  45.46  32.29  24.85  9.14  19.41  12.62  20.61  23.95  104.50  1.43
     191.96  12.89  22.54  3.47  47.63  34.44  31.48  7.65  22.41  13.05  17.91  19.82  104.50  1.36
     201.82  15.01  23.81  3.86  51.63  39.69  22.31  7.42  23.05  13.55  18.98  22.09  102.21  1.39
     218.18  19.17  28.20  4.22  55.93  50.93  22.24  7.10  22.54  12.06  23.82  32.64  102.40  1.62
     235.68  21.21  32.06  4.60  65.64  52.70  18.62  6.86  23.13  11.42  20.85  29.23  102.60  1.64
     251.23  24.04  34.69  4.99  68.47  55.32  10.00  6.46  26.47  12.07  24.31  43.20  102.30  2.15
     281.79  31.03  37.09  5.43  62.39  64.09  8.91   6.36  25.51  13.23  27.06  52.33  103.27  2.59
     306.33  28.73  38.57  5.90  72.19  53.85  10.25  6.38  33.88  16.46  16.92  33.36  101.55  2.49
     360.12  31.85  40.33  6.42  82.50  53.30  13.08  6.46  31.16  18.68  17.67  38.64  101.18  2.90
     381.55  33.01  42.31  6.94  93.50  54.45  13.13  6.38  26.70  20.36  16.96  44.57  103.78  3.29
     387.01  33.93  46.99  7.22  103.17 55.16  22.64  5.89  28.78  20.56  17.89  52.69  100.10  3.67];
z = price2ret(y)          % 基准指标变化率
A = price2ret(D)          % 其他指标变化率
[m,n] = size(A);
R = [];B = [];            % 存放相关系数矩阵 R 和最大相关系数所对应的位置 B
for k = 1:n
    x = A(:,k);
    r1 = corrcoef(x(1:end-2),z(3:end));        % 先行二期
    r2 = corrcoef(x(1:end-1),z(2:end));        % 先行一期
    r3 = corrcoef(x,z);                        % 同期
    r4 = corrcoef(x(2:end),z(1:end-1));        % 滞后一期
    r5 = corrcoef(x(3:end),z(1:end-2));        % 滞后二期
    r = [r1(1,2),r2(1,2),r3(1,2),r4(1,2),r5(1,2)];    % 从先行到滞后共五期相关系数
    [a,b] = max(abs(r));                       % 找出最大相关系数 a 和所对应的位置 b
    % 其中 b = 1，表示先行二期；b = 2，表示先行一期；b = 3，表示同步；b = 4，表示滞后一期；b = 5，
    % 表示滞后二期
    R = [R;r];B = [B;b];
end
```

运行结果整理如表 11-5 所示。

表 11-5 预警指标变动率的时差相关分析

指标 名称	先行二期	先行一期	同步	滞后一期	滞后二期	r 最大值位置	指标类型
国内生产总值	0.4559	−0.4790	−0.0766	−0.3715	0.1328	2	先行
房地产业增加值	0.0271	−0.5404	0.8127	0.0172	−0.2006	3	同步
房地产开发投资额	0.4656	−0.0439	0.3181	0.3793	−0.0196	1	先行
居民人均可支配收入	0.4065	0.2364	−0.1510	−0.0408	−0.0521	1	先行
房地产贷款余额	0.0879	0.7178	−0.4604	−0.1458	0.1251	2	先行
房地产开发企业资金	0.1651	−0.3191	0.8142	0.0764	−0.3805	3	同步
供应土地占地面积	0.8071	−0.2325	−0.2818	−0.0992	−0.1246	1	先行
房地产从业人数	−0.2357	−0.1824	−0.0412	−0.1806	−0.1543	1	先行
房屋竣工面积	−0.2689	0.2796	−0.5835	0.1980	0.7248	5	滞后
房屋出租面积	−0.2552	−0.0811	−0.5825	−0.2389	0.1652	同步	同步
商品房销售面积	−0.1949	−0.3047	1.0000	−0.3047	−0.1949	3	同步
住宅商品房销售额	−0.3478	−0.2700	0.9664	−0.3186	−0.2199	3	同步
居民消费价格指数	0.3457	−0.3956	0.1174	0.2336	−0.6709	5	滞后
住宅房屋平均销售价格	−0.5227	−0.4193	0.7631	−0.3228	−0.0634	3	同步

基于预警指标变化率的时差相关分析结果，得到上海市房地产市场的景气指标划分如下：

1）先行指标：国内生产总值、房地产开发投资额、居民人均可支配收入、房地产贷款余额、供应土地占地面积和房地产从业人数，共六个指标。

2）同步指标：房地产业增加值、房地产开发企业资金、房屋出租面积、商品房销售面积、住宅商品房销售额和住宅房屋平均销售价格，共六个指标。

3）滞后指标：房屋竣工面积和居民消费价格指数两个指标。

（5）计算各类指标的扩散指数。扩散指数包括先行指标的扩散指数（Leading Diffusion Index，LDI）、同步指标的扩散指数（Consistent Diffusion Index，CDI）和滞后指标的扩散指数（Delaied Diffusion Index，DDI）。用扩散指数可判断房地产景气波动的转折点和景气状态。

下面分别计算先行指标、同步指标和滞后指标的扩散指数。

MATLAB 程序如下：

```
% 先行指标
X1 =[171.66   19.81   3.04   45.46   24.85   9.14
     191.96   22.54   3.47   47.63   31.48   7.65
     201.82   23.81   3.86   51.63   22.31   7.42
     218.18   28.20   4.22   55.79   22.24   7.10
     235.68   32.06   4.60   65.64   18.62   6.86
     251.23   34.69   4.99   68.47   10.00   6.46
     281.79   37.09   5.43   62.39    8.91   6.36
     306.33   38.57   5.90   72.19   10.25   6.38
```

```
          360. 12    40. 33    6. 42    82. 50    13. 08    6. 46
          381. 55    42. 31    6. 94    93. 50    13. 13    6. 38
          387. 01    46. 99    7. 22   103. 17    22. 64    5. 89];
% 同步指标
X2 = [12. 42    32. 29    12. 62    20. 61    23. 95    1. 43
      12. 89    34. 44    13. 05    17. 91    19. 82    1. 36
      15. 01    39. 69    13. 55    18. 98    22. 09    1. 39
      19. 17    50. 93    12. 06    23. 82    32. 64    1. 62
      21. 21    52. 70    11. 42    20. 85    29. 23    1. 64
      24. 04    55. 32    12. 02    24. 31    43. 20    2. 15
      31. 03    64. 09    13. 23    27. 06    52. 33    2. 59
      28. 73    53. 85    16. 46    16. 92    33. 36    2. 49
      31. 85    53. 30    18. 68    17. 67    38. 64    2. 90
      33. 01    54. 45    20. 36    16. 96    44. 57    3. 29
      33. 93    55. 16    20. 56    17. 89    52. 69    3. 67];
% 滞后指标
X3 = [19. 41    104. 50
      22. 41    104. 50
      23. 05    102. 21
      22. 54    102. 40
      23. 13    102. 60
      26. 47    102. 30
      25. 51    103. 27
      33. 88    101. 55
      31. 16    101. 18
      26. 70    103. 78
      28. 78    100. 10 ];
[m1,n1] = size(X1);
[m2,n2] = size(X2);
[m3,n3] = size(X3);
d1 = [ ];d2 = [ ];d3 = [ ];d4 = [ ];d5 = [ ];d6 = [ ];
% 先行指标扩散指数
for i = 2 : m1;
    D1 = X1(i,: ) - X1(i - 1,: );
        d11 = length(find(D1 > 0));
        d12 = length(find(D1 == 0))
         d1 = [d1,d11];
         d2 = [d2,d12];
end
K1 = 100 * d1/n1 + 50 * d2/n1;
% 同步指标扩散指数
for i = 2 : m2;
    D2 = X2(i,: ) - X2(i - 1,: );
```

$$d21 = \text{length}(\text{find}(D2 > 0));$$
$$d22 = \text{length}(\text{find}(D2 == 0))$$
$$d3 = [d3, d21];$$
$$d4 = [d4, d22];$$

end

$K2 = 100 * d3/n2 + 50 * d4/n2;$

% 滞后指标扩散指数

for $i = 2 : m3;$

$\quad D3 = X3(i,:) - X3(i-1,:);$

$$d31 = \text{length}(\text{find}(D3 > 0));$$
$$d32 = \text{length}(\text{find}(D3 == 0))$$
$$d5 = [d5, d31];$$
$$d6 = [d6, d32];$$

end

$K3 = 100 * d5/n3 + 50 * d6/n3;$

% 绘制图形

$t = 2011 : 2020;$

$\text{plot}(t, K1, ' - ob', t, K2, ' - \char94 k', t, K3, ' - + r')$

$\text{xlabel}('年份')$

$\text{ylabel}('扩散指数')$

$\text{legend}('先行指标', '同步指标', '滞后指标')$

运行结果如下：

K1 =

　83.3333　66.6667　66.6667　66.6667　66.6667　50　100　100　83.3333　83.3333

K2 =

　50　100　83.3333　50　100　100　16.6667　83.3333　83.3333　100

K3 =

　75　50　50　100　50　50　50　0　50　50

显示的图形如图 11-3 所示。

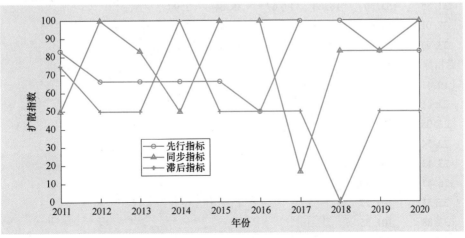

图 11-3　先行指标、同步指标与滞后指标的扩散指数

从图 11-3 可知，同步指标的扩散指数波动与上海市房地产市场的波动基本吻合。上海市房地产在 2017 年是一个相对低潮期，除此以外，全部处在景气空间，并且多年扩散指数达到峰值 100，表明市场一直处在扩张期。所以国家那几年一直采取限制调控措施防止房地产市场过快发展。

（6）计算房地产合成指数。下面分别计算先行指标、同步指标和滞后指标的合成指数。由于选用的数据是年度数据，可忽略季节因素，故省去趋势调整的计算。

MATLAB 程序如下：

```
% 先行指标
X1 = [171. 66    19. 81     3. 04     45. 46     24. 85     9. 14
      191. 96    22. 54     3. 47     47. 63     31. 48     7. 65
      201. 82    23. 81     3. 86     51. 63     22. 31     7. 42
      218. 18    28. 20     4. 22     55. 79     22. 24     7. 10
      235. 68    32. 06     4. 60     65. 64     18. 62     6. 86
      251. 23    34. 69     4. 99     68. 47     10. 00     6. 46
      281. 79    37. 09     5. 43     62. 39      8. 91     6. 36
      306. 33    38. 57     5. 90     72. 19     10. 25     6. 38
      360. 12    40. 33     6. 42     82. 50     13. 08     6. 46
      381. 55    42. 31     6. 94     93. 50     13. 13     6. 38
      387. 01    46. 99     7. 22    103. 17     22. 64     5. 89];
% 同步指标
X2 = [ 12. 42    32. 29    12. 62    20. 61     23. 95     1. 43
       12. 89    34. 44    13. 05    17. 91     19. 82     1. 36
       15. 01    39. 69    13. 55    18. 98     22. 09     1. 39
       19. 17    50. 93    12. 06    23. 82     32. 64     1. 62
       21. 21    52. 70    11. 42    20. 85     29. 23     1. 64
       24. 04    55. 32    12. 02    24. 31     43. 20     2. 15
       31. 03    64. 09    13. 23    27. 06     52. 33     2. 59
       28. 73    53. 85    16. 46    16. 92     33. 36     2. 49
       31. 85    53. 30    18. 68    17. 67     38. 64     2. 90
       33. 01    54. 45    20. 36    16. 96     44. 57     3. 29
       33. 93    55. 16    20. 56    17. 89     52. 69     3. 67];
% 滞后指标
X3 = [ 19. 41   104. 50
       22. 41   104. 50
       23. 05   102. 21
       22. 54   102. 40
       23. 13   102. 60
       26. 47   102. 30
       25. 51   103. 27
       33. 88   101. 55
       31. 16   101. 18
```

```
          26. 70      103. 78
          28. 78      100. 10];
[m1,n1] = size(X1);
[m2,n2] = size(X2);
[m3,n3] = size(X3);
C1 = 200 * (X1(2: end,:) - X1(1: end - 1,:))./(X1(2: end,:) + X1(1: end - 1,:));
A1 = mean(abs(C1));
S1 = C1./(A1. * ones(m1 - 1,1));
C2 = 200 * (X2(2: end,:) - X2(1: end - 1,:))./(X2(2: end,:) + X2(1: end - 1,:))
A2 = mean(abs(C2))
S2 = C2./(A2. * ones(m2 - 1,1));
C3 = 200 * (X3(2: end,:) - X3(1: end - 1,:))./(X3(2: end,:) + X3(1: end - 1,:))
A3 = mean(abs(C3))
S3 = C3./(A3. * ones(m3 - 1,1));
%求各指标组的标准化平均变化率（当权重为1时）
R1 = mean(S1,2);
R2 = mean(S2,2);
R3 = mean(S3,2);
%计算标准化平均变化率
F1 = mean(abs(R1))/mean(abs(R2));
F2 = 1;
F3 = mean(abs(R3))/mean(abs(R2));
V1 = R1./F1;
V2 = R2;
V3 = R3./F3;
%求初始综合指数
I1(1) = 100;
for i = 2: length(V1);
    I1(i) = I1(i - 1) * (200 + V1(i))./(200 - V1(i));
end
I2(1) = 100;
for i = 2: length(V2);
    I2(i) = I2(i - 1) * (200 + V2(i))/(200 - V2(i));
end
I3(1) = 100;
for i = 2: length(V3);
    I3(i) = I3(i - 1) * (200 + V3(i))./(200 - V3(i));
end
I1;I2;I3;
%求以基准年份为100的合成指数：
CI1 = 100 * I1./mean(I1)
CI2 = 100 * I2./mean(I2)
```

CI3 = 100 * I3. /mean(I3)

CI = 1/3 * (CI1 + CI2 + CI3)

t = 2011：2020;

plot(t, CI1, 'o - b', t, CI2, ' - ^k', t, CI3, ' - +r')

xlabel('年份')

ylabel('合成指数')

legend('先行指标', '同步指标', '滞后指标')

运行结果如下：

CI1 =

   97. 1058   97. 4044   98. 3393   99. 2347   99. 0500   99. 4086   100. 5602   102. 1247

   102. 9471   103. 8253

CI2 =

   96. 9352   97. 6521   98. 9818   98. 8631   100. 0943   101. 4784   100. 5483   101. 3246

   101. 8409   102. 2812

CI3 =

   100. 1127   98. 9864   98. 9343   99. 2398   100. 0524   100. 3511   101. 4226   100. 5773

   100. 9775   99. 3459

显示的图形如图 11-4 所示。

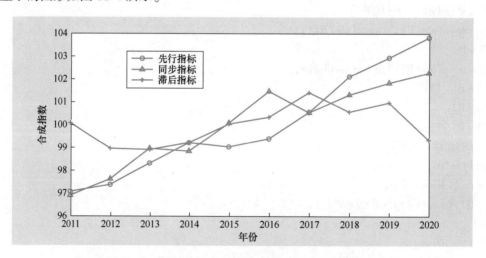

图 11-4　先行指标、同步指标与滞后指标的合成指数

从图 11-4 可知，上海市房地产先行指标和同步指标的合成指数，基本上都处于上升阶段，并且从 2015 年—2020 年指数都超过 100，表明房地产还处在景气较热的状态，为此那几年国家也一直进行宏观调控，阻止房地产过热发展。

练习与提高

青岛市 2010 年—2019 年的主要经济指标数据如表 11-6 所示。

表 11-6　青岛市 2010 年—2019 年主要经济指标

年　份	地区 GDP/ 亿元	常住 人口数/ 万人	单位 从业人数/ 万人	房地产 从业人数/ 万人	房地产 开发 投资额/ 亿元	社会消费 品零售额/ 亿元	地方财政 预算内 收入/ 亿元	城乡居民 储蓄/ 亿元	居民消费 价格指数	口岸进出 口总额/ 亿美元
2010	5350.7	871.51	540.34	5.4	602.4	1892.4	452.6	2912.3	102.2	1191.3
2011	6248.5	879.51	551.18	5.9	782.7	2217.3	566.1	3198.5	105.0	1509.5
2012	6869.6	886.85	559.88	6.2	930.1	2533.2	670.2	3757.6	102.7	1488.9
2013	7508.7	896.41	571.47	5.5	1048.5	2865.0	788.9	4141.0	102.6	1566.3
2014	8120.7	904.62	588.97	7.3	1117.7	3218.3	895.3	4436.0	102.6	1649.0
2015	8658.6	909.70	595.44	7.5	1122.3	3548.2	1006.3	4785.0	101.2	1448.4
2016	9283.2	920.40	601.44	7.8	1369.1	3914.2	1100.0	5100.3	102.5	9492.7
2017	10137.0	929.05	603.90	8.1	1330.5	4321.4	1157.2	5583.5	102	11102.4
2018	10949.4	939.48	590.30	4.4	1485.2	4742.7	1231.9	6153.5	102.1	12196.8
2019	11741.3	949.98	578.10	4.7	1803.8	5126.6	1241.7	6475.2	103.3	12723.9

要求：

（1）选定基准指标为 GDP，利用时差相关分析将其他指标划分先行指标、同步指标和滞后指标。

（2）计算先行指标与同步指标的扩散指数。

（3）计算先行指标与同步指标的合成指数。

操作流程：

（1）对各项指标都进行归一化处理。

（2）将地区 GDP 作为同步指标的基准指标。

（3）利用命令 corrcoef 计算滞后、先行各两期的比较指标与基准指标之间的相关函数值，进而划分先行指标、同步指标和滞后指标。

（4）利用扩散指数计算公式分别计算先行指标与同步指标的扩散指数，并用表格的形式呈现。

（5）根据合成指数计算步骤，用 MATLAB 编程计算先行指标与同步指标的合成指数。

（6）分析先行指标与同步指标的扩散指数和合成指数数值，说明经济的运行情况。

第12章

神经网络预测法

 本章要点

- BP 神经网络
- 神经网络 MATLAB 函数

12.1 神经网络的基本理论

12.1.1 人工神经网络

人工神经网络（Artificial Neural Network，ANN）是由大量处理单元（即神经元，Neurons）广泛互联而成的网络，是对人脑的抽象、简化和模拟，反映人脑的基本特征。神经网络由分布于若干层的节点组成，它的构成随神经网络的类型和复杂度的不同而不同。每个单节点都有自己的输入值、权值、求和与激活函数以及输出值，在处理之前，数据被分为训练数据集（Training Data Set）和测试数据集（Testing Data Set），然后将权值或输入值指派到第一层的每一个节点。每次重复时，系统处理输入并与实际值相比较，得到度量后的误差，并反馈给系统，调整权重。在大多数情况下，调整后的权重都能更好地预测实际值。当达到预定义的最小误差水平时，处理结束。

12.1.2 BP 神经网络的基本原理

BP 神经网络（Back Propagation Network）是目前应用最为广泛和成功的神经网络之一。它是由鲁姆哈特（Rumelhant）和麦克利兰（McClelland）于 1986 年提出的，是一种多层网络的"逆推"学习算法。其基本思想是：学习过程由信号的正向传播与误差的反向传播两个过程组成。正向传播时，输入样本从输入层传入，经中间层（隐层）逐层处理后传向输出层。若输出层的实际输出与期望输出不符，则转向误差的反向传播阶段。误差的反向传播是将输出误差以某种形式通过中间层（隐层）向输入层逐层反传，并将误差分摊给各层的所有单元，从而获得各层单元的误差信号，此误差信号即作为修正各单元权值的依据。这种信号正向传播与误差反向传播的各层权值调整过程是周而复始地进行的。权值不断调整的过程，也就是网络的学习训练过程。此过程一直进行到网络输出的误差减少到可以接受的程

度，或进行到预先设置的学习次数为止。

12.1.3　BP 神经网络的学习过程

1. BP 神经网络的结构

BP 神经网络是一种单向传播的多层前向网络，具有三层或三层以上的神经网络，包括输入层、中间层（隐层）和输出层。上下层之间实现全连接，每一层神经元之间无连接。当把一对学习样本提供给网络后，神经元的激活值从输入层经过各中间层向输出层传播，在输出层的各神经元获得网络的输入响应。接下来，按照减少目标输出与实际误差的方向，从输出层开始，经过各中间层，逐层修正各连接权值，最后回到输入层。这种算法称为"误差逆传播算法"，即 BP 算法。随着这种误差逆传播修正的不断进行，网络对输入模式响应的正确率也不断提高。

根据 BP 神经网络的设计网络，一般的预测问题都可以通过中间层的网络实现，如图 12-1 所示。三层网络中，输入和输出神经元依据输入向量和研究目标而定。若输入向量有 m 个元素，则输入层的神经元可以选为 m 个，中间层神经元个数 n 和输入层神经元个数 m 之间可以按照 $n = 2m + 1$ 的关系来选取。当然，在实际操作中要不断调整各种参数，观察学习训练的效果，力求找出最优的预测结果。

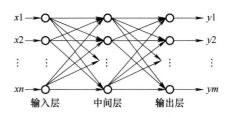

图 12-1　BP 神经网络的结构

2. 传递函数（激活函数）

一般输入层和中间层的传递函数是 S 形函数（Logsig）

$$f(x) = \frac{1}{1 + \mathrm{e}^{-x}}, \qquad (0,1)$$

或正切 S 形函数（Tansig）

$$f(x) = \frac{1 - \mathrm{e}^{-x}}{1 + \mathrm{e}^{-x}}, \qquad (-1,1)$$

输出层的传递函数是线性函数，用 purelin 表示。

3. 模拟过程

网络通过对已知信息的反复学习训练，运用根据误差逐步调整与改变神经元连接权重和神经元阈值的方法，使得相似的输入有相似的输出，从而达到处理信息、模拟输入输出关系的目的。模拟过程如下：

（1）读入样本、设定初始权值和阈值。

（2）设定参数。

（3）计算中间层输出。

（4）计算输出层输出。

（5）计算输出值与期望值的误差。

（6）判断误差是否小于设定值，是则结束。

（7）调整中间层到输出层的权重和阈值。

（8）调整输入层到中间层的权重和阈值。

（9）返回计算中间层输出。

4. 学习过程

（1）读入样本。

（2）数据处理。

（3）创建网络。

（4）设定参数。

（5）训练网络。

（6）模拟输出。

（7）调整参数：学习速率、动量系数、训练次数、误差精度等。

（8）仿真预测：网络固定，输入新的样本集，模拟输出。

12.1.4　BP 神经网络预测

BP 神经网络通过对历史数据的学习，找出数据的变化趋势之间的非线性关系，并将其存储在网络具体的权重和阈值中，从而预测未来数据的走势。

设有时间序列 $\{X_i\}$，其中历史数据为 $X_n, X_{n+1}, \cdots, X_{n+m}$，对未来 $n+m+k\,(k \geq 1)$ 时刻的取值进行预测，即预测 X_{n+m+k} 的某种非线性函数关系

$$X_{n+m+k} = f(X_n, X_{n+1}, \cdots, X_{n+m})$$

用 BP 神经网络进行预测，即用神经网络通过一组数据点 $X_n, X_{n+1}, \cdots, X_{n+m}$ 来拟合函数 f，得出未来 $n+m+k\,(k \geq 1)$ 时刻数据的预测值。

1. 单步预测

当 $k=1$，且网络的所有输入数据都是时间序列的实际观测值时，所做的预测就是单步预测。在进行预测时，把实际的时序观测值 $X_n, X_{n+1}, \cdots, X_{n+m}$ 这 $m+1$ 个数据输入网络，输出是下一时刻的预测值 X'_{n+m+1}；若要继续对 X_{n+m+2} 的值进行预测，则将实际观测值 X_{n+1}，$X_{n+2}, \cdots, X_{n+m+1}$ 作为输入数据，得到预测值 X'_{n+m+2}。

2. 多步预测

当 $k>1$ 时，即在网络中输入 $m+1$ 个历史数据，输出 $X_{n+m+1}, X_{n+m+2}, \cdots, X_{n+m+k}$ 的预测值。多步预测用于股票价格预测的误差较大。这是因为在网络运行调整权重和阈值时，每次迭代都要累加前一次 k 个预测值的误差，从而造成网络难以收敛的情况，甚至导致网络发生振荡。

3. 滚动预测

滚动预测又可称为迭代一步预测，其过程是先进行单步预测，再将网络输出的预测值反馈给网络输入端作为输入的一部分，用于下一步预测。若开始预测时，输入数据是实际的时序观测值 $X_n, X_{n+1}, \cdots, X_{n+m}$，则输出是下一时刻的预测值 X'_{n+m+1}，将 X'_{n+m+1} 与 X_{n+1}，$X_{n+2}, \cdots, X_{n+m}$ 一起作为输入数据对 X_{n+m+2} 项进行估计，得到输出的预测值 X'_{n+m+2}，再将 X'_{n+m+2} 与 $X_{n+2}, \cdots, X_{n+m}, X'_{n+m+1}$ 一起作为输入数据，输出预测值 X'_{n+m+3}。如此反复迭代，就能得到对未来一定时期的预测值。

12.2　BP 神经网络的 MATLAB 函数

建立预测模型后，使用 MATLAB 仿真软件实现 BP 神经网络，并对网络进行不断训练，

根据训练好的网络实现预测。

1. 数据的预处理和后处理

数据的预处理和后处理是有效训练神经网络的关键步骤，它直接影响训练后神经网络的性能。常见的方法是将原始数据进行归一化处理，即通过一定的线性变换，将输入数据和输出数据统一限制在 $[0,1]$ 或 $[-1,1]$ 区间内。

利用 premnmx 或 prestd 函数可以对输入和目标数据集进行归一化处理，使其落入 $[-1,1]$ 区间。

格式：$[Pn,\ minp,\ maxp] = premnmx(P)$

$\quad\quad\quad [Pn,\ minp,\ maxp,\ Tn,\ mint,\ maxt] = premnmx\ (P,T)$

说明：premnmx 函数用于对网络的输入数据或目标数据进行归一化，归一化后的数据将分布在 $[-1,1]$ 区间内。归一化公式为

$$P_n = 2*(P - minp)/(maxp - minp) - 1$$
$$T_n = 2*(T - mint)/(maxt - mint) - 1$$

式中，P 为原始输入数据；maxp 和 minp 分别为 P 中的最大值和最小值；P_n 为归一化后的输入数据；T 为原始目标数据；maxt 和 mint 分别为 T 的最大值和最小值；T_n 为归一化后的目标数据。

格式：$[P,T] = postmnmx\ (Pn,minp,maxp,Tn,mint,maxt)$

说明：postmnmx 函数可将 premnmx 函数的归一化数据进行反归一化处理，即

$$P = 0.5*(Pn + 1)*(maxp - minp) + minp$$
$$T = 0.5*(Tn + 1)*(maxt - mint) + mint$$

将输入数据或目标数据转化为区间 $[0,1]$ 的归一化处理公式为

$$P_n = (P - minp)/(maxp - minp)$$
$$T_n = (T - mint)/(maxt - mint)$$

其对应的反归一化处理公式为

$$P = P_n(maxp - minp) + minp$$
$$T = T_n(maxt - mint) + mint$$

2. 创建网络

（1）newff 函数：用来建立一个前馈 BP 神经网络。

格式：$net = newff\ (PR,SN,TF,BTF,BLF,PF)$

说明：PR：由每组输入（共 P 组）元素的最大值和最小值组成的 $P \times 2$ 维矩阵；或用函数 minmax（P）表示。

$\quad\quad\quad$ SN：网络中间层和输出层的神经元个数。

$\quad\quad\quad$ TF：网络中间层和输出层的传递函数，tansig（默认），logsig，purelin。

$\quad\quad\quad$ BTF：网络的训练函数。普通训练 traingdm：需设定学习速率、动量系数；

$\quad\quad\quad\quad\quad$ 快速训练 trainlm（默认）：网络训练的收敛速度较快。

$\quad\quad\quad$ BLF：网络权重学习函数，learngdf（默认）。

$\quad\quad\quad$ PF：网络性能函数，mse（默认），网络输出和目标输出的均方误差。

（2）newcf 函数：用来建立一个多层前馈 BP 神经网络，格式同 newff 函数。

（3）newfftd 函数：用来建立一个存在输入延迟的前向网络，格式同 newff 函数。

3. 设定参数

net = init(net) 初始化网络权重和阈值；（可不设定）

net. trainparam. show = 训练状态的显示幅度；（默认 25）

net. trainparam. lr = 学习速率；（权重阈值的调整幅度）

net. trainparam. mc = 动量系数；（权重阈值改变的重复度）

net. trainparam. epochs = 训练次数；（默认 100）

net. trainparam. goal = 误差精度；（默认 0）

net. trainparam. time = 训练秒数。（可不选）

4. 训练网络

格式：$[net,tr] = train(net,P,T)$

说明：P 为输入样本矢量集；T 为对应的目标样本矢量集；等号左右两侧的 net 分别用来表示训练得到和训练以前的神经网络对象；tr 为存储训练过程中的步数信息和误差信息，并给出网络误差实时变化曲线。

该函数采用动量法和学习速率自适应调整策略训练网络。将动量法和学习速率自适应结合起来，利用两方面的优点来优化 BP 神经网络的训练，返回误差参数。

此过程反复调整权重和阈值，以减小性能函数的值，直到达到预先设定的误差精度。

5. BP 神经网络的仿真

格式：$[Y,Pf,Af,E,perf] = sim(net,P,Pi,Ai,T)$

说明：输入 net 为神经网络对象；P 为网络输入；Pi 为输入延迟的初始状态；Ai 为层延迟的初始状态；T 为目标矢量；Y 为网络输出；Pf 为训练终止时的输入延迟状态；Af 为训练终止时的层延迟状态；E 为输出和目标矢量之间的误差；perf 为网络性能值。

6. 模拟输出

（1）图形输出。

格式：plot（横坐标，纵坐标，'参数'）

（2）查看参数。

权重：net. IW（层序号）

阈值：net. b（层序号）

12. 3　案例分析

12. 3. 1　多指标的股票开盘价预测

【例 12-1】　2021 年 12 月 1 日—2022 年 1 月 26 日中国建设银行股票的开盘价、最高价、最低价和收盘价数据如表 12-1 所示，试用 BP 神经网络对股票开盘价进行仿真预测。

表 12-1　2021 年 12 月 1 日—2022 年 1 月 26 日中国建设银行股票数据（单位：元）

日　　期	开盘价	最高价	最低价	收盘价	日　　期	开盘价	最高价	最低价	收盘价
2021 − 12 − 01	5. 75	5. 79	5. 74	5. 79	2021 − 12 − 03	5. 80	5. 82	5. 76	5. 81
2021 − 12 − 02	5. 77	5. 81	5. 76	5. 80	2021 − 12 − 06	5. 81	5. 87	5. 80	5. 85

（续）

日　　期	开盘价	最高价	最低价	收盘价	日　　期	开盘价	最高价	最低价	收盘价
2021 – 12 – 07	5.89	5.91	5.85	5.89	2021 – 12 – 31	5.86	5.87	5.84	5.86
2021 – 12 – 08	5.89	5.90	5.85	5.87	2022 – 01 – 04	5.85	5.92	5.85	5.91
2021 – 12 – 09	5.88	5.94	5.85	5.91	2022 – 01 – 05	5.91	6.04	5.90	6.03
2021 – 12 – 10	5.88	5.90	5.84	5.88	2022 – 01 – 06	6.00	6.09	6.00	6.05
2021 – 12 – 13	5.88	5.92	5.87	5.88	2022 – 01 – 07	6.06	6.15	6.01	6.14
2021 – 12 – 14	5.87	5.88	5.82	5.83	2022 – 01 – 10	6.13	6.18	6.08	6.12
2021 – 12 – 15	5.81	5.84	5.81	5.83	2022 – 01 – 11	6.11	6.17	6.09	6.14
2021 – 12 – 16	5.82	5.84	5.81	5.84	2022 – 01 – 12	6.14	6.14	6.03	6.08
2021 – 12 – 17	5.82	5.85	5.82	5.83	2022 – 01 – 13	6.08	6.16	6.06	6.11
2021 – 12 – 20	5.82	5.83	5.81	5.83	2022 – 01 – 14	6.09	6.12	5.98	6.02
2021 – 12 – 21	5.81	5.91	5.80	5.87	2022 – 01 – 17	6.00	6.05	5.96	5.98
2021 – 12 – 22	5.88	5.90	5.86	5.88	2022 – 01 – 18	5.98	6.07	5.96	6.07
2021 – 12 – 23	5.89	5.90	5.85	5.89	2022 – 01 – 19	6.04	6.08	6.03	6.05
2021 – 12 – 24	5.88	5.91	5.86	5.91	2022 – 01 – 20	6.05	6.15	6.04	6.13
2021 – 12 – 27	5.89	5.90	5.87	5.87	2022 – 01 – 21	6.11	6.12	6.05	6.07
2021 – 12 – 28	5.88	5.92	5.87	5.91	2022 – 01 – 24	6.08	6.11	6.02	6.08
2021 – 12 – 29	5.89	5.91	5.86	5.87	2022 – 01 – 25	6.06	6.07	6.00	6.00
2021 – 12 – 30	5.87	5.88	5.85	5.87	2022 – 01 – 26	5.99	6.06	5.98	6.04

　　建立 BP 网络股票预测模型。选用三层结构 BP 网络：输入层、中间层和输出层。中间层节点和输出层节点的个数分别取 5 和 1。以 2021 年 12 月 1 日的开盘价、最高价、最低价和收盘价作为网络的第一个输入数据，第二日的开盘价作为目标变量第一个输出数据；中间层神经元的传递函数确定为 tansig，输出层神经元的传递函数为 purelin，训练函数为 traingdx；网络权值学习函数为 learngdm，网络性能函数为 mse。设定样本学习结束条件为误差精度 e 为 0.0001，循环次数为 15000 次，学习速率初始值为 0.1，动量因子的初始值为 0.9。

　　MATLAB 程序如下：

```
X = [5.75    5.79    5.74    5.79
     5.77    5.81    5.76    5.80
     5.80    5.82    5.76    5.81
     5.81    5.87    5.80    5.85
     ……………………        %数据太多，在此省略
     6.11    6.12    6.05    6.07
     6.08    6.11    6.02    6.08
     6.06    6.07    6.00    6.00
     5.99    6.06    5.98    6.04];
[m,n] = size(X);            %40 行、4 列
```

```
ts = X(2:m,1);                    % 第一列开盘价数据作为输出目标, 从第二行开始取, 直到最后一行
tsx = X(1:m-1,:);                 % 全部四列数据都作为输入变量, 从第一行开始, 最后一行不取
% 数据预处理
TS = ts';                         % 将列转成行, 神经网络要求按行输入数据
TSX = tsx';
[Pn1,minp1,maxp1] = premnmx(TS)   % 对 TS 归一化
[Pn2,minp2,maxp2] = premnmx(TSX)  % 对 TSX 归一化
rand('state',0);                  % 保证每次仿真结果都相同
PR = [-1,1;-1,1;-1,1;-1,1];       % 与四个输入指标个数对应
% 创建网络, 设定参数
net = newff(PR,[5,1],{'tansig','purelin'},'traingdx','learngdm','mse')
net.trainparam.show = 50;
net.trainparam.lr = 0.1;
net.trainparam.mc = 0.9;
net.trainparam.epochs = 15000;
net.trainparam.goal = 0.0001;
net = init(net);
% 训练网络
net = train(net,Pn2(:,1:35),Pn1(1:35));   % 选取训练样本 1~35 个
% 仿真预测
test = Pn2(:,31:end);             % 测试样本九个(包含训练用过的五个)
Y = sim(net,test)                 % Pn1 的预测值
% 反归一化处理
P = postmnmx(Y,minp1,maxp1)       % 原始数据 X 的第一列开盘价的预测值
% 误差大小
e = (X(32:m,1)-P)./X(32:m,1)      % 相对误差
res = norm(e)                     % 显示相对误差的整个网络误差
% 绘制每日开盘价预测图
figure(1)
t = 32:m;
plot(t',X(32:m,1),'-+',t,P,'o')
xlabel('交易日天数/天')
ylabel('开盘价/元')
```

运行结果如下:

```
P =
    6.0932    6.0043    5.9818    6.0494    6.0504    6.1281    6.0602    6.0652    6.0059
e =
   -0.0005   -0.0007   -0.0003   -0.0015   -0.0001   -0.0030    0.0032   -0.0009
  -0.0026
res =
    0.0055
```

网络训练显示的动态过程如图 12-2 所示。给出的部分原始数据与预测数据对比如表 12-2 所示, 其对应的仿真模拟图如图 12-3 所示。

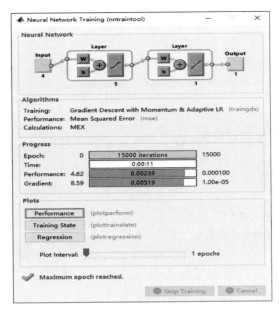

图 12-2　网络训练图（一）

表 12-2　开盘价的预测值与原始数据的比较　　　　　　　　　　（单位：元）

日　　　期	原 始 数 据	预 　测 　值	相 对 误 差
2022 – 01 – 14	6.09	6.0932	– 0.0005
2022 – 01 – 17	6.00	6.0043	– 0.0007
2022 – 01 – 18	5.98	5.9818	– 0.0003
2022 – 01 – 19	6.04	6.0494	– 0.0015
2022 – 01 – 20	6.05	6.0504	– 0.0001
2022 – 01 – 21	6.11	6.1281	– 0.0030
2022 – 01 – 24	6.08	6.0602	0.0032
2022 – 01 – 25	6.06	6.0652	– 0.0009
2022 – 01 – 26	5.99	6.0059	– 0.0026

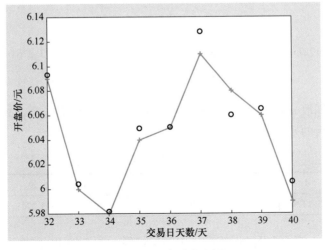

图 12-3　开盘价仿真图

上述神经元个数取值为 5，可以编写程序来确定最优的神经元个数。

MATLAB 程序如下：

```
% X 同上
[m,n] = size(X);
ts = X(2:m,1);
tsx = X(1:m-1,:);
% 数据预处理,将原始数据进行归一化
TS = ts';
TSX = tsx';
% 对 ts 进行归一化
[Pn1,minp1,maxp1] = premnmx(TS);
[Pn2,minp2,maxp2] = premnmx(TSX);
s = n:2*n+3;                                          % 取神经元个数的范围
for i = 1:length(s)
rand('state',0);
net = newff(minmax(Pn2),[s(i),1],{'tansig','purelin'});   % 建立网络
net.trainparam.lr = 0.1;
net.trainparam.epochs = 5000;
net.trainparam.goal = 0.0001;
net = train(net,Pn2,Pn1);
net = train(net,Pn2(:,1:40),Pn1(1:40));
% 仿真预测
Y = sim(net,Pn2(:,1:40));
e = Pn2(1:40) - Y;                                    % 预处理数据的残差
E(i) = norm(e);
end
E                                                     % 显示残差的整个网络误差
b = find(E == min(E));                                % 查找网络误差最小的位置
c = b+n-1                                             % 获得神经元个数 c
```

运行结果如下：

```
E =
    3.1779    3.1727    3.2363    3.2833    3.2725    3.2705    3.2764    3.2727
c =
    5
```

因神经元的范围取 n 到 $2n+3$，而 n 表示输入指标，本题为 4 个，故其范围为 4 至 11，其对应归一化处理后的残差网络误差如表 12-3 所示。

表 12-3　归一化处理后的残差网络误差

神经元个数	4	5	6	7	8	9	10	11
网络误差	3.1779	3.1727	3.2363	3.2833	3.2725	3.2705	3.2764	3.2727

从表 12-3 可知，在网络经过训练后，中间层神经元为 5 的 BP 网络误差最小，即对函数

的逼近效果最好。

12.3.2　单指标的股票收盘价预测

【例 12-2】（续【例 12-1】）　试用 BP 神经网络对中国建设银行股票数据（见表 12-1）中的收盘价进行仿真预测。

　　由于神经网络系统需要多个输入变量，而现在只有单一指标，即输入层只有一个神经元节点，这就需要构造多个节点的神经元。股票预测的分析周期选取五天，即用五天的历史交易收盘价数据作为预测依据。依次将顺序五天的数据作为网络的一个输入数据，其后一天的数据作为网络输出即目标数据，按此方式进行滚动式排列，形成神经网络的训练样本。在具体操作时，神经网络输入向量的五个分量，可以通过将整个收盘价数据延迟 $1\sim5$ 步得到。

　　MATLAB 程序如下：

```
% 收盘价数据 x
x = [5.79    5.8    5.81    5.85    5.89    5.87    5.91    5.88    5.88    5.83 …
     5.83    5.84    5.83    5.83    5.87    5.88    5.89    5.91    5.87    5.91 …
     5.87    5.87    5.86    5.91    6.03    6.05    6.14    6.12    6.14    6.08 …
     6.11    6.02    5.98    6.07    6.05    6.13    6.07    6.08    6       6.04];
% 归一化处理
[T,minp,maxp] = premnmx(x)
% 产生五个分量的输入向量
k = length(T);
P = zeros(5,k);
P(1,2:k) = T(1·k-1);
P(2,3:k) = T(1:k-2);
P(3,4:k) = T(1:k-3);
P(4,5:k) = T(1:k-4);
P(5,6:k) = T(1:k-5);
% 查找最优的神经元个数：选取 x 的前 32 个样本，因滞后五天，实际使用 T(6:32)样本
[m,n] = size(P);            % 实际上，m 视作输入指标的个数，n 与原始数据 x 的个数相同
s = m:3*m;                              % 取神经元个数范围在 m 到 3m 之间
for i = 1:length(s)
rand('state',0);                        % 保证每次结果都相同
net = newff(minmax(P),[s(i),1],{'tansig','purelin'})
net.trainparam.show = 50;
net.trainparam.lr = 0.1;
net.trainparam.mc = 0.9;
net.trainparam.epochs = 1000;
net.trainparam.goal = 0.0001;
net = init(net);
net = train(net,P(:,6:32),T(6:32));  % 因滞后五天，所以从第六个数据开始
Y = sim(net,P(:,6:32));
e = T(6:32) - Y;
E(i) = norm(e);
```

```
end
E                              % 整个网络误差
b = find( E == min( E ) ) ;    % 误差最小的位置
c = b + m − 1                  % 找到的神经元个数
```

运行结果如下：

```
E =
    0.0515    0.0510    0.0427    0.0409    0.0060    0.0297    0.0498    0.0016
    0.0379    0.0390    0.0480
c =
    12
```

从整个网络训练误差的结果来看，0.0016 最小，因此选取的最佳神经元个数为 12。

```
% 利用求得的神经元个数进行仿真预测
% 使用神经网络单步预测法预测，并从 T(33) 开始，到样本 T(n) 结束
X1 = [ ] ;
for r = 8： −1：1
rand( 'state' ,0) ;            % 保证每次结果都相同
net = newff( minmax( P) , [ c,1 ] , { 'tansig' , 'purelin' } )
net. trainparam. show = 50 ;
net. trainparam. lr = 0. 1 ;
net. trainparam. mc = 0. 9 ;
net. trainparam. epochs = 1000 ;
net. trainparam. goal = 0. 0001 ;
net = init( net) ;
net = train( net,P( : ,6： n − r) ,T( 6： n − r) ) ;   % 除掉最后 r 个数据的样本作训练集
Z = sim( net,P( : ,6： n − r + 1) ) ;                % 包含 r + 1 个数据的预测值
X = postmnmx( Z,minp,maxp) ;                         % 反归一化处理
X1 = [ X1,X( end) ] ;                               % X( end) 这个数作为下一期的预测值
end
X1
E2 = ( x( 33： end) − X1) ./x( 33： end)              % 相对残差
t = 33： n ;
plot( t,x( 33： end) , ' − + ' ,t,X1, 'o' )
xlabel( '交易日天数/天' )
ylabel( '收盘价/元' )
```

运行结果如下：

```
X1 =
    6. 0455    6. 0208    6. 2623    5. 7194    5. 9049    6. 1335    5. 7710    5. 8396
E2 =
    − 0. 0109    0. 0081    − 0. 0351    0. 0670    0. 0272    − 0. 0088    0. 0382    0. 0332
```

给出的部分原始数据与预测数据对比如表 12-4 所示，其对应的仿真模拟图如图 12-4 所示。网络训练显示的动态过程如图 12-5 所示。

表 12-4　收盘价的预测值与原始数据的比较　　　　　（单位：元）

日　　期	原 始 数 据	预 测 值	相 对 误 差
2022 – 01 – 17	6.00	6.0455	– 0.0109
2022 – 01 – 18	5.98	6.0208	0.0081
2022 – 01 – 19	6.04	6.2623	– 0.0351
2022 – 01 – 20	6.05	5.7194	0.0670
2022 – 01 – 21	6.11	5.9049	0.0272
2022 – 01 – 24	6.08	6.1335	– 0.0088
2022 – 01 – 25	6.06	5.7710	0.0382
2022 – 01 – 26	5.99	5.8396	0.0332

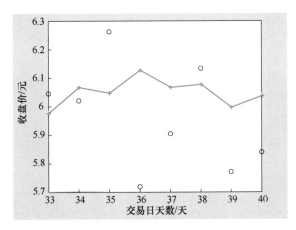

图 12-4　收盘价仿真图

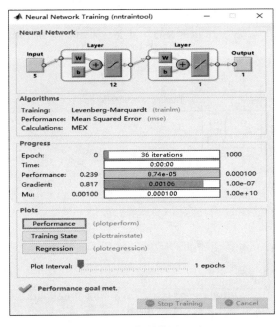

图 12-5　网络训练图（二）

若继续单击图 12-5 中 plots 下的按钮 "Performance" "Training State" "Regression"，可查看网络训练均方误差、网络训练状态和网络训练相关图等信息，如图 12-6 ~ 图 12-8 所示，从中可知网络预测效果很好。

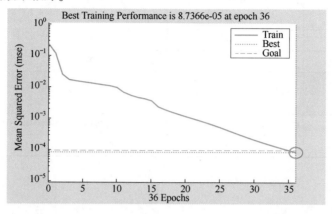

图 12-6　网络训练均方误差图

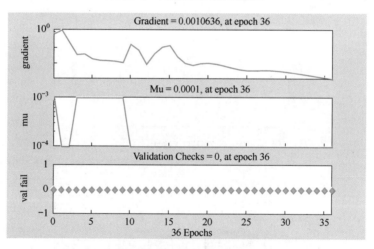

图 12-7　网络训练状态图

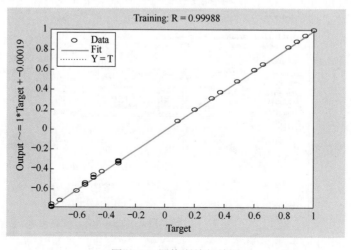

图 12-8　网络训练相关图

练习与提高

1. 已知 2021 年 9 月 1 日至 12 月 30 日招商银行股票的交易日收盘价数据如表 1-3 所示，试用 BP 神经网络对收盘价进行仿真预测。

操作流程：

（1）输入样本数据。

（2）数据初始化处理（premnmx）。

（3）创建网络（newff）。

（4）设定参数（学习速率、动量系数、训练次数、误差精度等）。

（5）训练网络（train）。

（6）模拟仿真（sim）。

（7）调整参数。

（8）仿真预测（sim）。

（9）还原数据（postmnmx）。

2. 选择一只股票，收集该股票的开盘价、最高价、最低价、收盘价和成交量等数据，交易日长度可为 2 个月，试用 BP 神经网络对开盘价进行仿真预测。

操作流程：同第 1 题。

第13章

层次分析法

本章要点

- 单层次模型
- 多层次模型

13.1 层次分析法的基本理论

层次分析（Analytic Hierarchy Process，AHP）法是指把复杂的问题分解为若干个因素，并将这些因素按支配关系分组，形成一个有序的递阶层次结构，然后通过两两比较的方式确定层次中各因素的相对重要性，最后综合判断以确定决策中各因素相对重要性的总排序的方法。

13.1.1 单层次模型

1. 单层次模型结构

AHP 单层次模型结构如图 13-1 所示，由一个目标及隶属于它的 n 个评价元素和决策者组成。由决策者在这个目标意义下对这些元素的优劣程度进行两两评价，得出优劣排序，并给出相对重要性的权量。

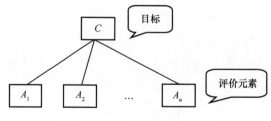

图 13-1　AHP 单层次模型结构

2. 计算过程

（1）构造两两比较判断矩阵。决策者在目标原则 C 下对 A_i 和 A_j 的优劣进行比较，构造

一个判断矩阵，如表 13-1 所示。

表 13-1　判断矩阵

C	A_1	A_2	$\cdots$	A_n
A_1	a_{11}	a_{12}	$\cdots$	a_{1n}
A_2	a_{21}	a_{22}	$\cdots$	a_{2n}
$\vdots$	$\vdots$	$\vdots$		$\vdots$
A_n	a_{n1}	a_{n2}	$\cdots$	a_{nn}

矩阵形式为

$$A = \begin{pmatrix} a_{11} & a_{12} & \cdots & a_{1n} \\ a_{21} & a_{22} & \cdots & a_{2n} \\ \vdots & \vdots & & \vdots \\ a_{n1} & a_{n2} & \cdots & a_{nn} \end{pmatrix}$$

其中，a_{ij} 满足 $a_{ij} > 0, a_{ij} = 1/a_{ji}, a_{ii} = 1$，它表示对目标 C 来说，A_i 对 A_j 相对重要性的程度，通常可取 1、3、5、7、9 以及它们的倒数作为标度，2、4、6、8 为上述相邻判断的中值。其具体取值及含义如表 13-2 所示。

表 13-2　判断矩阵中各元素值的确定

含　义	a_{ij} 标度	含　义	a_{ij} 标度
i 和 j 同样重要	1	j 比 i 稍微重要	1/3
i 比 j 稍微重要	3	j 比 i 明显重要	1/5
i 比 j 明显重要	5	j 比 i 非常重要	1/7
i 比 j 非常重要	7	j 比 i 极其重要	1/9
i 比 j 极其重要	9	上述相邻含义的折中需取中值	2、4、6、8、 1/2、1/4、1/6、1/8

（2）计算各元素的排序权重。根据判断矩阵计算各元素对目标元素相对重要性次序的权重。

假设事先已知这 n 个评价单元的权向量为 $W = (w_1 \quad w_2 \quad \cdots \quad w_n)^{\mathrm{T}}$，比较 A_i 与 A_j 的重要性时，$a_{ij} = w_i/w_j$ 是一个精确比值，所构成的两两比较判断矩阵为

$$\overline{A} = \begin{pmatrix} \dfrac{w_1}{w_1} & \dfrac{w_1}{w_2} & \cdots & \dfrac{w_1}{w_n} \\ \dfrac{w_2}{w_1} & \dfrac{w_2}{w_2} & \cdots & \dfrac{w_2}{w_n} \\ \vdots & \vdots & & \vdots \\ \dfrac{w_n}{w_1} & \dfrac{w_n}{w_2} & \cdots & \dfrac{w_n}{w_n} \end{pmatrix}$$

满足

$$\overline{A} \cdot W = n \cdot W$$

即 W 是矩阵 $\overline{A}$ 的最大特征值向量。故只需计算 $\overline{A}$ 的最大特征根 λ_{max} 和其对应的经归一化后的特征向量 $W = (w_1 \quad w_2 \quad \cdots \quad w_n)^T$，即得元素 $A_1, A_2, \cdots, A_n$ 对目标元素 C 的排序权重值。这种方法称为特征根法。也可采用和法或根法来近似求解权重值，下面给出这两种求解方法。

和法的步骤如下：

1）将判断矩阵 A 的每一列归一化，得判断矩阵 $\overline{A}$。

$$\overline{a}_{ij} = \frac{a_{ij}}{\sum\limits_{k=1}^{n} a_{kj}} \qquad (i, j = 1, 2, \cdots, n)$$

2）把 $\overline{A}$ 按行相加。

$$\overline{w}_i = \sum_{j=1}^{n} \overline{a}_{ij} \qquad (i, j = 1, 2, \cdots, n)$$

3）对 $\overline{w}_i (i = 1, 2, \cdots, n)$ 归一化。

$$w_i = \frac{\overline{w}_i}{\sum\limits_{j=1}^{n} \overline{w}_j} \qquad (i = 1, 2, \cdots, n)$$

将所得到的特征向量 $W = (w_1 \quad w_2 \quad \cdots \quad w_n)^T$ 作为权重。

4）计算判断矩阵 A 的最大特征根。

$$\lambda_{max} = \sum_{i=1}^{n} \frac{(Aw)_i}{nw_i}$$

式中，$(Aw)_i$ 表示向量 AW 的第 i 个元素。

根法的步骤如下：

1）将判断矩阵 A 中元素按行相乘。

$$\prod_{j=1}^{n} a_{ij} \qquad (i = 1, 2, \cdots, n)$$

2）计算 n 次开方。

$$\overline{w}_i = \sqrt[n]{\prod_{j=1}^{n} a_{ij}}$$

3）将 $\overline{w}_i$ 归一化。

$$w_i = \frac{\overline{w}_i}{\prod\limits_{j=1}^{n} \overline{w}_j}, \quad W = (w_1 \quad w_2 \quad \cdots \quad w_n)^T$$

将所得的特征向量作为权重。

4）计算最大特征根。

$$\lambda_{max} = \sum_{i=1}^{n} \frac{(Aw)_i}{nw_i}$$

式中，$(Aw)_i$ 表示向量 AW 的第 i 个元素。

（3）单层次判断矩阵 A 的一致性检验。在单层次判断矩阵 A 中，当 $a_{ij} = a_{ik}/a_{jk}$（对任

意 k）时，称判断矩阵为一致性矩阵。因此，在得到 $\lambda_{\max}$ 后，还需对判断矩阵的一致性进行检验。

一致性检验的步骤如下：

1）计算一致性指标。

$$\mathrm{CI} = \frac{\lambda_{\max} - n}{n - 1}(n \text{ 为判断矩阵的阶数})$$

2）计算平均随机一致性指标 RI。RI 是多次重复进行随机判断矩阵特征值的计算后取算术平均数得到的。表 13-3 给出了 $1 \sim 15$ 维矩阵重复计算 1000 次的平均随机一致性指标。

表 13-3　平均随机一致性指标

维数	1	2	3	4	5	6	7	8
RI	0	0	0.52	0.89	1.12	1.26	1.36	1.41
维数	9	10	11	12	13	14	15	
RI	1.46	1.49	1.52	1.54	1.56	1.58	1.59	

3）计算一致性比例。

$$\mathrm{CR} = \frac{\mathrm{CI}}{\mathrm{RI}}$$

当 $\mathrm{CR} < 0.1$ 时，一般认为判断矩阵的一致性是可以接受的。

13.1.2　多层次分析法的基本步骤

1. 建立递阶层次结构

先对问题所涉及的因素进行分类，构造一个各因素之间相互联结的递阶层次结构模型。处于最上面的层次是问题的预定目标，通常只有一个元素；中间层的元素是准则、子准则；最底层是决策方案。一个典型的递阶层次结构如图 13-2 所示。

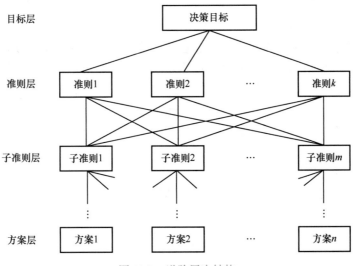

图 13-2　递阶层次结构

2. 计算各单层次模型的权重

计算各层中元素相对于上层各目标元素的权值，即首先建立相对于上层各目标元素的判断矩阵 A，把其视为单层次子模型，按单层次模型中的方法去求解特征根问题：$AW = \lambda_{\max} W$，所得特征向量 W 经归一化后，作为本层次元素 $A_1, A_2, \cdots, A_n$ 对于上一层次元素的排序权值。

在得到 $\lambda_{\max}$ 和所对应的特征向量 $W = (w_1 \quad w_2 \quad \cdots \quad w_n)^{\mathrm{T}}$ 后，还需要检验各判断矩阵的一致性。进行一致性检验的步骤和单层次模型完全相同。

3. 计算各层次元素的组合权重

层次总排序需要从上到下逐层进行，对于最高层，它的层次单排序即为总排序。

如果上一层所有元素 $A_1, A_2, \cdots, A_m$ 的组合权重已知，其权重值分别为 $a_1, a_2, \cdots, a_m$，与 A_i 相对应的本层元素 $B_1, B_2, \cdots, B_n$ 的单排序结果为 $b_1^i, b_2^i, \cdots, b_n^i (i = 1, 2, \cdots, m)$，若 B_j 与 A_i 无联系时，$b_j^i = 0$，则本层次元素的组合权重可根据表 13-4 进行计算，显然有 $\sum\limits_{j=1}^{n} b_j = 1$。

表 13-4　各层次的组合权重

层次 A	A_1	A_2	$\cdots$	A_m	层次 B 元素的组合权重
层次 A 元素的组合权重	a_1	a_2	$\cdots$	a_m	
B_1	b_1^1	b_1^2	$\cdots$	b_1^m	$b_1 = \sum\limits_{i=1}^{m} a_i b_1^i$
B_2	b_2^1	b_2^2	$\cdots$	b_2^m	$b_2 = \sum\limits_{i=1}^{m} a_i b_2^i$
$\vdots$	$\vdots$	$\vdots$	$\vdots$	$\vdots$	$\vdots$
B_n	b_n^1	b_n^2	$\cdots$	b_n^m	$b_n = \sum\limits_{i=1}^{m} a_i b_n^i$

（层次 B 位于最左列，跨 B_1 至 B_n 各行）

4. 评价层次总排序计算结果的一致性

为评价层次总排序计算结果的一致性，也需计算与层次单排序相类似的检验量。

设 CI 为层次总排序一致性指标，RI 为层次总排序随机一致性指标，计算公式为

$$\mathrm{CI} = \sum_{i=1}^{m} a_i \mathrm{CI}_i$$

式中，CI_i 为 A_i 相对应的层次 B 中判断矩阵的一致性指标。

$$\mathrm{RI} = \sum_{i=1}^{m} a_i \mathrm{RI}_i$$

式中，RI_i 为 A_i 相对应的层次 B 中判断矩阵的随机一致性指标。

并取

$$\mathrm{CR} = \frac{\mathrm{CI}}{\mathrm{RI}}$$

当 CR $\leqslant 0.10$ 时，认为层次总排序的结果具有满意的一致性。若不满足一致性条件，则需对判断矩阵进行调整。

AHP 的最终结果是得到相对于总的目标来说，各决策方案的优先顺序权重，并据此做出决策。

13.1.3　量化指标的综合选优排序

1. 指标的量化处理

在研究综合选优排序时所收集到的资料，一般包括定性指标和定量指标。对定性指标（如学历、职称、年龄、工作年限等），需要打分赋值给出量化分数。例如，对学历规定：大学生赋值 1 分，硕士生赋值 2 分，博士生赋值 3 分；对年龄规定：每增加一岁给 0.5 分；对工作年限规定：每工作一年给 1 分，等等。另外，对给出具体数据（含负值）的定量指标有时需进行非负值处理。例如，将每个指标值中的全部值都加上最小负数值的绝对值，保证其变为正值，即

$$x_i' = x_i + |\min_{1 \le j \le n} \{x_j\}| + 0.01 \quad (i = 1, 2, \cdots, n)$$

或者使用极差变换法

$$x_i' = \frac{x_i - \min_{1 \le j \le n} \{x_j\}}{\max_{1 \le j \le n} \{x_j\} - \min_{1 \le j \le n} \{x_j\}} + 0.01 \quad (i = 1, 2, \cdots, n)$$

上述变换式中的常数值 0.01 是任意加上的一个小正数，其为保证 $x_i' > 0$。若允许 $x_i' = 0$，则可将小正数去掉。

2. 量化指标的判断矩阵

由于量化指标数据能充分反映综合实力，所以在构造方案层 C 和准则层 B 的判断矩阵时，使用这些指标数据代替利用主观比较重要程度的度量方法。

设有 m 个指标，并对 N 个方案进行排序，用 $T_i^{(k)}$ 表示第 k 个指标对应第 i 个方案的数据，则判断矩阵可表示为

$$\boldsymbol{A}_k = (a_{i,j}^{(k)})_{N \times N}$$

其中

$$a_{i,j}^{(k)} = \frac{T_i^{(k)}}{T_j^{(k)}} \quad (i, j = 1, 2, \cdots, N; k = 1, 2, \cdots, m)$$

3. 确定方案层 C 对准则层 B 的权重

对每个 $\boldsymbol{A}_k$ 进行一致性检验，并确定最大特征值 $\lambda_{\max}^{(k)}$ 和权重。

$$\boldsymbol{W}^{(k)} = (w_1^{(k)} \quad w_2^{(k)} \quad \cdots \quad w_N^{(k)}) \quad (k = 1, 2, \cdots, m)$$

则

$$\boldsymbol{W} = (\boldsymbol{W}^{(1)} \quad \boldsymbol{W}^{(2)} \quad \cdots \quad \boldsymbol{W}^{(m)})_{N \times m}$$

即为方案层 C 对准则层 B 的权重。

4. 确定方案层 C 对目标层 A 的权重和综合排序

使用多层次分析法进行权重组合，得出总组合权重，求出每个方案的综合实力，按其从大到小依次排序，就可以得到选优排序方案。

13.2 案例分析

中小型企业信用评估

企业的偿债能力直接关系到金融机构的贷款能否收回；营运能力关系到企业获取利润的能力，以及反映企业的经营过程是否存在问题等；成长能力是评价企业能否长期生存并良好发展的重要指标，而该项指标关系到企业对长期债务的承担能力。所以，在评价中小型企业的信用状况时，主要从中小型企业的偿债能力、营运能力、成长能力中的财务指标，即资产负债率、利息支付倍数、流动比率、现金流与流动负债比率、总资产周转率、应收账款周转率、存货周转率、主营业务增长率、净利润增长率、净资产增长率等方面来考察。

【例 13-1】 现给出2020 年15 家上市中小企业财务指标数据，如表 13-5 所示。试用层次分析法建立中小型企业的信用评估体系，求出各项指标的权重，并最终对这 15 家上市企业进行综合优选排序。

表 13-5 2020 年 15 家上市中小企业财务指标数据

公司代码	资产负债率（%）	利息支付倍数	流动比率	现金流与流动负债比率	应收账款周转率	存货周转率	总资产周转率	主营业务增长率（%）	净利润增长率（%）	净资产增长率（%）
002001	37.20	17.72	2.12	0.49	5.91	1.84	0.35	0	64.35	14.81
002015	70.32	3.59	0.83	0.27	6.03	41.41	0.43	0	23.56	8.95
002062	77.63	4.02	1.15	0.10	9.28	1.88	0.69	0	37.53	14.27
002092	66.60	1.14	0.65	0.22	26.09	31.64	1.36	20.09	-122.53	-1.56
002112	64.33	2.84	1.18	-0.08	2.92	3.57	0.94	74.01	216.85	4.50
002156	52.83	2.33	1.23	0.38	6.32	5.45	0.58	47.07	937.62	54.03
002186	27.27	-1220.63	1.53	-0.33	14.61	11.82	0.42	0	-824.29	-19.50
002221	63.70	4.19	1.19	0.07	17.54	12.37	1.03	-40.28	9.53	9.29
002365	16.17	115.85	3.31	0.67	9.78	8.79	0.58	0	10.99	9.48
002574	27.99	-8.73	3.03	0.11	8.54	1.15	0.59	0	-565.09	-8.49
002606	30.09	23.56	2.62	0.30	2.60	1.61	0.60	0	127.82	17.63
002607	70.35	17.96	0.94	0.49	925.24	0	0.92	79.26	27.70	24.58
002683	44.03	8.37	2.11	0.31	3.59	8.86	0.71	0	33.70	56.57
002715	30.75	3.81	1.77	0.27	3.27	1.50	0.51	5.12	311.20	3.16
002722	36.58	2.27	1.97	0.31	5.41	3.78	0.78	0	-41.25	-0.41

1. 构造各因素之间的层次结构模型

建立一个具有四个层次的结构模型，如图 13-3 所示。

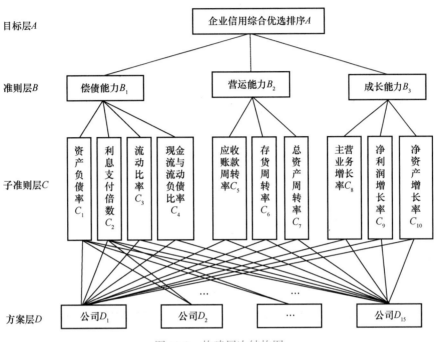

图 13-3　构建层次结构图

2. 构造第二层相对于第一层的判断矩阵及权重

建立准则层中的偿债能力、营运能力、成长能力相对于目标层的判断矩阵，如表 13-6 所示。求解判断矩阵的最大特征值和特征向量，得到各指标层的权重，并对判断矩阵的一致性进行检验。

表 13-6　*A-B* 层判断矩阵

A	偿债能力 B_1	营运能力 B_2	成长能力 B_3
偿债能力 B_1	1	2	4
营运能力 B_2	1/2	1	3
成长能力 B_3	1/4	1/3	1

利用特征根法的 MATLAB 程序如下：

```
clear
A = [1  2  4 ; 1/2  1  3 ; 1/4  1/3  1];
RI = [0  0  0.52  0.89  1.12  1.26  1.36  1.41  1.46  1.49  1.52  1.54  1.56  1.58  1.59];
[m,n] = size(A);
[V,D] = eig(A)                          % 显示特征值 D 和特征向量 V 的矩阵形式
B = max(max(D))                         % 最大特征值
[r,s] = find(D == B);                    % 最大特征值所在位置
```

```
C = V(: ,s);                            % 对应特征向量
WA = zeros(m,1);
  for i = 1: m
      WA(i,1) = C(i,1)/sum(C(: ,1));     % 特征向量标准化
  end
WA                                      % 所求得权重
CI = (B - m)/(m - 1)                    % 计算一致性检验指标 CI
CR = CI/RI(1,n)                         % 计算一致性比率指标,CR < 0. 1 通过检验
```
运行结果如下：
```
B =
    3. 0183
WA =
    0. 5584
    0. 3196
    0. 1220
CI =
    0. 0091
CR =
    0. 0176
```
即特征值 $\lambda_{\max} = 3.0183$，CR = 0.0176 < 0.1，通过一致性检验。目标层对第二层 B 的权重为

$$W_A = (0.5584 \quad 0.3196 \quad 0.1220)$$

3. 构造第三层相对于第二层各个指标的判断矩阵及权重

（1）准则层偿债能力 B_1 对子准则层 C 的前四个指标 C_1、C_2、C_3、C_4 的判断矩阵如表 13-7 所示。

表 13-7 $B_1 - C_1$、C_2、C_3、C_4 层判断矩阵

B_1	C_1	C_2	C_3	C_4
C_1	1	1	2	3
C_2	1	1	2	3
C_3	1/2	1/2	1	1
C_4	1/3	1/3	1	1

只需把上面 MATLAB 程序中的判断矩阵 A 用表 13-7 中的数据替换即可。所得结果如下：特征值 $\lambda_{\max} = 4.0206$，CR = 0.0077 < 0.1，通过一致性检验。准则层 B_1 对第三层子准则层 C_1、C_2、C_3、C_4 的权重为

$$W_{B_1} = (0.3540 \quad 0.3540 \quad 0.1607 \quad 0.1313)$$

（2）准则层营运能力 B_2 对子准则层 C 的三个指标 C_5、C_6、C_7 的判断矩阵如表 13-8 所示。

表 13-8 $B_2 - C_5$、C_6、C_7 层判断矩阵

B_2	C_5	C_6	C_7
C_5	1	1/2	1/4
C_6	2	1	1/3
C_7	4	3	1

只需把上面 MATLAB 程序中的判断矩阵 A 用表 13-8 中的数据替换即可。所得结果如下：特征值 $\lambda_{\max} = 3.0183$，CR $= 0.0176 < 0.1$，通过一致性检验。准则层 B_2 对子准则层 C_5、C_6、C_7 的权重为

$$W_{B_2} = (0.1365 \quad 0.2385 \quad 0.6250)$$

（3）准则层成长能力 B_3 对子准则层 C 的三个指标 C_8、C_9、C_{10} 的判断矩阵如表 13-9 所示。

表 13-9 $B_3 - C_8$、C_9、C_{10} 层判断矩阵

B_3	C_8	C_9	C_{10}
C_8	1	1/3	1/4
C_9	3	1	1/3
C_{10}	4	3	1

只需把上面 MATLAB 程序中的判断矩阵 A 用表 13-9 中的数据替换即可。所得结果如下：特征值 $\lambda_{\max} = 3.0735$，CR $= 0.0707 < 0.1$，通过一致性检验。准则层 B_3 对子准则层 C_8、C_9、C_{10} 的权重为

$$W_{B_3} = (0.1172 \quad 0.2684 \quad 0.6144)$$

4. 构造第四层相对于第三层各个指标的判断矩阵及权重

由于表 13-5 给出的每家企业的指标值不同，且它能够反映出各家企业的综合实力，由此可根据其量化指标来构造子准则层对方案层的判断矩阵，并求出权重值。

由于指标中有负值，在求其权重时先做初始化处理。最简单的办法是将每个指标值中的全部值都加上最小值的负数的绝对值，保证其变为正值。

MATLAB 程序如下：

```
clear
X = [37.20    17.72     2.12    0.49     5.91     1.84    0.35     0       64.35    14.81
     70.32     3.59     0.83    0.27     6.03    41.41    0.43     0       23.56     8.95
     77.63     4.02     1.15    0.10     9.28     1.88    0.69     0       37.53    14.27
     66.60     1.14     0.65    0.22    26.09    31.64    1.36    20.09  -122.53    -1.56
     64.33     2.84     1.18   -0.08     2.92     3.57    0.94    74.01   216.85     4.50
     52.83     2.33     1.23    0.38     6.32     5.45    0.58    47.07   937.62    54.03
     27.27 -1220.63     1.53   -0.33    14.61    11.82    0.42     0      -824.29   -19.50
     63.70     4.19     1.19    0.07    17.54    12.37    1.03   -40.28     9.53     9.29
     16.17   115.85     3.31    0.67     9.78     8.79    0.58     0       10.99     9.48
     27.99    -8.73     3.03    0.11     8.54     1.15    0.59     0     -565.09    -8.49
```

30.09	23.56	2.62	0.15	2.60	1.61	0.60	0	127.82	17.63
70.35	17.96	0.94	0.49	925.24	0.00	0.92	79.26	27.70	24.58
44.03	8.37	2.11	0.31	3.59	8.86	0.71	0	33.70	56.57
30.75	3.81	1.77	0.27	3.27	1.50	0.51	5.12	311.20	3.16
36.58	2.27	1.97	0.31	5.41	3.78	0.78	0	−41.25	−0.41];

```
% 数据初始化处理
x = min(X);                              % 求出每一列最小值
N = find(x < =0)                         % 查看负值所在的列
U = [ ];
for p = 1 : length(N)
    Y = X(: ,N(p)) + abs(x(N(p))) + 0.01;  % 保证负值变成正值
    U = [U,Y];
end
for q = 1 : length(N)
  X(: ,N(q)) = U(: ,q);                  % 将处理后的数据替换原数据
    end
X                                        % 得到一个处理后的数据矩阵 X
[m,n] = size(X);
% 利用和法对 C 层中的每一个指标求权重 WC、特征值 T 和一致性检验 CR
WC = [ ]; T = [ ]; CR = [ ];
for r = 1 : n
Z = X(: ,r);
for i = 1 : m
    for j = 1 : m
      a1(i,j) = Z(i)./Z(j);              % 利用量化指标值构造判断矩阵
    end
end
A = a1;                                  % 所求判断矩阵 A
B = sum(A);
for k = 1 : m
    for s = 1 : m
      C(k,s) = A(k,s)./B(s);
    end
end
D = sum(C,2);
E = sum(D);
WC1 = D./E;                              % 所求权重
F1 = A * WC1;
T1 = 1/m * sum(F1./WC1);                 % 所求特征值
CI = (T1 − m)/(m − 1);
RI = [0 0 0.52 0.89 1.12 1.26 1.36 1.41 1.46 1.49 1.52 1.54 1.56 1.58 1.59];
CR1 = CI/RI(m);                          % CR < 0.1
WC = [WC, WC1];
```

```
T = [T, T1];
CR = [CR, CR1];
end
WC, T, CR
```

运行结果如下：

WC =

0.0520	0.0716	0.0827	0.0973	0.0056	0.0136	0.0334	0.0510	0.0705	0.0715
0.0982	0.0708	0.0324	0.0715	0.0058	0.3050	0.0410	0.0510	0.0672	0.0593
0.1084	0.0708	0.0449	0.0516	0.0089	0.0139	0.0658	0.0510	0.0683	0.0704
0.0930	0.0707	0.0254	0.0657	0.0249	0.2330	0.1296	0.0765	0.0556	0.0374
0.0899	0.0708	0.0460	0.0305	0.0028	0.0264	0.0896	0.1448	0.0826	0.0500
0.0738	0.0707	0.0480	0.0844	0.0060	0.0402	0.0553	0.1106	0.1397	0.1532
0.0381	0.0000	0.0597	0.0012	0.0140	0.0871	0.0400	0.0510	0.0000	0.0000
0.0890	0.0708	0.0464	0.0481	0.0168	0.0912	0.0982	0.0000	0.0661	0.0600
0.0226	0.0773	0.1291	0.1184	0.0093	0.0648	0.0553	0.0510	0.0662	0.0604
0.0391	0.0701	0.1182	0.0528	0.0082	0.0085	0.0562	0.0510	0.0206	0.0230
0.0420	0.0720	0.1022	0.0574	0.0025	0.0119	0.0572	0.0510	0.0755	0.0774
0.0983	0.0716	0.0367	0.0973	0.8836	0.0001	0.0877	0.1514	0.0676	0.0919
0.0615	0.0711	0.0823	0.0762	0.0034	0.0653	0.0677	0.0510	0.0680	0.1585
0.0430	0.0708	0.0691	0.0715	0.0031	0.0111	0.0486	0.0575	0.0900	0.0472
0.0511	0.0707	0.0769	0.0762	0.0052	0.0279	0.0744	0.0510	0.0621	0.0398

T =

| 15.0000 | 15.0000 | 15.0000 | 15.0000 | 15.0000 | 15.0000 | 15.0000 | 15.0000 | 15.0000 | 15.0000 |

CR =

1.0e − 16 *

| 0 | 0 | 0 | 0 | 0 | 0 | 0 | 0.7980 | 0 | 0 |

故每个指标的特征值 λ_{max} 都是 15，且 CR < 0.1，都通过一致性检验。W_C 为 $C-D$ 层全部 15 家企业 10 个指标的权重。

5. 求第四层相对于第一层的各个指标的综合权重

在第 4 步程序的基础上继续编程如下：

```
% 将上述第 2 步和第 3 步求得的权重汇总
WA = [0.5584,0.3196,0.1220];            % A - B 层权重
WB1 = [0.3540,0.3540,0.1607,0.1313];    % B1 - C1、C2、C3、C4 层权重
WB2 = [0.1365,0.2385,0.6250];           % B2 - C5、C6、C7 层权重
WB3 = [0.1172,0.2684,0.6144];           % B3 - C8、C9、C10 层权重
% C - D 层全部 15 家企业 10 个指标的权重为 WC
% 每一家企业所得到的综合总分
W = [];
for k = 1:15
WZ = WA(1) * (sum(WB1. * WC(k,1:4))) + WA(2) * (sum(WB2. * WC(k,5:7))) + WA(3) *
(sum(WB3. * WC(k,8:10)));
W = [W, WZ];
```

```
end
W                              % 所得的综合权重
```

% 对各家企业排序

$[M,N] = sort(W,'descend')$ % N 为权重 W 从大到小的排序

运行结果如下：

```
W =
    0.0553    0.0806    0.0661    0.0899    0.0667    0.0711    0.0289    0.0732
    0.0638    0.0514    0.0574    0.1113    0.0727    0.0519    0.0595
N =
    12     4     2     8    13     6     5     3     9    15    11     1    14    10     7
```

故最终得出 15 家企业的权重和排名，如表 13-10 所示。

表 13-10　2020 年 15 家上市中小企业的综合权重及排名

序　号	1	2	3	4	5	6	7	8
公司代码	002001	002015	002062	002092	002112	002156	002186	002221
权　重	0.0553	0.0806	0.0661	0.0899	0.0667	0.0711	0.0289	0.0732
名　次	第 12 名	第 3 名	第 8 名	第 2 名	第 7 名	第 6 名	第 15 名	第 4 名
序　号	9	10	11	12	13	14	15	
公司代码	002365	002574	002606	002607	002683	002715	002722	
权　重	0.0638	0.0514	0.0574	0.1113	0.0727	0.0519	0.0595	
名　次	第 9 名	第 14 名	第 11 名	第 1 名	第 5 名	第 13 名	第 10 名	

从表 13-10 可知，在 2020 年，公司代码为 002607 的企业信用最优，其次是代码为 002092 的公司企业信用排第 2 位，然后依次是代码为 002015、002221、002683 等的公司。

练习与提高

1. 现给出目标层为商业银行风险评价能力，准则层为信用风险、市场风险和操作风险，方案层为单一客户授信余额比例、集团客户授信比例、利率风险、汇率风险、人员素质、内部流程和系统缺陷的三级指标。要求：

（1）绘制三级层次结构图。

（2）利用层次分析法求出各层次间的权重值，以及方案层对目标层的总权重值。

操作流程：

（1）确定信用风险包括单一客户授信余额比例和集团客户授信比例两个指标；市场风险包括利率风险和汇率风险两个指标；操作风险包括人员素质、内部流程和系统缺陷三个指标。

（2）确定目标层对准则层的判断矩阵，计算出最大特征值，并通过一致性检验，求出准则层的权重值。

（3）确定准则层对方案层的判断矩阵（共三个），并分别求出方案层指标的权重。

（4）计算方案层每个指标的总权重。

2. 根据环境系统评价的 DPSIR（驱动力—压力—状态—影响—响应）模型，给出目标层、准则层（含五个指标）和方案层（含 24 个子指标）的层次结构，具体指标及结构参见表 14-6。试利用层次分析法求出各层次间的权重值，以及方案层对目标层的总权重值。

操作流程：

（1）确定表 14-6 中的总目标、第一指标层和第二指标层分别对应层次分析法中的目标层、准则层和方案层。

（2）确定目标层对准则层的判断矩阵，计算出最大特征值，并通过一致性检验，求出准则层权重值。

（3）依次确定准则层对方案层的判断矩阵（共五个），并分别求出方案层指标的权重。

（4）确定方案层每个指标的总权重。

第14章

熵权法与逼近理想解排序法

本章要点

- 熵权法
- 逼近理想解排序法

14.1 熵权法

14.1.1 熵的定义和性质

1. 熵的定义

熵是一种具有不确定性的定量化度量。若系统是具有 n 个结果且概率为 $p_i(i=1,2,\cdots,n)$ 的离散型随机试验，则该系统的熵为

$$E = -\sum_{i=1}^{n} p_i \ln p_i, \ 0 \leqslant p_i \leqslant 1, \ \sum_{i=1}^{n} p_i = 1$$

2. 熵的基本性质

（1）可加性。由于概率具有可加性，所以系统的熵等于其各个状态的熵之和。

（2）非负性。系统处于某状态的概率为 $0 \leqslant p_i \leqslant 1$，所以系统的熵总是非负性。

（3）极值性。当系统状态为等概率，即 $p_i = 1/n, i=1,2,\cdots,n$ 时，其熵最大，且有

$$E = -\sum_{i=1}^{n} \frac{1}{n} \ln \frac{1}{n} = -n \frac{1}{n}(\ln 1 - \ln n) = \ln n$$

（4）对称性。系统的熵与其状态出现概率 p_i 的排列次序无关。

14.1.2 熵权法的计算步骤

熵权法是通过计算指标的信息熵，利用指标的差异程度来度量已知数据中包含的有效信息和指标权重。指标的离散程度越大，其熵值越小，表明其信息的有效价值越大，该指标在综合评价中对目标的影响也就越大。其基本计算步骤如下：

1. 初始数据矩阵标准化

设有 m 个评价对象，n 个评价指标，则形成评价系统的初始数据矩阵

$$X = \begin{pmatrix} x_{11} & x_{12} & \cdots & x_{1n} \\ x_{21} & x_{22} & \cdots & x_{2n} \\ \vdots & \vdots & & \vdots \\ x_{m1} & x_{m2} & \cdots & x_{mn} \end{pmatrix} = \begin{pmatrix} X_1 & X_2 & \cdots & X_n \end{pmatrix}$$

式中，$x_{ij}(i=1,2,\cdots,m;j=1,2,\cdots,n)$表示第$i$个评价对象在第$j$项指标中的数值；$X_j(j=1,2,\cdots,n)$表示第$j$个指标的全部评价对象的列向量数据。

由于各指标的量纲单位均存在差异，所以为消除因量纲不同对评价结果造成的影响，需要对各指标进行无量纲化处理。常采用极差变换法，其公式为

$$x'_{ij} = \frac{x_{ij} - \min_i\{x_{ij}\}}{\max_i\{x_{ij}\} - \min_i\{x_{ij}\}} \text{ 或} X'_j = \frac{X_j - \min\{X_j\}}{\max\{X_j\} - \min\{X_j\}} \quad \text{（适用正向指标）}$$

$$x'_{ij} = \frac{\max_i\{x_{ij}\} - x_{ij}}{\max_i\{x_{ij}\} - \min_i\{x_{ij}\}} \text{ 或} X'_j = \frac{\max\{X_j\} - X_j}{\max\{X_j\} - \min\{X_j\}} \quad \text{（适用负向指标）}$$

2. 计算第j项指标第i个评价对象x'_{ij}的比重y_{ij}

$$y_{ij} = \frac{x'_{ij}}{\sum\limits_{i=1}^{m} x'_{ij}} \text{ 或} Y_j = \frac{X'_j}{\sum X'_j} \quad (j=1,2,\cdots,n)$$

由此得到比重矩阵

$$Y = (y_{ij})_{m \times n} \text{ 或} Y = \begin{pmatrix} Y_1 & Y_2 & \cdots & Y_n \end{pmatrix}$$

3. 计算第j项指标的信息熵的值e_j

$$e_j = -K\sum_{i=1}^{m} y_{ij}\ln y_{ij} \quad (j=1,2,\cdots,n)$$

式中，$K = \dfrac{1}{\ln m}$为非负常数，且$0 \leq e_j \leq 1$；规定当$y_{ij}=0$时，$y_{ij}\ln y_{ij}=0$。

4. 计算第j项指标的差异系数d_j

$$d_j = 1 - e_j \quad (j=1,2,\cdots,n)$$

5. 计算第j项指标的权重w_j

$$w_j = \frac{d_j}{\sum\limits_{j=1}^{n} d_j} = \frac{1 - e_j}{n - \sum\limits_{j=1}^{n} e_j} \quad (j=1,2,\cdots,n)$$

6. 计算评价方案i的评价值U_i

$$U_i = \sum_{j=1}^{n} y_{ij}w_j \quad (i=1,2,\cdots,m)$$

14.1.3　熵权的性质与意义

1. 熵权的性质

（1）若某列元素数值都相同，则熵最大值为1，熵权为0。这表明若某指标的各评价对象的数值相同，则该指标未包含任何有价值的信息。

（2）若某列元素数值相差越大，则熵值就越小，熵权就越大。这表明该指标包含有价

值的信息。

（3）若某指标的熵值越大，熵权越小，则表明该指标越不重要。

2. 熵权的意义

在决策或评估问题时，熵权并不表示某指标在实际意义上的重要性系数，而是表示在给定评价对象和评价指标的情况下，各指标在竞争意义上的相对激烈程度系数。

熵权的大小与评价对象有直接关系。当评价对象确定以后，再根据熵权对评价指标进行调整、增减，以利于做出更准确、更可靠的评价。

14.2 逼近理想解排序法

14.2.1 逼近理想解排序法的基本原理

逼近理想解排序（Technique for Order Preference by Similarity to Ideal Solution，TOPSIS）法是有限方案多目标决策分析的一种常用方法。其基本思路是先定义决策问题的理想解和负理想解，然后把各可行解与理想解和负理想解做比较，若其中有一个可行解最接近理想解，而同时又远离负理想解，则此解就是可行解集的满意解。

所谓理想解，就是一个设想的最优解，它的各个属性值都达到各可行解中最好的值；而负理想解是一个设想的最劣解，它的各个属性值都达到各可行解中最坏的值。

设决策问题有 n 个目标 $f_j(j=1,2,\cdots,n)$，m 个可行解 $\boldsymbol{Z}_i = (Z_{i1} \quad Z_{i2} \quad \cdots \quad Z_{in})(i=1,2,\cdots,m)$；并设该问题的规范化加权目标的理想解 $\boldsymbol{Z}^+$ 和负理想解 $\boldsymbol{Z}^-$ 为

$$\boldsymbol{Z}^+ = (Z_1^+ \quad Z_2^+ \quad \cdots \quad Z_n^+) \text{ 和 } \boldsymbol{Z}^- = (Z_1^- \quad Z_2^- \quad \cdots \quad Z_n^-)$$

根据欧几里得距离公式，则从任意可行解 $\boldsymbol{Z}_i$ 到理想解 $\boldsymbol{Z}^+$ 和负理想解 $\boldsymbol{Z}^-$ 的距离分别为

$$D_i^+ = \sqrt{\sum_{j=1}^n (Z_{ij} - Z_j^+)^2}$$

$$D_i^- = \sqrt{\sum_{j=1}^n (Z_{ij} - Z_j^-)^2} \quad (i=1,2,\cdots,m)$$

那么，某一可行解对于理想解的相对接近度为

$$C_i = \frac{D_i^-}{D_i^- + D_i^+}, 0 \leqslant C_i \leqslant 1 \quad (i=1,2,\cdots,m)$$

若可行解 $\boldsymbol{Z}_i$ 是理想解，则 $C_i = 1$；若可行解 $\boldsymbol{Z}_i$ 是负理想解，则 $C_i = 0$。$\boldsymbol{Z}_i$ 越靠近理想解，C_i 越接近于 1；反之，$\boldsymbol{Z}_i$ 越接近负理想解，C_i 越接近于 0。那么，对 C_i 进行排序，就可得到所要求的满意解。

14.2.2 逼近理想解排序法的基本步骤

设有 m 个评价方案，n 个评价指标，则原始数据矩阵为

$$\boldsymbol{X} = \begin{pmatrix} x_{11} & x_{12} & \cdots & x_{1n} \\ x_{21} & x_{22} & \cdots & x_{2n} \\ \vdots & \vdots & & \vdots \\ x_{m1} & x_{m2} & \cdots & x_{mn} \end{pmatrix}$$

式中，$x_{ij}(i=1,2,\cdots,m;j=1,2,\cdots,n)$ 表示第 i 个评价方案在第 j 项指标中的数值。

1. 指标趋同化处理

指标分为低优指标和高优指标，需将低优指标转化为高优指标。处理方法是对低优指标取倒数（$x'_{ij}=1/x_{ij}$），并且可适当扩大或缩小一定比例来转换数据。

2. 将趋同化数据归一化处理

将趋同化数据 x'_{ij} 组成的矩阵按列（指同一指标）做归一化处理，得到矩阵 $\mathbf{Z}$。

$$\mathbf{Z} = \begin{pmatrix} Z_{i1} & Z_{i2} & \cdots & Z_{in} \end{pmatrix} \qquad (i=1,2,\cdots,m)$$

3. 确定最优方案与最劣方案

最优方案 $\mathbf{Z}^+$ 由 $\mathbf{Z}$ 中每列中的最大值构成，即

$$\mathbf{Z}^+ = \begin{pmatrix} \max Z_{i1} & \max Z_{i2} & \cdots & \max Z_{in} \end{pmatrix}$$

最劣方案 $\mathbf{Z}^-$ 由 $\mathbf{Z}$ 中每列中的最小值构成，即

$$\mathbf{Z}^- = \begin{pmatrix} \min Z_{i1} & \min Z_{i2} & \cdots & \min Z_{in} \end{pmatrix}$$

4. 计算评价方案与最优方案 $\mathbf{Z}^+$ 和最劣方案 $\mathbf{Z}^-$ 间的距离

$$D_i^+ = \sqrt{\sum_{j=1}^{n}(Z_{ij}-Z_j^+)^2} \ \text{和}\ D_i^- = \sqrt{\sum_{j=1}^{n}(Z_{ij}-Z_j^-)^2} \qquad (i=1,2,\cdots,m)$$

5. 计算各评价方案与最优方案的接近程度

$$C_i = \frac{D_i^-}{D_i^- + D_i^+}, 0 \le C_i \le 1 \qquad (i=1,2,\cdots,m)$$

6. 依接近程度 C_i 大小对各评价方案进行排序，确定评价效果

14.3 案例分析

14.3.1 熵权法的低碳经济发展评价

【例 14-1】 根据环境系统评价的 DPSIR（驱动力—压力—状态—影响—响应）方法，给出总目标、第一指标层（含五个指标）和第二指标层（含 24 个子指标）的评价体系（具体结构见表 14-6），并搜集整理出山东省 2011 年—2020 年第二指标层数据，如表 14-1 ~ 表 14-5 所示。试采用熵权法求出各层指标的权重，并评价山东省这十年的低碳经济发展状况。

1. 求第二指标层驱动力因素指标的权重

表 14-1 驱动力因素指标数据

年 份	地区生产总值/亿元	人均 GDP 增长率（%）	城镇居民人均可支配收入/元	人口自然增长率（%）	城镇化水平（%）
2011	45361.85	13.99	22791.80	5.10	41.13
2012	50013.24	9.28	25755.20	4.95	41.97
2013	55230.32	9.75	28264.10	5.01	42.97
2014	59426.59	6.70	29221.90	7.39	43.96
2015	63002.33	8.23	31545.30	5.88	47.87

（续）

年　份	地区生产总值/亿元	人均GDP增长率（%）	城镇居民人均可支配收入/元	人口自然增长率（%）	城镇化水平（%）
2016	68024.49	5.40	34012.10	10.84	49.04
2017	72634.15	6.34	36789.40	10.14	50.20
2018	76469.67	5.22	39549.40	6.08	50.94
2019	71067.53	5.46	42329.20	4.27	49.94
2020	73129.00	3.22	43726.30	1.30	50.38

注：全部指标都是正向指标。

MATLAB 程序如下：

（1）输入指标数据，确定对象个数和指标个数。

```
% 驱动力因素(D)
clear
X = [45361.85    13.99    22791.80    5.10    41.13
     50013.24     9.28    25755.20    4.95    41.97
     55230.32     9.75    28264.10    5.01    42.97
     59426.59     6.70    29221.90    7.39    43.96
     63002.33     8.23    31545.30    5.88    47.87
     68024.49     5.40    34012.10   10.84    49.04
     72634.15     6.34    36789.40   10.14    50.20
     76469.67     5.22    39549.40    6.08    50.94
     71067.53     5.46    42329.20    4.27    49.94
     73129.00     3.22    43726.30    1.30    50.38];
[m,n] = size(X);        % m 为对象个数，n 为指标个数
```

（2）初始数据矩阵标准化。

```
% 全是正向指标
X1 = [];
for j = 1:n
X2 = (X(:,j) - min(X(:,j)))./(max(X(:,j)) - min(X(:,j)));
X1 = [X1,X2];
end
X1
```

（3）计算比重矩阵 Y。

```
S = sum(X1)
Y = X1./repmat(S,m,1)
```

（4）计算各指标的信息熵的值。

```
K = 1/log(m);
for i = 1:m
    for j = 1:n
        if Y(i,j) == 0
            lnY(i,j) = 0;
```

```
        else
            lnY(i,j) = log(Y(i,j));
        end
    end
end
E = - K * (sum(Y. * lnY))
```

（5）计算各指标的差异系数。

```
D = 1 - E
```

（6）计算各指标的权重。

```
W = D/sum(D)
```

运行结果如下：

```
W =
    0.1780   0.2217   0.2080   0.1579   0.2345
```

2. 求第二指标层压力因素指标的权重

表 14-2　压力因素指标数据

年　份	能源消耗总量/万 t	能源消耗强度/(t/万元)	能源消费弹性系数	碳排放总量/万 t	碳排放强度/(t/万元)
2011	31212	0.688	0.62	83077	1.83
2012	32687	0.653	0.48	87291	1.75
2013	34235	0.619	0.50	79421	1.44
2014	35363	0.595	0.38	81906	1.38
2015	39332	0.624	0.50	85446	1.36
2016	40138	0.590	0.28	86343	1.27
2017	40098	0.552	-0.01	83582	1.15
2018	40581	0.531	0.19	90165	1.18
2019	41390	0.582	0.37	93711	1.32
2020	41827	0.572	0.30	81500	1.12

注：全部指标都是负向指标。

MATLAB 程序如下：

（1）输入指标数据，确定对象个数和指标个数。

```
%压力因素(P)
clear
X = [...];    %数据见表14-2
[m,n] = size(X);    % m 为对象个数, n 为指标个数
```

（2）初始数据矩阵标准化。

```
%全是负向指标
X1 = [];
for j = 1:n
X2 = (max(X(:,j)) - X(:,j))./(max(X(:,j)) - min(X(:,j)));
```

X1 = [X1,X2];

end

% 以下的程序与上面求第二指标层驱动力因素指标权重程序中的第(3)步~第(6)步完全相同

运行结果如下:

W =

    0.3573   0.1454   0.2038   0.1366   0.1569

3. 求第二指标层状态因素指标的权重

表 14-3　状态因素指标数据

年　　份	第三产业所占 GDP 比重（%）	第二产业所占 GDP 比重（%）	原煤消费量占比（%）	SO_2 排放总量/万 t
2011	38.3	52.9	72.42	183
2012	40.0	51.5	73.81	175
2013	41.2	50.1	70.71	164
2014	43.5	48.4	70.30	159
2015	45.3	46.8	69.95	153
2016	46.7	46.1	69.07	73
2017	48.0	45.4	70.19	42
2018	49.5	44.0	67.38	34
2019	53.0	39.8	62.37	28
2020	53.5	39.1	60.81	19

注：第三产业所占 GDP 比重指标是正向指标，其他指标都是负向指标。

MATLAB 程序如下:

（1）输入指标数据，确定对象个数和指标个数。

% 状态因素(S)

clear

X = [···];　　　% 数据见表 14-3

[m,n] = size(X);　　% m 为对象个数, n 为指标个数

（2）初始数据矩阵标准化。

% 第一列是正向指标，其他各列都是负向指标

X1 = (X(:,1) - min(X(:,1)))./(max(X(:,1)) - min(X(:,1)))

X2 = [];

for j = 2:n

X3 = (max(X(:,j)) - X(:,j)./(max(X(:,j)) - min(X(:,j)));

X2 = [X2,X3];

end

X4 = [X1,X2]

（3）计算比重矩阵 Y。

S = sum(X4)

Y = X4. /repmat(S,m,1)

% 以下的程序与上面求第二指标层驱动力因素指标权重程序中的第(4)步~第(6)步完全相同

运行结果如下：

W =

　　0. 2118　0. 2156　0. 2452　0. 3274

4. 求第二指标层影响因素指标的权重

表 14-4　影响因素指标数据

年　　份	城镇登记失业率（%）	城镇恩格尔系数（%）	农村恩格尔系数（%）	空气质量日报良好率（%）
2011	3. 4	30. 2	33. 3	94. 8
2012	3. 3	29. 9	31. 8	95. 0
2013	3. 2	29. 2	31. 8	95. 6
2014	3. 3	28. 9	31. 0	95. 8
2015	3. 4	27. 8	30. 4	66. 0
2016	3. 5	27. 6	29. 8	56. 9
2017	3. 4	26. 8	28. 6	66. 0
2018	3. 4	26. 3	28. 1	60. 4
2019	3. 3	26. 1	27. 8	59. 7
2020	3. 1	26. 8	29. 4	69. 1

注：空气质量日报良好率指标是正向指标，其他指标都是负向指标。

MATLAB 程序如下：

（1）输入指标数据，确定对象个数和指标个数。

```
% 影响因素(I)
clear
X = [⋯];              % 数据见表 14-4
[m,n] = size(X);       % m 为对象个数，n 为指标个数
```

（2）初始数据矩阵标准化。

```
% 第四列是正向指标，其他列是负向指标
X1 = [ ];
for j = 1：3
X2 = (max(X(：,j)) − X(：,j)). /(max(X(：,j)) − min(X(：,j)));
X1 = [X1,X2];
end
X3 = (X(：,4) − min(X(：,4))). /(max(X(：,4)) − min(X(：,4)));
X4 = [X1,X3]
```

（3）计算比重矩阵 Y。

```
S = sum(X4)
Y = X4. /repmat( S,m,1)
```

% 以下的程序与上面求第二指标层驱动力因素指标权重程序中的第(4)步~第(6)步完全相同

运行结果如下：

W =

   0. 2124   0. 2396   0. 1774   0. 3705

5. 求第二指标层响应因素指标的权重

表 14-5　响应因素指标数据

年　份	建成区绿化覆盖率（%）	每万人拥有的公交车数/（辆/万人）	生活垃圾无害化处理率（%）	废水处理率（%）	工业固废利用率（%）	R&D 经费占 GDP 的比重（%）
2011	41. 5	12. 41	92. 5	93. 18	93. 68	1. 86
2012	42. 1	12. 76	98. 1	94. 22	93. 08	2. 04
2013	42. 6	13. 54	99. 5	94. 93	94. 29	2. 13
2014	42. 8	13. 17	100. 0	95. 05	95. 73	2. 19
2015	42. 3	14. 43	100. 0	95. 77	92. 48	2. 27
2016	42. 3	15. 88	100. 0	96. 21	84. 30	2. 30
2017	42. 1	16. 36	100. 0	96. 95	79. 52	2. 41
2018	41. 8	15. 13	100. 0	97. 45	86. 10	2. 15
2019	41. 8	16. 08	99. 9	97. 99	90. 75	2. 10
2020	41. 6	15. 56	100. 0	98. 26	78. 48	2. 30

注：全是正向指标。

由于响应因素（R）的指标全是正向指标，所以本部分程序与求第二指标层驱动力因素指标权重的程序完全一致，只是将初始数据矩阵 **X** 用表 14-5 中的数据替换即可。

运行结果如下：

W =

   0. 2201   0. 2194   0. 0865   0. 1623   0. 1877   0. 1240

6. 第一指标层权重

为求第一层指标各因素的权重，我们将全部 24 个子指标数据组合成一个矩阵 **X**，先计算出每个指标的权重，然后将同一因素下的指标权重相加，就可得到这一因素的权重。

由于指标既有正向的又有负向的，因此使用前五步无量纲化处理后各自计算出的比重矩阵 **Y**，并组合成新矩阵 **P**，然后对其求熵值和权重。

```
P = […];            % P 为 11 行 24 列的矩阵
[m,n] = size(P);    % m 为对象个数，n 为总的子指标个数
K = 1/log(m);
for i = 1：m
    for j = 1：n
        if P(i,j) == 0
            lnP(i,j) = 0;
        else
            lnP(i,j) = log(P(i,j));
        end
```

```
        end
end
E = - K * (sum(P. * lnP))          % 计算熵值
D = 1 - E
W = D/sum(D)                    % 计算权重
% 第一指标层各指标因素权重
WD1 = sum(W(1:5))
WP1 = sum(W(6:10))
WS1 = sum(W(11:14))
WI1 = sum(W(15:18))
WR1 = sum(W(19:24))
```

运行结果如下：

WD1 =

　　0.1969

WP1 =

　　0.1957

WS1 =

　　0.2084

WI1 =

　　0.1681

WR1 =

　　0.2308

7. 第一指标层与第二指标层组合权重

将第一指标层权重与第二指标层权重相乘，即得第二指标层对总目标的权数。因第一指标层权重向量为 $W1 = [WD1, WP1, WS1, WI1, WR1]$，若将前面第 1 ~ 5 步计算出的第二指标层五个因素的权重向量分别记为 W21、W22、W23、W24 和 W25，则驱动力、压力、状态、影响和响应因素的综合权重向量分别为 WD、WP、WS、WI 和 WR，即

```
W1  = [0.1969    0.1957    0.2084    0.1681    0.2308];
W21 = [0.1780    0.2217    0.2080    0.1579    0.2345];
W22 = [0.3573    0.1454    0.2038    0.1366    0.1569];
W23 = [0.2118    0.2156    0.2452    0.3274];
W24 = [0.2124    0.2396    0.1774    0.3705];
W25 = [0.2201    0.2194    0.0865    0.1623    0.1877    0.1240];
WD = W1(1) * W21
WP = W1(2) * W22
WS = W1(3) * W23
WI = W1(4) * W24
WR = W1(5) * W25
```

运行结果如下：

WD =

　　0.0350   0.0437   0.0410   0.0311   0.0462

WP =

    0. 0699   0. 0285   0. 0399   0. 0267   0. 0307

WS =

    0. 0441   0. 0449   0. 0511   0. 0682

WI =

    0. 0357   0. 0403   0. 0298   0. 0623

WR =

    0. 0508   0. 0506   0. 0200   0. 0375   0. 0433   0. 0286

8. 计算各年度的绩效值

将组合权重与第二层各因素指标中处理后的标准化数据相乘再求和，即得最终各年度的绩效值。

若将求第二指标层五个因素（驱动力、压力、状态、影响和响应）指标权重的程序中，通过无量纲化处理后的标准化数据矩阵分别记为 X21、X22、X23、X24 和 X25，则得各年度五个因素的绩效值和总绩效值。

```
U1 = X21 * W21'               % 驱动力绩效值
U2 = X22 * W22'               % 压力绩效值
U3 = X23 * W23'               % 状态绩效值
U4 = X24 * W24'               % 影响绩效值
U5 = X25 * W25'               % 响应绩效值
U = X21 * WD' + X22 * WP' + X23 * WS' + X24 * WI' + X25 * WR'    % 总绩效值
UU = [U1,U2,U3,U4,U5,U]            % 绩效值汇总
t = 1:10;
plot(t,U1,'-+',t,U2,'->',t,U3,'-o',t,U4,'-p',t,U5,'-^',t,U,'-d')
set(gca,'XTick',[1 2 3 4 5 6 7 8 9 10])
set(gca,'XTickLabel',{'2011';'2012';'2013';'2014';'2015';
'2016';'2017';'2018';'2019';'2020'})
legend('驱动力指标','压力指标','状态指标','影响指标','响应指标','总绩效值')
xlabel('年份')
ylabel('绩效值')
```

运行结果如下：

UU =

0. 2846	0. 4590	0. 0262	0. 4141	0. 1654	0. 2591
0. 2613	0. 4644	0. 0615	0. 5350	0. 4183	0. 3416
0. 3506	0. 5811	0. 1806	0. 6347	0. 6186	0. 4698
0. 3845	0. 5936	0. 2569	0. 6269	0. 6707	0. 5056
0. 5280	0. 3649	0. 3255	0. 3736	0. 6617	0. 4587
0. 6330	0. 4518	0. 5323	0. 2648	0. 6740	0. 5241
0. 7225	0. 6350	0. 6021	0. 4900	0. 6632	0. 6275
0. 6993	0. 5040	0. 7138	0. 4821	0. 5731	0. 5984
0. 6471	0. 3065	0. 9347	0. 5499	0. 6813	0. 6319
0. 5880	0. 4846	1. 0000	0. 6531	0. 5399	0. 6534

程序的运行结果汇总如表 14-6 和表 14-7 所示。

表 14-6　熵权法各指标权重表

总 目 标	第一指标层	第一指标层权重	第二指标层	第二指标层权重	总 权 重
低碳经济评价	驱动力（D）	0.1970	地区生产总值	0.1780	0.0351
			人均 GDP 增长率	0.2217	0.0437
			城镇居民人均可支配收入	0.2080	0.0410
			人口自然增长率	0.1579	0.0311
			城镇化水平	0.2345	0.0462
	压力（P）	0.2024	能源消耗总量	0.3573	0.0723
			能源消耗强度	0.1454	0.0294
			能源消费弹性系数	0.2038	0.0413
			碳排放总量	0.1366	0.0277
			碳排放强度	0.1569	0.0318
	状态（S）	0.2063	第三产业所占 GDP 比重	0.2118	0.0437
			第二产业所占 GDP 比重	0.2156	0.0445
			原煤消费量占比	0.2452	0.0506
			SO_2 排放总量	0.3274	0.0676
	影响（I）	0.1839	城镇登记失业率	0.2124	0.0391
			城镇恩格尔系数	0.2396	0.0441
			农村恩格尔系数	0.1774	0.0326
			空气质量日报良好率	0.3705	0.0681
	响应（R）	0.2103	建成区绿化覆盖率	0.2201	0.0463
			每万人拥有的公交车数	0.2194	0.0462
			生活垃圾无害化处理率	0.0865	0.0182
			废水处理率	0.1623	0.0341
			工业固废利用率	0.1877	0.0395
			R&D 经费占 GDP 的比重	0.1240	0.0261

表 14-7　各年度绩效值表

年　份	驱动力指标	压力指标	状态指标	影响指标	响应指标	总绩效值
2011	0.2846	0.4590	0.0262	0.4141	0.1654	0.2591
2012	0.2613	0.4644	0.0615	0.5350	0.4183	0.3416
2013	0.3506	0.5811	0.1806	0.6347	0.6186	0.4698
2014	0.3844	0.5936	0.2569	0.6269	0.6707	0.5056
2015	0.5280	0.3649	0.3255	0.3736	0.6617	0.4587
2016	0.6330	0.4518	0.5323	0.2648	0.6740	0.5241
2017	0.7225	0.6350	0.6021	0.4901	0.6632	0.6275
2018	0.6993	0.5040	0.7138	0.4821	0.5731	0.5984
2019	0.6471	0.3065	0.9347	0.5499	0.6813	0.6319
2020	0.5880	0.4846	1.0000	0.6531	0.5399	0.6534

绘制出的 2011 年—2020 年绩效值走势如图 14-1 所示。

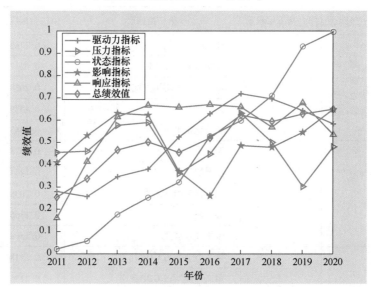

图 14-1　2011 年—2020 年绩效值走势

从表 14-7 和图 14-1 可知，在考察的十年期间，驱动力指标在前期呈现上升趋势，后期呈现下降趋势；压力指标不稳定，变化幅度较大；状态指标一直不断上升且幅度很大；影响指标不稳定，变化幅度比较大；响应指标前期呈现上升趋势，后期比较平稳。导致的结果是，总效率值整体呈现不断上升趋势，这表明山东省的低碳经济发展状况在不断改善。

14.3.2　逼近理想解排序法的商业银行绩效评价

【例 14-2】　现给出国内八家股份制商业银行2020 年股票年报数据，如表 14-8 所示，试用逼近理想解排序法对这些股份制商业银行的业绩进行评价。

表 14-8　国内八家股份制商业银行 2020 年股票年报数据　（金额单位：亿元）

公司名称	员工人数/人	营业成本	总资产	总负债	营业收入	利润总额	净利润
华夏银行	39284	681.58	33998.16	31171.61	953.09	271.53	215.68
兴业银行	55473	1265.90	78940.00	72691.97	2031.37	766.37	676.81
浦发银行	59051	1296.48	79502.18	73044.01	1963.84	666.82	589.93
中信银行	55154	1369.15	75111.61	69511.23	1947.31	578.57	495.32
光大银行	46316	967.92	53681.10	49131.12	1424.79	454.97	379.05
平安银行	36115	1166.33	44685.14	41043.83	1535.42	367.54	289.28
招商银行	76009	1678.39	83614.48	76310.94	2904.82	1224.40	979.59
民生银行	56653	1477.60	69502.33	64089.85	1849.51	367.06	351.02

注：营业成本和总负债两指标为低优指标。

MATLAB 程序如下：

```
clear
X = [39284      681.58      33998.16      31171.61      953.09      271.53      215.68
      55473     1265.90      78940.00      72691.97     2031.37      766.37      676.81
```

$$
\begin{array}{ccccccc}
59051 & 1296.48 & 79502.18 & 73044.01 & 1963.84 & 666.82 & 589.93 \\
55154 & 1369.15 & 75111.61 & 69511.23 & 1947.31 & 578.57 & 495.32 \\
46316 & 967.92 & 53681.10 & 49131.12 & 1424.79 & 454.97 & 379.05 \\
36115 & 1166.33 & 44685.14 & 41043.83 & 1535.42 & 367.54 & 289.28 \\
76009 & 1678.39 & 83614.48 & 76310.94 & 2904.82 & 1224.40 & 979.59 \\
56653 & 1477.60 & 69502.33 & 64089.85 & 1849.51 & 367.06 & 351.02];
\end{array}
$$

% 进行指标趋同化处理

Y2 = 1./X(:,2)　　% 将第二列低优指标（营业成本）转换成高优指标

Y4 = 1./X(:,4)　　% 将第四列低优指标（总负债）转换成高优指标

X(:,2) = Y2;　　% 替换初始矩阵 X 中的第二列

X(:,4) = Y4;　　% 替换初始矩阵 X 中的第四列

% 将趋同化数据归一化处理

[m,n] = size(X);　% m 为对象个数，n 为指标个数

Z = [];

for j = 1:n

　　z = X(:,j)./sqrt(sum(X(:,j).^2));

　　Z = [Z,z];

end

% 确定最优方案与最劣方案

Z1 = max(Z)　　% 理想解

Z2 = min(Z)　　% 负理想解

% 计算评价方案与最优方案和最劣方案间的距离

B1 = repmat(Z1,m,1);

B2 = repmat(Z2,m,1);

D1 = [];D2 = [];

for i = 1:m

　　d1 = sqrt(sum((Z(i,:) - B1(i,:)).^2));

　　d2 = sqrt(sum((Z(i,:) - B2(i,:)).^2));

　　D1 = [D1;d1];　% 可行解到理想解的距离

　　D2 = [D2;d2];　% 可行解到负理想解的距离

end

D1,D2

% 计算各评价对象与最优方案的接近程度

C = D2./(D1 + D2)　　% 可行解对于理想解的相对接近程度

% 对各评价对象排序，确定评价效果

[M,N] = sort(C,'descend')　　% N 从大到小排序

运行结果如下：

Z1 =

　　0.4949　　0.5746　　0.4404　　0.5822　　0.5401　　0.6624　　0.6313

Z2 =

　　0.2352　　0.2333　　0.1791　　0.2378　　0.1772　　0.1469　　0.1390

N =

　　7　　2　　3　　4　　1　　5　　8　　6

其余结果汇总如表 14-9 所示。

表 14-9　国内八家股份制商业银行评价结果汇总

公 司 名 称	最优解距离 D^+	最劣解矩阵 D^-	最优方案接近程度 C	评 价 排 序
华夏银行	0.8748	0.4853	0.3568	第 5 名
兴业银行	0.5703	0.5273	0.4804	第 2 名
浦发银行	0.6189	0.4731	0.4332	第 3 名
中信银行	0.6768	0.3998	0.3713	第 4 名
光大银行	0.7316	0.3007	0.2913	第 6 名
平安银行	0.8147	0.2685	0.2479	第 8 名
招商银行	0.4848	0.8806	0.6449	第 1 名
民生银行	0.7902	0.3065	0.2795	第 7 名

从表 14-9 可知，在现有指标条件下考察的八家股份制商业银行中，2020 年度招商银行的业绩最好，其次是兴业银行，然后依次是浦发银行、中信银行、华夏银行、光大银行和民生银行，最差的是平安银行。

练习与提高

现给出超市综合绩效指标体系，以及某城市甲、乙、丙、丁四家超市的指标数据，如表 14-10 所示。要求：

（1）利用熵权法求各指标层的权重。

（2）利用逼近理想解排序法分别从指标层中的财务、顾客、内部经营、学习创新等方面对甲、乙、丙、丁四家超市进行排名。

表 14-10　超市综合指标体系及数据

目 标 层	指 标 层	子 指 标 层	甲 超 市	乙 超 市	丙 超 市	丁 超 市
超市综合绩效评价	财务	经营活动现金流量/亿元	25.36	22.14	20.38	18.97
		存货周转率（%）	9.7	8.9	8.6	7.8
		营业收入增长率（%）	18.2	17.8	15.4	14.2
		净资产收益率（%）	12.4	12.8	12.1	11.5
	顾客	客户保持率（%）	82	86	83	89
		新顾客比率（%）	14.1	13.2	14.3	13.6
		顾客满意度指数	8.8	84	8.6	8.2
		服务水平（%）	91	90	86	87
	内部经营	信息系统完善程度（%）	98	88	92	90
		整体营销能力	9	8	8	7
		配送中心建设程度	8	7	7	8
		商品差别化程度	8	8	9	9
		售后服务水平（%）	85.6	87.0	86.2	87.6
	学习创新	员工满意度（%）	83.4	82.9	85.4	86.7
		创新项目贡献（%）	4.3	4.8	5.2	6.4
		人均销售额/（万元/天）	1.5	1.6	1.2	1.0
		人均培训费用/（元/年）	1800	2000	1900	2100

熵权法操作程序：

（1）先写出财务指标因素的初始矩阵（注意矩阵的行表示四家超市，列表示各项指标）。

（2）对初始矩阵进行标准化处理（注意正向指标和负向指标）。

（3）计算第 j 项指标第 i 个评价对象的比重。

（4）计算第 j 项指标的信息熵的值。

（5）计算第 j 项指标的差异系数。

（6）计算第 j 项指标的权重。

（7）重复以上六步，分别计算顾客、内部经营、学习创新各自的权重值。

（8）将全部 17 个指标组成一个大的初始矩阵，然后重复从第（2）～（6）步的过程，计算每个指标的权重，然后将财务、顾客、内部经营、学习创新各自对应的指标权重相加，即得到它们各自的权重值。

逼近理想解排序法操作程序：

（1）先写出财务指标因素的决策矩阵（注意矩阵的行表示四家超市，列表示各个指标）。

（2）指标趋同化处理（主要低优指标和高优指标）。

（3）将趋同化数据归一化处理，得到比重矩阵 $\boldsymbol{Z}$。

（4）求出 $\boldsymbol{Z}$ 每列中的最大值和最小值，确定最优方案与最劣方案。

（5）计算评价方案（四家超市）与最优方案和最劣方案间的距离 D^+ 和 D^-。

（6）计算四家超市与最优方案的接近程度 C。

（7）依接近程度 C 的大小对四家超市进行排序。

（8）重复以上七步，分别对顾客、内部经营、学习创新等指标因素中的四家超市各自排序。

第15章

数据包络分析法

 本章要点

- CCR 模型
- BCC 模型
- 超效率 DEA 模型
- 规模效率和技术效率

15.1 数据包络分析法的基本理论

数据包络分析（Data Envelopment Analysis，DEA）法常被用来衡量拥有相同目标的运营单位的相对效率。它是直接使用输入、输出数据建立非参数的经济数学模型。

15.1.1 CCR 模型概述

1. CCR 模型的结构

DEA 最基本的模型是 CCR（C^2R）模型。假设有 n 个同类型的决策单元 DMU，且每个 DMU 含有 m 个投入指标和 s 个产出指标，那么其数据结构如图 15-1 所示。

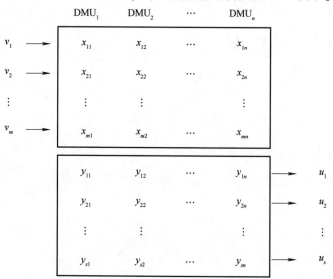

图 15-1　决策单元的输入输出指标结构

图 15-1 中，x_{ij} 为第 j 个决策单元对第 i 个指标输入的投入量；y_{rj} 为第 j 个决策单元对第 r 个指标输出的产出量；v_i 为对第 i 个指标输入的权；u_r 为对第 r 个指标输出的权；且 $x_{ij} > 0$，$y_{rj} > 0$；$v_i \geqslant 0, u_r \geqslant 0$；$i = 1, 2, \cdots, m$；$r = 1, 2, \cdots, s$；$j = 1, 2, \cdots, n$。

2. CCR 模型的基本形式

设 $\boldsymbol{X}_j = (x_{1j} \quad \cdots \quad x_{mj})^{\mathrm{T}}, \boldsymbol{Y}_j = (y_{1j} \quad \cdots \quad y_{sj})^{\mathrm{T}}, j = 1, 2, \cdots, n$，并用 $(\boldsymbol{X}_j, \boldsymbol{Y}_j)$ 表示第 j 个决策单元 DMU_j，权向量为 $\boldsymbol{v} = (v_1 \quad \cdots \quad v_m)^{\mathrm{T}}$ 和 $\boldsymbol{u} = (u_1 \quad \cdots \quad u_s)^{\mathrm{T}}$，则每个决策单元 j 的效率评价指数为

$$h_j = \frac{\boldsymbol{u}^{\mathrm{T}} \boldsymbol{Y}_j}{\boldsymbol{v}^{\mathrm{T}} \boldsymbol{X}_j} = \frac{\sum\limits_{r=1}^{s} u_r y_{rj}}{\sum\limits_{i=1}^{m} v_i x_{ij}} \qquad (j = 1, 2, \cdots, n)$$

且总可以适当地选择权系数 $\boldsymbol{v}$ 和 $\boldsymbol{u}$，使其满足 $h_j \leqslant 1 (j = 1, 2, \cdots, n)$。故可建立对第 j_0 个决策单元 DMU_0 进行效率评价的最优化模型，即

$$\max h_0 = \frac{\boldsymbol{u}^{\mathrm{T}} \boldsymbol{Y}_0}{\boldsymbol{v}^{\mathrm{T}} \boldsymbol{X}_0}$$

$$\mathrm{s.\,t.} \begin{cases} h_j = \dfrac{\boldsymbol{u}^{\mathrm{T}} \boldsymbol{Y}_j}{\boldsymbol{v}^{\mathrm{T}} \boldsymbol{X}_j} \leqslant 1 \ (j = 1, 2, \cdots, n) \\ \boldsymbol{v} \geqslant 0, \quad \boldsymbol{u} \geqslant 0 \end{cases} \tag{15-1}$$

这是一个分式规划问题的模型，利用 Charnes – Cooper 变换

$$t = 1/(\boldsymbol{v}^{\mathrm{T}} \boldsymbol{X}_0), \qquad \boldsymbol{\omega} = t\boldsymbol{v}, \qquad \boldsymbol{\mu} = t\boldsymbol{u}$$

化为一个等价的线性规划问题模型

$$\max h_0 = \boldsymbol{\mu}^{\mathrm{T}} \boldsymbol{Y}_0$$

$$\mathrm{s.\,t.} \begin{cases} \boldsymbol{\omega}^{\mathrm{T}} \boldsymbol{X}_j - \boldsymbol{\mu}^{\mathrm{T}} \boldsymbol{Y}_j \geqslant 0 \ (j = 1, 2, \cdots, n) \\ \boldsymbol{\omega}^{\mathrm{T}} \boldsymbol{X}_0 = 1 \\ \boldsymbol{\omega} \geqslant 0, \ \boldsymbol{\mu} \geqslant 0 \end{cases} \tag{15-2}$$

其对应的对偶线性规划问题模型为

$$\min \theta$$

$$\mathrm{s.\,t.} \begin{cases} \sum\limits_{j=1}^{n} \boldsymbol{X}_j \lambda_j \leqslant \theta \boldsymbol{X}_0 \\ \sum\limits_{j=1}^{n} \boldsymbol{Y}_j \lambda_j \geqslant \boldsymbol{Y}_0 \\ \lambda_j \geqslant 0 \ (j = 1, \cdots, n) \end{cases} \tag{15-3}$$

加入松弛变量 s^+ 及 s^- 的对偶线性规划模型为

$$\min \theta$$

$$\mathrm{s.\,t.} \begin{cases} \sum\limits_{j=1}^{n} \boldsymbol{X}_j \lambda_j + s^- = \theta \boldsymbol{X}_0 \\ \sum\limits_{j=1}^{n} \boldsymbol{Y}_j \lambda_j - s^+ = \boldsymbol{Y}_0 \\ \lambda_j \geqslant 0 \ (j = 1, 2, \cdots, n); \ s^+ \geqslant 0; \ s^- \geqslant 0 \end{cases} \tag{15-4}$$

3. DEA 有效

定义 若线性规划问题模型式（15-2）的最优解 $\boldsymbol{\omega}_0$ 及 $\boldsymbol{\mu}_0$ 满足 $h_0 = \boldsymbol{\mu}_0^{\mathrm{T}} Y_0 = 1$，则称 DMU_0 为弱 DEA 有效；若线性规划问题模型式（15-2）存在某一最优解 $\boldsymbol{\omega}_0$ 与 $\boldsymbol{\mu}_0$ 满足 $h_0 = \boldsymbol{\mu}_0^{\mathrm{T}} Y_0 = 1$，并且 $\boldsymbol{\omega}_0 > 0$，$\boldsymbol{\mu}_0 > 0$，则称 DMU_0 为 DEA 有效。

定理 1 若对偶线性规划问题模型式（15-4）的最优解为 $\boldsymbol{\lambda}^0 = (\lambda_1^0 \quad \cdots \quad \lambda_n^0)^{\mathrm{T}}, s^{-0}, s^{+0}, \theta^0$，则有：

（1）DMU_0 为弱 DEA 有效的充要条件为对偶规划问题模型式（15-4）的最优值 $\theta^0 = 1$。

（2）DMU_0 为 DEA 有效的充要条件为对偶规划问题模型式（15-4）的最优值 $\theta^0 = 1$，并且 $s^{-0} = s^{+0} = 0$。

【例 15-1】 已给出三个投入指标、两个产出指标、四个决策单元的数据，如表 15-1 所示，试用 CCR 模型的不同形式判断决策单元 DMU 是否 DEA 有效。

表 15-1 投入产出指标数据

评价指标	决策单元			
	DMU_1	DMU_2	DMU_3	DMU_4
投入 1	3.0	5.0	4.0	3.5
投入 2	2.5	4.6	3.8	3.1
投入 3	2.0	3.5	2.2	2.5
产出 1	2.8	3.6	2.5	3.3
产出 2	4.1	6.4	3.6	2.6

MATLAB 程序如下：

（1）输入指标数据，并确定其个数。

```
clear
X = [3.0  5.0  4.0  3.5; 2.5  4.6  3.8  3.1; 2.0  3.5  2.2  2.5];   %投入矩阵，每一指标数据
                                                                    %按行输入
Y = [2.8  3.6  2.5  3.3; 4.1  6.4  3.6  2.6];                       %产出矩阵，每一指标数据按行输入
[m, n] = size(X);              %m 为投入指标个数，n 为决策单元个数
s = size(Y, 1);                %s 为产出指标个数
```

（2）利用 CCR 线性规划原模型式（15-2）求解。

```
A = [-X', Y'];                                %将不等式≥号转换为≤号
b = zeros(n, 1);
LB = zeros(m + s, 1); UB = [];
W = []; E = [];
for j = 1: n
    f = [zeros(1, m), -Y(:, j)'];             %将最大值 max 转换成最小值 min
    Aeq = [X(:, j)', zeros(1, s)];
    beq = 1;
    w = linprog(f, A, b, Aeq, beq, LB, UB);   %解线性规划，得 DMUj 的最佳权向量 Wj
    W = [W, w];
```

```
  e = Y(: ,j)' * W(m + 1: m + s,j);                    % 求出 DMUj 的效率值
  E = [E,e];
end
W                                                       % 最佳权向量
E                                                       % 效率值 E
V = W(1: m,: )                                          % 投入权向量
U = W(m + 1: m + s,: )                                  % 产出权向量
```

运行结果如下：

```
W =
  0.0861    0.2000    0.0000    0.2736
  0.1769    0.0000    0.0000    0.0009
  0.1497    0.0000    0.4545    0.0158
  0.0795    0.0000    0.3247    0.3019
  0.1896    0.1463    0.0000    0.0015
E =
  1.0000    0.9366    0.8117    1.0000
V =
  0.0861    0.2000    0.0000    0.2736
  0.1769    0.0000    0.0000    0.0009
  0.1497    0.0000    0.4545    0.0158
U =
  0.0795    0.0000    0.3247    0.3019
  0.1896    0.1463    0.0000    0.0015
```

从效应值来看，DMU_1 和 DMU_4 为 1，且 v、u 对应的数据都大于 0，所以 DMU_1 和 DMU_4 都为 DEA 有效。

（3）利用 CCR 线性规划对偶模型式（15-4）求解。

```
% CCR 对偶模型
f = [zeros(1,n + m + s), 1];
LB = zeros(n + m + s + 1,1);UB = [];
A = [];b = [];
W = [];
for j = 1: n
  Aeq = [X, eye(m), zeros(m,s), - X(: ,j);
      Y, zeros(s,m), - eye(s), zeros(s,1)];
  beq = [zeros(m,1); Y(: ,j)];
  w = linprog(f,A,b,Aeq,beq,LB,UB);              % 解线性规划,得 DMU 的最佳权向量
  W = [W,w];                                     % 输出最佳权向量
end
lambda = W(1: n,: )                              % 输出 λ
s_minus = W(n + 1: n + m,: )                     % 输出 s -
s_plus = W(n + m + 1: n + m + s,: )              % 输出 s +
theta = W(n + m + s + 1,: )                      % 输出 θ
```

运行结果如下：

```
lambda =
    1.0000    1.5610    0.8929    0.0000
    0.0000    0.0000    0.0000    0.0000
    0.0000    0.0000    0.0000    0.0000
    0.0000    0.0000    0.0000    1.0000

s_minus =
    0.0000    0.0000    0.5682    0.0000
    0.0000    0.4059    0.8523    0.0000
    0.0000    0.1561    0.0000    0.0000

s_plus =
    0.0000    0.7707    0.0000    0.0000
    0.0000    0.0000    0.0607    0.0000

theta =
    1.0000    0.9366    0.8117    1.0000
```

因 DMU_1 和 DMU_4 的 $\theta = 1$，且都满足 $s^{-0} = s^{+0} = 0$ 和 $\theta^0 = 1$，所以 DMU_1 和 DMU_4 都为 DEA 有效。

15.1.2 具有非阿基米德无穷小量的 CCR 模型

具有非阿基米德无穷小量 ε 的 CCR 模型为

$$\max \quad h_{0\varepsilon} = \boldsymbol{\mu}^{\mathrm{T}} \boldsymbol{Y}_0$$

$$\text{s. t.} \begin{cases} \boldsymbol{\omega}^{\mathrm{T}} \boldsymbol{X}_j - \boldsymbol{\mu}^{\mathrm{T}} \boldsymbol{Y}_j \geqslant 0 \ (j = 1, 2, \cdots, n) \\ \boldsymbol{\omega}^{\mathrm{T}} \boldsymbol{X}_0 = 1 \\ \boldsymbol{\omega}^{\mathrm{T}} \geqslant \varepsilon \boldsymbol{e}^{-\mathrm{T}}, \ \boldsymbol{\mu}^{\mathrm{T}} \geqslant \varepsilon \boldsymbol{e}^{+\mathrm{T}} \end{cases} \tag{15-5}$$

其对偶规划问题的模型为

$$\min \quad \theta - \varepsilon (\boldsymbol{e}^{-\mathrm{T}} s^- + \boldsymbol{e}^{+\mathrm{T}} s^+)$$

$$\text{s. t.} \begin{cases} \displaystyle\sum_{j=1}^{n} \boldsymbol{X}_j \lambda_j + s^- = \theta \boldsymbol{X}_0 \\ \displaystyle\sum_{j=1}^{n} \boldsymbol{Y}_j \lambda_j - s^+ = \boldsymbol{Y}_0 \\ \lambda_j \geqslant 0 (j = 1, 2, \cdots, n), s^+ \geqslant 0, s^- \geqslant 0 \end{cases} \tag{15-6}$$

式中，$\boldsymbol{e}^{-\mathrm{T}} = (1, 1, \cdots, 1) \in E_m$；$\boldsymbol{e}^{+\mathrm{T}} = (1, 1, \cdots, 1) \in E_s$。

利用模型式（15-6），可一次性判断出 DMU_0 是 DEA 有效、弱 DEA 有效还是非 DEA 有效。

定理 2 设 ε 为非阿基米德无穷小量，并且线性规划问题模型式（15-6）的最优解为 $\lambda^0, s^{-0}, s^{+0}, \theta^0$，则有：

（1）若 $\theta^0 = 1$，则 DMU_0 为弱 DEA 有效。

（2）若 $\theta^0 = 1$，并且 $s^{-0} = 0$，$s^{+0} = 0$，则 DMU_0 为 DEA 有效。

（3）若 $\theta^0 < 1$，则 DMU_0 为非 DEA 有效。

以上是从"产出不变、投入最少"的角度介绍了投入的 CCR 模型，研究的是 DMU_0 的投入有效性。当然，还可以从"投入不变、产出最大"的角度出发研究 DMU_0 的产出有效性，从而得到产出的 CCR 模型。其模型形式为

$$\min \quad \boldsymbol{\omega}^{\mathrm{T}} \boldsymbol{X}_0$$

$$\text{s. t.} \begin{cases} \boldsymbol{\omega}^{\mathrm{T}} \boldsymbol{X}_j - \boldsymbol{\mu}^{\mathrm{T}} \boldsymbol{Y}_j \geqslant 0 (j = 1, 2, \cdots, n) \\ \boldsymbol{\mu}^{\mathrm{T}} \boldsymbol{Y}_0 = 1 \\ \boldsymbol{\omega}^{\mathrm{T}} \geqslant \varepsilon e^{-\mathrm{T}}, \ \boldsymbol{\mu}^{\mathrm{T}} \geqslant \varepsilon e^{+\mathrm{T}} \end{cases} \tag{15-7}$$

和

$$\max \quad \alpha + \varepsilon (\boldsymbol{e}^{-\mathrm{T}} s^- + \boldsymbol{e}^{+\mathrm{T}} s^+)$$

$$\text{s. t.} \begin{cases} \displaystyle\sum_{j=1}^{n} \boldsymbol{X}_j \lambda_j + s^- = \boldsymbol{X}_0 \\ \displaystyle\sum_{j=1}^{n} \boldsymbol{Y}_j \lambda_j - s^+ = \alpha \boldsymbol{Y}_0 \\ \lambda_j \geqslant 0 \ (j = 1, 2, \cdots, n), \ s^+ \geqslant 0, \ s^- \geqslant 0 \end{cases} \tag{15-8}$$

非阿基米德无穷小量 ε 是一个小于任何正数且大于零的数，在实际使用中一般取 $\varepsilon = 10^{-7}$。

15.1.3　BCC 模型

BCC 模型的基本形式为

$$\max \quad \boldsymbol{\mu}^{\mathrm{T}} \boldsymbol{Y}_0 + \boldsymbol{\mu}_0$$

$$\text{s. t.} \begin{cases} \boldsymbol{\omega}^{\mathrm{T}} \boldsymbol{X}_j - \boldsymbol{\mu}^{\mathrm{T}} \boldsymbol{Y}_j - \boldsymbol{\mu}_0 \geqslant 0 \ (j = 1, 2, \cdots, n) \\ \boldsymbol{\omega}^{\mathrm{T}} \boldsymbol{X}_0 = 1 \\ \boldsymbol{\omega} \geqslant 0, \boldsymbol{\mu} \geqslant 0 \end{cases} \tag{15-9}$$

其对偶问题模型为

$$\min \quad \theta$$

$$\text{s. t.} \begin{cases} \displaystyle\sum_{j=1}^{n} \boldsymbol{X}_j \lambda_j \leqslant \theta \boldsymbol{X}_0 \\ \displaystyle\sum_{j=1}^{n} \boldsymbol{Y}_j \lambda_j \geqslant \boldsymbol{Y}_0 \\ \displaystyle\sum_{j=1}^{n} \lambda_1 = 1 \\ \lambda_j \geqslant 0 \ (j = 1, 2, \cdots, n) \end{cases} \tag{15-10}$$

若线性规划问题模型式（15-9）存在最优解 $\boldsymbol{\omega}_0$，$\boldsymbol{\mu}_0$，$\hat{\boldsymbol{\mu}}_0$ 满足

$$\boldsymbol{\mu}_0^{\mathrm{T}} \boldsymbol{Y}_0 + \hat{\boldsymbol{\mu}}_0 = 1$$

则称 DMU_0 为弱 DEA 有效（BCC）。如进一步有

$$\boldsymbol{\omega}_0 > 0, \boldsymbol{\mu}_0 > 0$$

则称 DMU_0 为 DEA 有效（BCC）。

类似地，对式（15-9）和式（15-10）两个规划问题引入非阿基米德无穷小量 ε，得到的模型为

$$\max \quad \boldsymbol{\mu}^{\mathrm{T}}\boldsymbol{Y}_0 + \boldsymbol{\mu}_0$$

$$\text{s. t.} \begin{cases} \boldsymbol{\omega}^{\mathrm{T}}\boldsymbol{X}_j - \boldsymbol{\mu}^{\mathrm{T}}\boldsymbol{Y}_j - \boldsymbol{\mu}_0 \geqslant 0 (j = 1,2,\cdots,n) \\ \boldsymbol{\omega}^{\mathrm{T}}\boldsymbol{X}_0 = 1 \\ \boldsymbol{\omega}^{\mathrm{T}} \geqslant \varepsilon\hat{\boldsymbol{e}}^{\mathrm{T}}, \boldsymbol{\mu}^{\mathrm{T}} \geqslant \varepsilon\boldsymbol{e}^{\mathrm{T}} \end{cases} \tag{15-11}$$

$$\min \quad \theta - \varepsilon(\hat{\boldsymbol{e}}^{\mathrm{T}}s^- + \boldsymbol{e}^{\mathrm{T}}s^+)$$

$$\text{s. t.} \begin{cases} \displaystyle\sum_{j=1}^{n} \lambda_j\boldsymbol{X}_j + s^- = \theta\boldsymbol{X}_0 \\ \displaystyle\sum_{j=1}^{n} \lambda_j\boldsymbol{Y}_j - s^+ = \boldsymbol{Y} \\ \displaystyle\sum_{j=1}^{n} \lambda_1 = 1 \\ s^- \geqslant 0, s^+ \geqslant 0, \lambda_j \geqslant 0 \ (j = 1,2,\cdots,n) \end{cases} \tag{15-12}$$

式中，$\hat{\boldsymbol{e}}^{\mathrm{T}} = (1,1,\cdots,1) \in \boldsymbol{E}_m$；$\boldsymbol{e}^{\mathrm{T}} = (1,1,\cdots,1) \in \boldsymbol{E}_s$。

定理 3（BCC 有效） 设线性规划问题模型式（15-12）的最优解为 $\boldsymbol{\lambda}^0, s^{-0}, s^{+0}, \theta^0$，则有：

（1）若 $\theta^0 = 1$，则 DMU_0 为弱 DEA 有效（BCC）。

（2）若 $\theta^0 = 1$，且 $s^{+0} = s^{-0} = 0$，则 DMU_0 为 DEA 有效（BCC）。

【例 15-2】（续【例 15-1】） 试用带有非阿基米德无穷小量的 BCC 模型式（15-12）判断决策单元 DMU 是否 DEA 有效。

MATLAB 程序如下：

```
clear
X = [3.0  5.0  4.0  3.5;2.5  4.6  3.8  3.1;2.0  3.5  2.2  2.5];   %投入矩阵 X，每一指标
                                                                  %数据按行输入
Y = [2.8  3.6  2.5  3.3;4.1  6.4  3.6  2.6];        %产出矩阵 Y，每一指标数据按行输入
[m,n] = size(X);                                    %m 为投入指标个数，n 为决策单元个数
s = size(Y,1);                                      %s 为产出指标个数
epsilon = 10^(-7)                                   %定义非阿基米德无穷小量 ε = 10^(-7)
f = [zeros(1,n), -epsilon*ones(1,m+s),1]
LB = zeros(n+m+s+1,1); UB = [];
A = []; b = [];
W = [];
for j = 1:n
    Aeq = [X, eye(m), zeros(m,s), -X(:,j);
           Y, zeros(s,m), -eye(s), zeros(s,1);
           ones(1,n), zeros(1,m+s+1)];
    beq = [zeros(m,1); Y(:,j); 1];
```

$w = \text{linprog}(f, A, b, Aeq, beq, LB, UB)$;	% 解线性规划，得 DMU 的最佳权向量
$W = [W, w]$;	% 输出最佳权向量 W
end	
lambda $= W(1:n,:)$	% 输出 λ
s_minus $= W(n+1:n+m,:)$	% 输出 s −
s_plus $= W(n+m+1:n+m+s,:)$	% 输出 s +
theta $= W(n+m+s+1,:)$	% 输出 θ

运行结果如下：

lambda =

1.0000	0.0000	1.0000	0.0000
0.0000	1.0000	0.0000	0.0000
0.0000	0.0000	0.0000	0.0000
0.0000	0.0000	0.0000	1.0000

s_minus =

0.0000	0.0000	0.6364	0.0000
0.0000	0.0000	0.9545	0.0000
0.0000	0.0000	0.0000	0.0000

s_plus =

0.0000	0.0000	0.3000	0.0000
0.0000	0.0000	0.5000	0.0000

theta =

1.0000	1.0000	0.9091	1.0000

因 DMU_1、DMU_2 和 DMU_4 的 θ 都为 1，且都满足 $s^{+0} = s^{-0} = 0$，所以 DMU_1、DMU_2 和 DMU_4 都为 DEA 有效。

15.1.4 超效率 DEA 评价模型

对第 j_0 个决策单元进行效率评价，分式规划模型为

$$\max \quad h_{j_0} = \frac{\boldsymbol{u}^T \boldsymbol{Y}_{j_0}}{\boldsymbol{u}^T \boldsymbol{X}_{j_0}}$$

$$\text{s. t.} \begin{cases} h_j = \dfrac{\boldsymbol{u}^T \boldsymbol{Y}_j}{\boldsymbol{v}^T \boldsymbol{X}_j} \leqslant 1 \ (j = 1, 2, \cdots, n; j \neq j_0) \\ \boldsymbol{v} \geqslant 0, \ \boldsymbol{u} \geqslant 0 \end{cases} \tag{15-13}$$

式中，模型的变量为 $\boldsymbol{v}$ 和 $\boldsymbol{u}$。

通过变换将其转化为线性规划问题模型

$$\max \quad h_{j_0} = \boldsymbol{\mu}^T \boldsymbol{Y}_{j_0}$$

$$\text{s. t.} \begin{cases} \boldsymbol{\omega}^T \boldsymbol{X}_j - \boldsymbol{\mu}^T \boldsymbol{Y}_j \geqslant 0 \ (j = 1, 2, \cdots, n; j \neq j_0) \\ \boldsymbol{\omega}^T \boldsymbol{X}_0 = 1 \\ \boldsymbol{\omega} \geqslant 0, \ \boldsymbol{\mu} \geqslant 0 \end{cases} \tag{15-14}$$

其对偶线性规划则可表示为

$$\min \quad \theta - \varepsilon \left(\sum_{i=1}^{m} s_i^- + \sum_{r=1}^{s} s_r^+ \right)$$

$$\text{s. t.} \begin{cases} \sum_{\substack{j=1 \\ j \neq j_0}}^{n} \boldsymbol{X}_j \lambda_j + s^- = \theta \boldsymbol{X}_{j_0} \\ \sum_{\substack{j=1 \\ j \neq j_0}}^{n} \boldsymbol{Y}_j \lambda_j - s^+ = \boldsymbol{Y}_{j_0} \\ \lambda_j \geq 0 \ (j = 1, 2, \cdots, n) \\ s^+ \geq 0, \ s^- \geq 0 \end{cases} \tag{15-15}$$

定理 4 设线性规划问题模型式（15-15）的最优解为 $\boldsymbol{\lambda}^0, s^{-0}, s^{+0}, \theta^0$，则有：

（1）若 $\theta \geq 1$，且 $s^{+0} = s^{-0} = 0$，则称第 j_0 个 DMU_0 为 DEA 有效。

（2）若 $\theta \geq 1$，且 $s_i^- \neq 0$ 或 $s_r^+ \neq 0$，则称第 j_0 个 DMU_0 为 DEA 弱有效。

（3）若 $\theta < 1$，且 $s_i^- \neq 0, s_r^+ \neq 0$，则称第 j_0 个 DMU_0 为 DEA 无效。

【例 15-3】（续【例 15-1】） 试用超效率 DEA 模型判断决策单元 DMU 是否 DEA 有效。
MATLAB 程序如下：

```
clear
% 输入矩阵，行代表指标数据，列代表决策单元 DMU 数据
X = [3  5  4  3.5 ; 2.5  4.6  3.8  3.1 ; 2 3.5  2.2  2.5];   % 投入矩阵 X
Y = [2.8  3.6  2.5  3.3 ; 4.1  6.4  3.6  2.6];               % 产出矩阵 Y
[m, n] = size(X);                    % m 为投入指标个数，n 为决策单元个数
s = size(Y, 1);                      % s 为产出指标个数
```

（1）运用超效率 DEA 模型式（15-14）。

```
b = zeros(n - 1, 1);
LB = zeros(m + s, 1); UB = [];
for j = 1 : n
      Aeq = [X(: , j)', zeros(1, s)];
  beq = 1;
  f = [zeros(1, m), -Y(: , j)'];
  if j == 1
   A = [-X(: , 2 : n)', Y(: , 2 : n)'];
  elseif j == n
   A = [-X(: , 1 : n - 1)', Y(: , 1 : n - 1)'];
  else
   A = [[-X(: , 1 : j - 1), -X(: , j + 1 : n)]', [Y(: , 1 : j - 1), Y(: , j + 1 : n)]'];
  end
  W(: , j) = linprog(f, A, b, Aeq, beq, LB, UB);   % 解线性规划，得 DMUi 的最佳权向量
   e(1, j) = Y(: , j)' * W(m + 1 : m + s, j);
end
```

```
E = e                                 % 效率值
V = W(1:m,:)                          % 投入权向量
U = W(m+1:m+s,:)                      % 产出权向量
[M,N] = sort(E,'descend')            % N 从大到小排序
```

运行结果如下：

```
E =
    1.3111    0.9366    0.8117    1.0102
V =
         0    0.2000         0    0.2857
    0.4000         0         0         0
         0         0    0.4545         0
U =
    0.2680         0    0.3247    0.3061
    0.1367    0.1463         0         0
N =
    1    4    2    3
```

从结果来看，最终评价结果按从大到小排序分别为 DMU_1、DMU_4、DMU_2 和 DMU_3，而且 DMU_1 和 DMU_4 都是 DEA 有效。

（2）运用超效率 DEA 模型式（15-15）。

```
epsilon = 10^(-7)        % 定义非阿基米德无穷小量 ε = 10^{-7}
f = [zeros(1,n), -epsilon*ones(1,m+s), 1]
A = zeros(1,n+m+s+1)
b = 0
LB = zeros(n+m+s+1,1)
UB = []
LB(n+m+s+1) = -Inf
W = [];
for j = 1:n
    Aeq = [[X(:,1:j-1), zeros(m,1), X(:,j+1:n)], eye(m), zeros(m,s), -X(:,j);
        [Y(:,1:j-1), zeros(s,1), Y(:,j+1:n)], zeros(s,m), -eye(s), zeros(s,1)]
    beq = [zeros(m,1); Y(:,j)]
    w = linprog(f,A,b,Aeq,beq,LB,UB)
    W = [W,w];                        % 最佳权向量
end
lambda = W(1:n,:)                     % 输出 λ
s_minus = W(n+1:n+m,:)                % 输出 s-
s_plus = W(n+m+1:n+m+s,:)             % 输出 s+
theta = W(n+m+s+1,:)                  % 输出 θ
[M,N] = sort(theta,'descend')        % N 效率从大到小排序
```

运行结果如下

```
lambda =
         0    1.5610    0.8929    1.1786
    0.5315         0         0         0
```

0	0	0	0
0.2687	0	0	0

s_minus =

0.3355	0	0.5682	0
0	0.4059	0.8523	0.1852
0.0903	0.1561	0	0.1684

s_plus =

0	0.7707	0	0
0	0	0.0607	2.2321

theta =

1.3111	0.9366	0.8117	1.0102

N =

1	4	2	3

从结果来看，最终评价结果按从大到小排序分别为 DMU_1、DMU_4、DMU_2 和 DMU_3，而且 DMU_1 和 DMU_4 都是 DEA 有效。

15.1.5 规模效率和技术效率

效率表示在业务活动中投入与产出或成本与收益之间的对比关系，主要包括技术效率、规模效率和总效率。其中，技术效率反映生产中现有技术利用的有效程度，即在给定投入的情况下被评价对象获取最大产出的能力；规模效率反映生产规模的有效程度，即反映各决策单元是否在最合适的投资规模下进行经营；总效率由技术效率与规模效率组成，又称规模技术效率，当被评价对象同时达到技术有效和规模有效时，则称规模技术有效。

（1）总效率（STE）有效性。CCR 模型是对规模有效和技术有效同时进行评价的，即评价总效率。总效率值 θ 满足：$0 \leqslant \theta \leqslant 1$，当效率值 $\theta = 1$ 时，被评价对象为规模技术有效，否则为规模技术无效。

（2）技术效率（TE）有效性。BCC 模型用于评价决策单元是否技术有效。技术效率值 θ 满足：$0 \leqslant \theta \leqslant 1$，当效率值 $\theta = 1$ 时，被评价对象处于技术有效状态，否则是技术无效的。

（3）规模效率（SE）有效性。它由总效率和技术效率确定，其公式为 SE = STE/TE。

（4）超效率 DEA 有效性。效率值 θ 不再被限制在 0 ~1 的范围内，而是允许超过 1。若 $\theta \geqslant 1$，为规模技术有效；若 $\theta < 1$，为规模无效或技术无效。此方法可以很好地对各决策单元进行比较和排序。

（5）利用 CCR 模型中的 λ_j 可对决策单元 DMU_{j0} 进行规模收益分析。当 $\sum_{j=1}^{n} \lambda_j^0 = 1$ 时，DMU_{j0} 为规模收益不变；当 $\sum_{j=1}^{n} \lambda_j^0 < 1$ 时，DMU_{j0} 为规模收益递增；当 $\sum_{j=1}^{n} \lambda_j^0 > 1$ 时，DMU_{j0} 为规模收益递减。

（6）如果决策单元 DMU_0 处于非 DEA 有效状态，那么它投入的改进值为

$$\Delta X_0 = \theta X_0 - \sum_{j=1}^{n} X_j \lambda_j$$

15.2　案例分析

15.2.1　数据包络分析法的商业银行效率评估

【例 15-4】　现给出六家国有商业银行 2020 年度股票年报数据，包括四个投入变量 X 和三个产出变量 Y，如表 15-2 所示。试用各种 DEA 模型对这些商业银行的效率进行评估。

表 15-2　六家国有商业银行 2020 年度股票年报数据　（金额单位：万亿元）

DMU	投入指标				产出指标		
	员工人数/万人 (X_1)	营业成本 (X_2)	总资产 (X_3)	总负债 (X_4)	营业收入 (Y_1)	利润总额 (Y_2)	净利润 (Y_3)
中国工商银行	41.6608	0.4913	33.3451	30.4355	0.8827	0.3921	0.3177
中国农业银行	44.9599	0.3920	27.2050	24.9943	0.6580	0.2651	0.2164
中国建设银行	34.8330	0.4186	28.1323	25.7429	0.7559	0.3366	0.2736
中国银行	27.0261	0.3204	24.4027	22.2398	0.5655	0.2464	0.2051
中国交通银行	8.4740	0.1446	10.6976	9.8190	0.2316	0.0250	0.0796
中国邮政储蓄银行	19.4527	0.2184	11.3533	10.6803	0.2862	0.0681	0.0643

MATLAB 程序如下：

```
X = [41.6608    44.9599    34.8330    27.0261    8.4740    19.4527;
     0.4913     0.3920     0.4186     0.3204     0.1446    0.2184 ;
     33.3451    27.2050    28.1323    24.4027    10.6976   11.3533 ;
     30.4355    24.9943    25.7429    22.2398    9.8190    10.6803];
Y = [0.8827     0.6580     0.7559     0.5655     0.2316    0.2862 ;
     0.3921     0.2651     0.3366     0.2464     0.0250    0.0681 ;
     0.3177     0.2164     0.2736     0.2051     0.0796    0.0643];
[m,n] = size(X);              % m 为投入指标个数，n 为决策单元个数
s = size(Y,1);                % s 为产出指标个数
```

（1）利用 CCR 模型确定规模效率和规模收益值。

```
f1 = [zeros(1,n + m + s),1];
LB1 = zeros(n + m + s + 1,1);UB1 = [];
A1 = [];b1 = [];
W1 = [];
for j = 1:n
    Aeq1 = [X, eye(m), zeros(m,s), - X(:,j);
        Y, zeros(s,m), - eye(s), zeros(s,1)];
    beq1 = [zeros(m,1); Y(:,j)];
    w1 = linprog(f1,A1,b1,Aeq1,beq1,LB1,UB1);   % 解线性规划，得 DMU 的最佳权向量
    W1 = [W1,w1];                               % 输出最佳权向量
end
lambda1 = W1(1:n,:)                             % 输出 λ
```

```
theta1 = W1(n + m + s + 1,:)                    % 输出效率值 θ
STE = theta1                                    % 输出总效率值
R = sum(lambda1)                                % 判断规模收益
```

运行结果如下：

```
STE =
     0.9949    0.9296    1.0000    0.9794    1.0000    0.9382
R =
     1.1677    0.8705    1.0000    0.7496    1.0000    0.3786
```

（2）利用 BCC 模型确定技术效率。

```
epsilon = 10^( -7);                             % 定义非阿基米德无穷小量 ε = 10^{-7}
f2 = [zeros(1,n),    - epsilon * ones(1,m + s),1];
LB2 = zeros(n + m + s + 1,1); UB2 = [ ];
A2 = [ ]; b2 = [ ];
W2 = [ ]; TE = [ ];
for j = 1: n
   Aeq2 = [X, eye(m), zeros(m,s),  - X(: ,j);
        Y, zeros(s,m),  - eye(s), zeros(s,1);
        ones(1,n), zeros(1,m + s + 1)];
   beq2 = [zeros(m,1); Y(: ,j); 1];
   w2 = linprog(f2,A2,b2,Aeq2,beq2,LB2,UB2);    % 解线性规划,得 DMU 的最佳权向量
   W2 = [W2,w2];                                % 输出最佳权向量 W
   e2 = f2 * W2(: ,j);
   TE = [TE,e2];                                % 效率值
end
TE                                              % 输出技术效率值
```

运行结果如下：

```
TE =
     1.0000    0.9373    1.0000    1.0000    1.0000    1.0000
```

（3）利用第（1）步和第（2）步计算出的 STE 和 TE 来计算规模效率值。

```
SE = STE. /TE                                   % 规模效率
```

运行结果如下：

```
SE =
     0.9949    0.9917    1.0000    0.9794    1.0000    0.9382
```

（4）超效率 DEA 排序。

```
b3 = zeros(n - 1,1);
LB3 = zeros(m + s,1);UB3 = [ ];
for j = 1: n
   Aeq3 = [X(: ,j)', zeros(1,s)];
   beq3 = 1;
   f3 = [zeros(1,m),  - Y(: ,j)'];
   if j = = 1
     A3 = [ - X(: ,2: n)', Y(: ,2: n)'];
```

```
    elseif j == n
        A3 = [ − X(: ,1 : n − 1)' , Y(: ,1 : n − 1)'];
    else
        A3 = [[ − X(: ,1 : j − 1), − X(: ,j + 1 : n)]' , [Y(: ,1 : j − 1), Y(: ,j + 1 : n)]'];
    end
    w3(: ,j) = linprog(f3 , A3 , b3 , Aeq3 , beq3 , LB3 , UB3);     % 解线性规划, 得 DMUj 的最佳权向量
    e3(1 ,j) = Y(: ,j)' * w3(m + 1 : m + s ,j);
end
E = e3                                                          % 效率值
[M ,N] = sort(E , 'descend')                                    % N 从大到小排序
```

运行结果如下:

```
E =
    0.9949    0.9296    1.0292    0.9794    1.2594    0.9382
N =
        5         3         1         4         6         2
```

上述结果汇总如表 15-3 所示。

表 15-3　六家国有商业银行的效率评估结果

DMU	总效率值 (STE)	技术效率值 (TE)	规模效率值 (SE)	规模收益值 (R)	规模收益	超效率 DEA 值	效率排序
中国工商银行	0.9949	1.0000	0.9949	1.1677	递减	0.9949	第 3 名
中国农业银行	0.9296	0.9373	0.9917	0.8705	递增	0.9296	第 6 名
中国建设银行	1.0000	1.0000	1.0000	1.0000	不变	1.0292	第 2 名
中国银行	0.9794	1.0000	0.9794	0.7496	递增	0.9794	第 4 名
中国交通银行	1.0000	1.0000	1.0000	1.0000	不变	1.2594	第 1 名
中国邮政储蓄银行	0.9382	1.0000	0.9382	0.3786	递增	0.9382	第 5 名

由表 15-3 可知, 中国交通银行和中国建设银行的总效率是有效的, 规模收益保持不变, 且 DEA 值排在前两名; 除超效率排在最后一位的中国农业银行外, 其他银行都是技术效率有效。中国工商银行的规模收益是递减的, 其他银行的规模收益是递增的。

15.2.2　数据包络分析法的房地产开发企业效率评估

【例 15-5】　我国 2012 年—2020 年房地产开发企业的主要指标数据如表 15-4 所示, 包括企业个数、平均从业人数、实收资本、总资产和总负债五个投入指标, 以及营业利润和主营业务收入两个产出指标。试选用 DEA 模型对各年度的房地产开发企业的效率进行评估。

表 15-4　2012 年—2020 年房地产开发企业的主要指标数据

年　份	企业个数/ 万个	平均从业人数/ 万人	实收资本/ 万亿元	总资产/ 万亿元	总负债/ 万亿元	营业利润/ 万亿元	主营业务收入/ 万亿元
2012	8.99	238.68	5.47	35.19	26.46	0.60	5.10
2013	9.14	259.18	6.00	42.52	32.32	0.96	7.07

（续）

年　份	企业个数/ 万个	平均从业人数/ 万人	实收资本/ 万亿元	总资产/ 万亿元	总负债/ 万亿元	营业利润/ 万亿元	主营业务收入/ 万亿元
2014	9.42	276.01	7.66	49.87	38.41	0.61	6.65
2015	9.34	273.85	7.83	55.20	42.87	0.62	7.02
2016	9.49	275.23	7.93	62.57	48.98	0.87	9.01
2017	9.59	283.10	8.56	72.22	57.13	1.17	9.59
2018	9.79	288.92	9.53	85.27	67.43	1.85	11.29
2019	9.95	293.74	10.52	94.79	76.20	1.54	11.02
2020	10.33	290.13	11.67	106.23	85.70	1.40	11.86

MATLAB 程序如下：

```
clear
X = [8.99    9.14    9.42    9.34    9.49    9.59    9.79    9.95    10.33
     238.68  259.18  276.01  273.85  275.23  283.10  288.92  293.74  290.13
     5.47    6.00    7.66    7.83    7.93    8.56    9.53    10.52   11.67
     35.19   42.52   49.87   55.20   62.57   72.22   85.27   94.79   106.23
     26.46   32.32   38.41   42.87   48.98   57.13   67.43   76.20   85.70];
Y = [0.60    0.96    0.61    0.62    0.87    1.17    1.85    1.54    1.40
     5.10    7.07    6.65    7.02    9.01    9.59    11.29   11.02   11.86];
[m,n] = size(X);                    % m 为投入指标个数，n 为决策单元个数
s = size(Y,1);                      % s 为产出指标个数
```

（1）利用 CCR 模型确定规模效率和规模收益值。

```
f1 = [zeros(1,n + m + s),1];
LB1 = zeros(n + m + s + 1,1);UB1 = [];
A1 = [];b1 = [];
W1 = [];
for j = 1：n
    Aeq1 = [X, eye(m), zeros(m,s), - X(:,j);
        Y, zeros(s,m), - eye(s), zeros(s,1)];
    beq1 = [zeros(m,1);Y(:,j)];
    w1 = linprog(f1,A1,b1,Aeq1,beq1,LB1,UB1);    % 解线性规划，得 DMU 的最佳权向量
    W1 = [W1,w1];                                % 输出最佳权向量
end
lambda1 = W1(1:n,:)                              % 输出 λ
theta1 = W1(n + m + s + 1,:)                     % 输出效率值 θ
STE = theta1                                     % 输出总效率值
R = sum(lambda1)                                 % 判断规模收益
```

运行结果如下：

```
STE =

    0.8811   1.0000   0.8469   0.8433   0.9940   0.9589   1.0000   0.9604   1.0000
```

R =

　　0.7214　1.0000　0.8636　0.8440　0.9993　0.9587　1.0000　0.9761　1.0000

（2）利用 BCC 模型确定技术效率。

```
epsilon = 10^( -7);                      %定义非阿基米德无穷小量 ε = 10⁻⁷
f2 = [zeros(1,n),    - epsilon * ones(1,m + s),1];
LB2 = zeros(n + m + s + 1,1); UB2 = [];
A2 = []; b2 = [];
W2 = []; TE = [];
for j = 1:n
    Aeq2 = [X, eye(m), zeros(m,s), - X(:,j);
        Y, zeros(s,m), - eye(s), zeros(s,1);
        ones(1,n), zeros(1,m + s + 1)];
    beq2 = [zeros(m,1); Y(:,j); 1];
    w2 = linprog(f2,A2,b2,Aeq2,beq2,LB2,UB2);   %解线性规划，得 DMU 的最佳权向量
    W2 = [W2,w2];                                %输出最佳权向量 W
    e2 = f2 * W2(:,j);
    TE = [TE,e2];                                %效率值
end
TE                                               %输出技术效率值
```

运行结果如下：

TE =

　　1.0000　1.0000　0.9669　0.9782　0.9946　0.9935　1.0000　0.9797　1.0000

（3）利用第（1）步和第（2）步计算出的 STE 和 TE 来计算规模效率值。

```
SE = STE. /TE                            %规模效率
```

运行结果如下：

SE =

　　0.8811　1.0000　0.8759　0.8621　0.9994　0.9651　1.0000　0.9803　1.0000

（4）超效率 DEA 排序。

```
b3 = zeros(n - 1,1);
LB3 = zeros(m + s,1); UB3 = [];
for j = 1:n
    Aeq3 = [X(:,j)', zeros(1,s)];
    beq3 = 1;
    f3 = [zeros(1,m), - Y(:,j)'];
    if j == 1
        A3 = [ - X(:,2:n)', Y(:,2:n)'];
    elseif j == n
        A3 = [ - X(:,1:n - 1)', Y(:,1:n - 1)'];
    else
        A3 = [[ - X(:,1:j - 1), - X(:,j + 1:n)]', [Y(:,1:j - 1), Y(:,j + 1:n)]'];
    end
    w3(:,j) = linprog(f3,A3,b3,Aeq3,beq3,LB3,UB3);   %解线性规划,得 DMUi 的最佳权向量
```

$$e3(1,j) = Y(:,j)' * w3(m+1:m+s,j);$$

end

E = e3   %效率值

[M,N] = sort(E,'descend')   %N 从大到小排序

运行结果如下：

E =

    0.8811   1.2023   0.8469   0.8433   0.9940   0.9589   1.3089   0.9604   1.0461

N =

    7   2   9   5   8   6   1   3   4

上述结果汇总如表 15-5 所示。

表 15-5　2012 年—2020 年房地产开发企业效率评估结果

DMU	总效率值（STE）	技术效率值（TE）	规模效率值（SE）	规模收益值（R）	规模收益	超效率 DEA 值	效率排序
2012 年	0.8811	1.0000	0.8811	0.7214	递增	0.8811	第 7 名
2013 年	1.0000	1.0000	1.0000	1.0000	不变	1.2023	第 2 名
2014 年	0.8469	0.9669	0.8759	0.8636	递增	0.8469	第 8 名
2015 年	0.8433	0.9782	0.8621	0.8440	递增	0.8433	第 9 名
2016 年	0.9940	0.9946	0.9994	0.9993	递增	0.9940	第 4 名
2017 年	0.9589	0.9935	0.9651	0.9587	递增	0.9589	第 6 名
2018 年	1.0000	1.0000	1.0000	1.0000	不变	1.3089	第 1 名
2019 年	0.9604	0.9797	0.9803	0.9761	递增	0.9604	第 5 名
2020 年	1.0000	1.0000	1.0000	1.0000	不变	1.0461	第 3 名

由表 15-5 可知，2013 年、2018 年和 2020 年的总效率是有效的；除上述年份外，2012 年是技术效率有效。除总效率有效的年份外，其他年份的规模收益都是递增的。

练习与提高

现给出 2019 年—2023 年深圳绿联科技股票中的部分财务指标数据，如表 15-6 所示，其中营业总支出、总资产和总负债三个指标为投入指标，营业总收入、利润总额和净利润三个指标为产出指标。试选用各种 DEA 模型方法对这五年绿联科技的效率进行评估。

表 15-6　2019 年—2023 年深圳绿联科技股票中的部分财务指标数据（单位：亿元）

年　份	投入指标			产出指标		
	营业总支出	总　资　产	总　负　债	营业总收入	利润总额	净　利　润
2019	17.82	6.78	3.11	20.45	2.63	2.25
2020	23.81	10.06	4.89	27.38	3.59	2.98
2021	30.93	15.65	5.18	34.46	3.46	2.97
2022	34.67	20.34	6.68	38.39	3.77	3.27
2023	43.48	24.53	6.77	48.03	4.46	3.88

操作流程：

（1）利用 CCR 模型计算效率值和规模收益值，确定综合效率是有效还是无效，并判断规模收益不变、递增或递减。

（2）利用 BCC 模型计算效率值，确定技术效率是有效还是无效。

（3）利用第（1）步和第（2）步计算出 STE 和 TE 来计算规模效率（SE）值，并确定规模效率有效还是无效。

（4）计算超效率 DEA 值，并从大到小排序，确定将这五年的效率排名。

参考文献

[1] 李华, 胡奇英. 预测和决策教程 [M]. 2 版. 北京: 机械工业出版社, 2019.

[2] 徐国祥. 统计预测和决策 [M]. 5 版. 上海: 上海财经大学出版社, 2016.

[3] 冯文权, 傅征. 经济预测与决策技术 [M]. 6 版. 武汉: 武汉大学出版社, 2018.

[4] 陶靖轩. 经济预测与决策 [M]. 北京: 中国计量出版社, 2004.

[5] 辛玲, 龚曙明. 市场调查与预测 [M]. 2 版. 北京: 清华大学出版社, 北京交通大学出版社, 2014.

[6] 韩中庚. 数学建模方法及其应用 [M]. 北京: 高等教育出版社, 2005.

[7] 吴育华, 刘喜华, 郭均鹏. 经济管理中的数量方法 [M]. 北京: 经济科学出版社, 2008.

[8] 杨德平, 刘喜华. 经济预测方法及 MATLAB 实现 [M]. 北京: 机械工业出版社, 2012.

[9] 杨德平, 刘喜华. 经济预测与决策技术及 MATLAB 实现 [M]. 2 版. 北京: 机械工业出版社, 2016.

[10] 杨德平, 李聪, 杨本硕. MATLAB 9.8 基础教程 [M]. 北京: 机械工业出版社, 2021.

[11] 秦毅, 姜钧译. 应用 MATLAB 解决常用 DEA 模型的评价分析 [J]. 电脑编程技巧与维护, 2013 (22): 66-68.

[12] 乔向明, 董梅, 张明香. 基于弹性系数法的全国公路客货运量预测研究 [J]. 华东公路, 2004 (5): 88-90.

[13] 杨佃辉. 房地产市场监测预警研究: 以上海为例 [D]. 上海: 上海交通大学, 2005.

[14] 谢娟. 基于 TOPSIS 法的铁路客站商家评选研究 [D]. 成都: 西南交通大学, 2011.

[15] 李慧. 基于层次分析法的我国中小企业信用评估方法研究 [D]. 成都: 电子科技大学, 2014.

[16] 曹秀俊. 基于熵值法的资产剥离财务绩效研究 [D]. 镇江: 江苏大学, 2014.

[17] 戴雪丽. 基于 DPSIR 模型的山东省低碳经济发展评价研究 [D]. 青岛: 青岛大学, 2016.